全国技工院校公共课教材

法律
基础知识

（第四版）

人力资源社会保障部教材办公室组织编写

中国劳动社会保障出版社

图书在版编目(CIP)数据

法律基础知识/人力资源社会保障部教材办公室组织编写. -- 4版. -- 北京：中国劳动社会保障出版社，2021

全国技工院校公共课教材

ISBN 978-7-5167-4943-2

Ⅰ.①法… Ⅱ.①人… Ⅲ.①法律-中国-技工学校-教材 Ⅳ.①D92

中国版本图书馆CIP数据核字(2021)第219000号

中国劳动社会保障出版社出版发行

（北京市惠新东街1号 邮政编码：100029）

*

北京市白帆印务有限公司印刷装订 新华书店经销

787毫米×1092毫米 16开本 17.75印张 345千字

2021年11月第4版 2023年1月第4次印刷

定价：36.00元

营销中心电话：400-606-6496

出版社网址：http://www.class.com.cn

http://jg.class.com.cn

前 言

《法律基础知识（第四版）》结合职业教育的特点，有针对性地选取技工院校学生在学校学习中和初涉社会时与学习、生活、就业等诸多方面密切相关的法学理论、法律知识和法律规定进行编写。本书编写目的是通过相关法学理论和法律实务的教育与指导，普及基本法律知识，解决实际法律问题，提升学生整体法律素养，使学生能够真正知法、懂法、守法和用法，自觉维护国家、社会和集体的利益以及自身的合法权益，逐步成为符合社会主义法治社会要求的合格公民。

为实现这一目的，本书编写时遵循了以下三大原则。

第一，综合性与针对性相结合。本书全面涵盖了我国法理学及宪法、行政法、民法、社会法、刑法及诉讼法的相关内容，同时考虑到本书不是一本法律汇编，而是专门针对技工院校学生这一群体编写的法律知识读本，在内容选取上重点针对学生学习、生活来阐释法理，阐明法规。

第二，理论性与实用性相结合。本书是一本法律常识读本，既有对法条、法规、法理的适当阐释，又着眼于解决学生学习、生活、就业、创业等方面的实际问题，利用案例和事例，针对学生的实际生活和需要，为其提供法律援助及问题解决之道。

第三，规范性与通俗性相结合。法律是一个严密、规范的逻辑体系，本书在遵循法律的规范性时，力求编写语言的通俗性与内容的可读性。

本书从逻辑顺序上看，是以建设社会主义法治国家为统领，在各章中以权利和义务为主线，分别探讨了针对技工院校学生的公民意识与宪法信仰问题、民事权利和义务问题、青少年学生犯罪的预防与惩罚问题、生活中的行政法律问题、未成年人劳动权益保障问题，以及保障这些权利实现的途径即法律诉讼与救济问题，最后一章介绍了学生应掌握的常用法律文书写作知识。本书穿插“知识链接”“法条速递”等栏目。“知识链接”介绍相关法律观念、术语等；“法条速递”引用相关法律、法规；“法治印记”介绍影响我国法治进程中的典型事件及重要法律、法规的出台；“拓展阅读”讲述鲜活的法律故事；“想一想”引导学生思维活动，巩固所学；“实践活动建议”融会本章节相关知识，培养综合运用法律知识的能力。

本书由汪艾玲主编，罗爱云、罗艳群任副主编，姚芳、汪伟亮、刘永锋、姚习洪、严晶参与编写。

人力资源社会保障部教材办公室

2021 年 9 月

目 录

绪论
生活在社会主义法治国家

《中华人民共和国宪法》（以下简称《宪法》）规定：中华人民共和国实行依法治国，建设社会主义法治国家。现代法治社会要求每个社会成员都应当具备相应的法治意识，在行动上做到严格守法。技工院校学生作为社会成员中的一个群体，其法治意识的高低也将影响着全社会的法治意识。通过法律基础知识的学习，青少年可以正确领会马克思主义法治理论，特别是习近平法治思想，了解中国特色社会主义法治体系和法律体系的构成，弘扬社会主义法治精神，树立社会主义权利义务观，培养法治思维，尊重和维护法律权威，以实际行动带动社会崇德向善，做尊法学法守法用法的模范。

一、推开法律之门

（一）法的词源：法律是什么

马克思主义深刻地分析了各种法律现象及法律发展史，指出法律是一种复杂的社会历史现象，它不是从来就有的，而是随着社会生产力的不断提高，社会关系发生了变化，原始社会逐渐解体，私有制、阶级和国家出现，于是法律也伴随着这一过程产生了。

知识链接

古巴比伦王国的《汉谟拉比法典》是迄今所知道的楔形文字法中最完备的一部法律文献，也是两河流域各奴隶制国家法律的集大成者。法典本文以楔形文字刻在高 2.25 米的黑色玄武岩石碑上，是研究古巴比伦时代历史的重要资料。

《法经》是中国历史上第一部比较系统的封建成文法典，成为以后历代法典的蓝本。它的制定者是战国时期著名的改革家李悝。

法律经历了漫长的发展过程形成了不同类型的法律：奴隶制法律、封建制法律、资本主义法律和社会主义法律。当代中国的法律属于社会主义类型的法律。

知识链接

你知道“法”这个字的来历吗？汉字“法”的古体字是“灋”。按照东汉许慎在《说文解字》中的解释，“灋”字的三点水，取意公平和正义。“廌”（zhì）是传说中的一种独角异兽，也是公平和正义的象征，它见到做事不公正的人，就会用角去顶他。

在西方国家，法律的象征通常是一位一手拿天平、一手握宝剑的女性，西方人尊其为“正义女神”。天平比喻裁量公平，剑象征着力量和权力。有宝剑而无天平，不过是暴力；有天平而无宝剑，无法实现正义。二者相依相辅，法律才得以实施。

水和天平，神兽和女神，都反映了人们期望通过法律去实现公平、正义的美好愿望。但是关于“法的定义”被持续不断地追问，古今中外的思想家们给出了诸多答案：意志论、强权说、规则论、理性说，甚至有人认为是上帝的旨意等，这些答案都无法让所有人信服。那么，法律到底是什么？

马克思主义法律观认为：法律是由国家制定或认可并依靠国家强制力保证实施的，反映由特定社会物质生活条件所决定的统治阶级意志，规定权利和义务，以确认、保护和发展有利于统治阶级的社会关系和社会秩序为目的的行为规范体系。

在当代中国，法律有广义和狭义之分。广义的法律，是国家所制定或认可的所有法律文件的总称，包括宪法、基本法律、行政法规、地方法规、规章、自治条例、单行条例等；狭义的法律，仅指全国人大及其常委会制定的基本法律及基本法律以外的法律。

（二）法的特点

人类社会的生存与发展离不开各种行为规范。法作为一种维持社会秩序、调整社会关系的行为规范，与道德、章程、纪律等其他社会规范相比，具有以下特点：(1) 法是规定人们行为的模式、标准和方向的；(2) 法是规定人们权利和义务的；(3) 法是由国家制定或认可的；(4) 法是由国家强制力保证实施的具有普遍约束力的。

知识链接

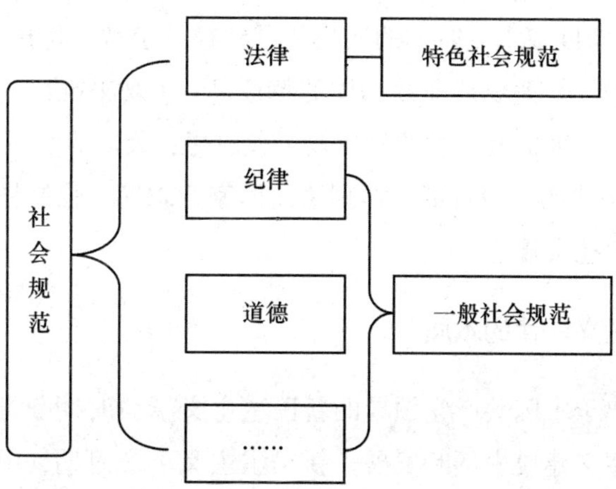

表 0-1　　道德与法律的区别

区别	道德	法律
表现形式不同	存在于人们的认识和社会舆论中	表现为国家制定或认可的法律、法规、条例等规范性文件，是明确、严格、具体的
实现方式不同	依靠社会舆论的约束和教育的力量以及人们的觉悟	也依靠公民的自觉维护和遵守，但主要依靠国家强制力
调整的对象和范围不同	几乎涉及人们在社会生活中的一切行为与思想	只调整人们的部分行为

想一想

《摩奴法典》是古印度奴隶制时期的法典，其第 5 卷第 158 条规定：“妇女要终生耐心、忍让、热心善业、贞操，淡泊如学生，遵守关于妇女从一而终的卓越规定。”第 164 条规定：“不忠于丈夫的妇女生前遭诟辱，死后投生在豺狼腹内，或为象皮病和肺痨所苦。”第 8 卷第 417 条规定：“婆罗门贫困时，可完全问心无愧地将其奴隶首陀罗的财产据为己有，而国王不应加以处罚。”第 11 卷第 81 条规定：“坚持苦行，纯洁如学生，凝神静思，凡 12 年，可以偿赎杀害一个婆罗门的罪恶。”结合材料，谈谈奴隶制社会法律的特点，其与现代法治精神有何不同？

《摩奴法典》是古印度奴隶制时期的法典，是法律、宗教、伦理等各种规范的混合体，体现了人类社会早期法与其他规范浑然一体的特征。《摩奴法典》公开维护人和人之间的不平等，推行种姓制度，维护奴隶主的特权及男权思想，其内容与现代法治精神严重不符。但《摩奴法典》具备法律的一般特征，体现法的国家意志性、强制性，是依靠国家强制力实施具有普遍约束力的社会规范。

（三）我国社会主义法律的本质

我国社会主义法律于中国共产党领导的新民主主义革命时期孕育，在社会主义制度建立后确立，并在社会主义建设中不断发展。新民主主义革命时期，中国共产党领导的革命根据地政权，制定和实施了一批反映人民意志的法律，如土地法、政府组织法、选举法等，为新中国的法制建设积累了宝贵的经验。新中国成立后，国家制定了宪法等法律。党的十一届三中全会以后，党和国家把社会主义法制建设摆在极其重要的位置，我国社会主义法制建设进入了前所未有的快速发展时期，以宪法为核心的中国特色社会主义法律体系已经形成，国家政治经济文化社会生活的主要方面实现了有法可依。我国社会主义法律的本质主要表现在以下方面。

从法律所体现的意志来看，我国社会主义法律是中国共产党和中国人民共同意志的体现。我国是中国共产党领导的人民民主专政的社会主义国家，人民是国家的主人，制定法律的权力属于人民。社会主义法律体现党的主张和人民的共同意志，因此，维护人民的共同利益与加强中国共产党的执政地位是高度统一的。2018 年 3 月 5 日，十三届全国人大一次会议召开，35 个选举单位先后召开会议，共选举产生第十三届全国人大代表 2 980 名。选出的代表中，少数民族代表 438 名，占代表总数的 14.70%，全国 55 个少数民族都有本民族的代表。与十二届相比，妇女代表 742 名，占代表总数的 24.90%，提高了 1.5 个百分点；一线工人、农民代表 468 名，占代表总数的 15.70%，提高了 2.28 个百分点；党政领导干部代表 1 011 名，占代表总数的 33.93%，降低了 0.95 个百分点。十三届全国人大选出的代表具有广泛代表性，基层代表特别是一线工人、农民、专业技术人员代表的比例均有所上升，党政领导干部代表的比例要比往届有所降低。我国人民代表大会制度保证了人民当家作主，体现了党和人民的共同意志。

从法律的实质内容来看，我国社会主义法律的具体内容随着经济社会的发展而调整完善，能够反映人民的共同期盼，遵循社会历史发展规律和自然规律，具有科学性和先进性。我国社会主义法律的科学性和先进性体现在三个方面：一是坚持以辩证唯物主义和历史唯物主义的世界观、方法论以及中国特色社会主义法治理论为指导；二是善于借鉴我国传统法律和外国法律的成功经验；三是立法体制、立法程序和立法技术能适应时代发展而不断改革与创新，确保立法的质量和水平。

从法律的社会作用来看，我国社会主义法律是中国特色社会主义事业顺利发展、社会主义和谐社会建设的法律保障。在经济建设方面，维护和巩固社会主义基本经济制度，保障改革开放和社会主义现代化建设的顺利推进，促进社会生产力的发展；在政治建设方面，维护和巩固社会主义基本政治制度，保障社会主义民主政治建设顺利推进，保证人民享有广泛的民主权利和自由；在文化建设方面，维护社会主义核心价值观和思想道德准则，促进和保障教育科学文化事业的发展，繁荣社会主义先进文化；在社会建设方面，维护社会的公平与正义，推动社会主义和谐社会的构建；在生态文明建设方面，倡导尊重自然、顺应自然、保护自然的理念，促进人与自然和谐共生；在对外方面，促进和保障对外经济、政治、文化关系的发展，营造和平发展的外部环境。

总之，我国社会主义法律是由社会主义国家制定并以国家强制力保证实施的行为规范体系，它体现着我国社会主义发展不同阶段的物质生活条件所决定的以工人阶级为领导的广大人民群众的意志，是实现人民当家作主和建设中国特色社会主义事业的重要保障。

二、我国社会主义法律体系

法治印记

2011 年，国务院新闻办公室发表《中国特色社会主义法律体系》白皮书，宣告立足中国国情和实际、适应改革开放和社会主义现代化建设需要、集中体现党和人民意志，以宪法为统帅，以宪法相关法、民法商法等多个法律部门的法律为主干，由法律、行政法规、地方性法规等多层次法律规范构成的中国特色社会主义法律体系已经形成。

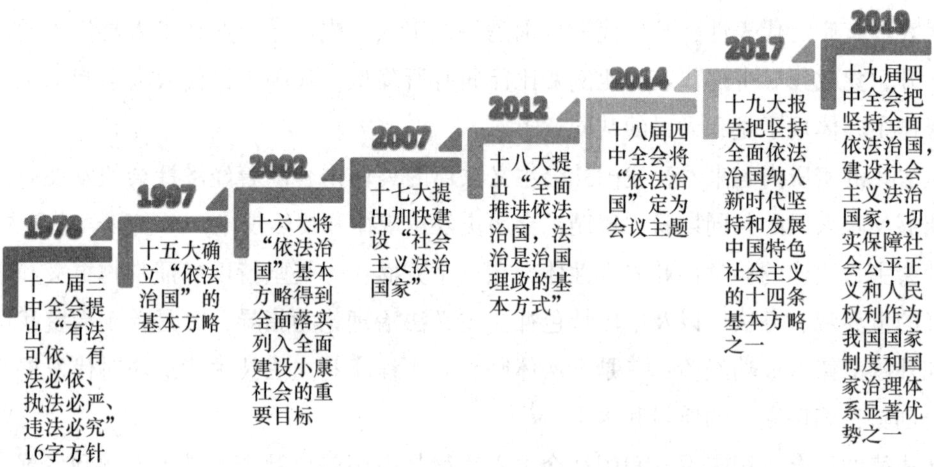

2014 年，党的十八届四中全会对全面推进依法治国作出战略部署，明确提出建设中国特色社会主义法治体系，完善以宪法为核心的中国特色社会主义法律体系。

2017 年，党的十九大报告把坚持全面依法治国纳入新时代坚持和发展中国特色社会主义的十四条基本方略之一，同时描绘了 2020—2035 年基本实现社会主义现代化的法治新蓝图，提出全面建成小康社会、依法治国基本方略全面落实、法治政府基本建成、内容更加全面的目标。

2019 年，党的十九届四中全会把坚持全面依法治国、建设社会主义法治国家、切实保障社会公平正义和人民权利作为我国国家制度和国家治理体系显著优势之一，进一步提出要坚持和完善中国特色社会主义法治体系，提高党依法治国、依法执政能力。

所谓法律体系，通常是指一个国家的全部现行法律规范，按照一定的原则和要求，根据法律规范的调整对象和调整方法的不同，划分为若干法律门类，并由这些法律门类及其所包括的不同法律规范形成相互有机联系的统一整体。

我国已形成了以宪法为统帅、由七个法律部门和三个层次的法律规范所构成的较为完备的法律体系。七个法律部门分别是宪法相关法、民商法、行政法、经济法、社会法、刑法、诉讼与非诉讼程序法，它们已经涵盖了我国需要法律规制和调整的各个社会关系领域。

其中，民商法主要调整自然人、法人和其他社会组织之间以平等地位而发生的社会关系，行政法主要调整行政管理过程中所发生的社会关系，经济法主要调整因国家对市场经济活动进行干预、管理、调控所产生的社会关系，社会法主要调整劳动、社会保障、社会福利方面的社会关系，刑法主要调整因犯罪和刑罚而产生的社会关系，诉讼与非诉讼程序法主要调整因解决纠纷而产生的社会关系。

三个层次分别是法律、行政法规，以及地方性法规、自治条例和单行条例。这三个层次法律规范的并存，既有利于维护全国法制的统一，又兼顾了地方的差异性和民族的多样性。

其中，法律和行政法规属于全国统一适用的法律规范，地方性法规、自治条例和单行条例是在地方适用的法律规范。法律是全国人大及其常委会制定的调整国家、社会和公民生活中的重大事项的规范性法律文件；行政法规是国务院为执行法律的规定和履行行政管理职权而制定的规范性法律文件；地方性法规是省、自治区、直辖市和较大的市根据本行政区域的具体情况和实际需要所制定的规范性法律文件；自治条例和单行条例是民族自治地方的人大依照当地民族的政治、经济和文化的特点所制定的规范性法律文件。上述七个部门和三个层次的法律规范的存在，从总体上已经满足了我国依法治国的需要。

实践活动建议

实践项目一：盘点“本年度最具影响力的法治事件”

★ 活动设计

·以小组为单位，根据教师所下达的任务，利用课余时间，在图书馆和网络上收集资料。

·对收集的资料进行筛选梳理，确定本组认为最具影响力的法治事件。

·制作演示文本，并选出发言人代表本组发言。

·师生评议，教师根据各组表现情况给予相应的评分。

★ 活动成果

考核评分表

班级：　　　　　　　　　　姓名：

序号	考核标准		得分
	项目	满分	
1	观点正确；内容与主题新颖；逻辑性强，条理清晰	30 分	
2	举止大方，仪态自然；普通话标准，语言流畅	20 分	
3	主题突出、内容完整；结构合理、逻辑顺畅；文本、图片、表格、动画、音频、视频等使用恰当；界面美观，布局合理	20 分	
4	表现熟练，鼓励脱稿发言	10 分	
5	限时 3~5 分钟，超时扣 1~5 分	10 分	
6	体现团队精神	10 分	

实践项目二：“青春与法治同行”——法治宣传海报进校园

★ 活动设计

·以小组为单位，明确各小组海报制作的具体主题和要求。

·每小组选出一名组长，负责安排组员做好海报内容的策划、资料收集、编辑以及版面设计等工作。每组制作一份“法律知识宣传海报”。

·从班级中选出若干名学生组成班级的评委团。

·活动结束后，评委打分，公布结果。

·教师根据各组表现给予相应的评分。

★ 活动成果

考核评分表

序号	考核标准		得分
	项目	满分	
1	主题	30 分	
2	任务策划	20 分	
3	资料搜集	10 分	
4	版面设计	20 分	
5	团队精神	10 分	
6	态度与纪律	10 分	

第一章
培养公民意识，树立宪法信仰

宪法是近现代人类政治文明的重要成果。在法律发展史上，宪法既是有形的制度，又是无形的文化，是规范和配置国家权力的总体方案。青少年学生在充分享受祖国发展所带来的成果的同时，也肩负着前所未有的责任与挑战，不仅应该在观念和行为上认识到自己的宪法主体地位，认同公民身份，同时还应以国家主人的身份严格要求自己，做一名合格的现代公民。

第一节　宪法与公民

一、什么是宪法?

近代宪法是17—18世纪资产阶级革命的产物。我国第一部带有“宪法”字样的法律文件，是清朝末年形成的《钦定宪法大纲》。中华人民共和国成立以来，先后于1954年、1975年、1978年和1982年颁布了四部宪法，我国现行宪法是1982年颁布的《中华人民共和国宪法》以及1988年、1993年、1999年、2004年和2018年宪法修正案。

2018年3月11日，十三届全国人大一次会议根据党的十九届二中全会提出的建议，审议通过了《中华人民共和国宪法修正案》。通过这次修宪，将党的十九大确定的重大理论观点和重大方针政策，党和国家事业发展的新成就新经验新要求载入国家根本法。包括科学发展观，习近平新时代中国特色社会主义思想；把我国建设成为富强民主文明和谐美丽的社会主义现代化强国，实现中华民族伟大复兴；中国共产党领导是中国特色社会主义最本质的特征；倡导社会主义核心价值观；确立宪法宣誓制度等。

人们称宪法为“母法”，即宪法是一切法律之母。为什么这么说呢？

宪法是治国安邦的总章程。《中华人民共和国宪法》（以下简称《宪法》）是我国的根本法，在中国特色社会主义法律体系中居于统帅地位，是国家长治久安、民族团结、经济发展、社会进步的根本保障，是中国共产党执政兴国、团结带领全国各族人民建设中国特色社会主义的法制保证。宪法反映了我国各族人民的共同意志和根本利益，成为历史新时期党和国家的中心工作、基本原则、重大方针、重要政策在国家法制上的最高体现。

正因为宪法是由全国人民代表大会制定的国家最根本的法律，人民赋予宪法以最高法律约束力。一切法律、行政法规、地方性法规的制定都必须以宪法为依据，遵循宪法的基本原则，不得同宪法相抵触。宪法还要求全国各族人民、一切国家机关和武装力量、各政党和各社会团体、各企业事业组织，都必须以宪法为根本的活动准则，并且负有维护宪法尊严、保证宪法实施的职责。一切违反宪法的行为都必须予以追究。青少年学生要认真学习宪法，领会宪法的精神，了解我国宪法规定的基本制度，自觉维护宪法权威。

知识链接

“国家宪法日”的确立

1982 年 12 月 4 日，在第五届全国人民代表大会第五次会议上，3 000 多名全国人大代表通过无记名投票，表决通过了现行的宪法。改革开放以来，我国分别在 1988 年、1993 年、1999 年、2004 年、2018 年对现行宪法作过 5 次修改。

党的十八届四中全会提出，将每年 12 月 4 日定为国家宪法日。2014 年 10 月 27 日，关于设立国家宪法日的议案提请全国人大常委会审议。

2014 年 11 月 1 日，十二届全国人大常委会第十一次会议审议通过了关于设立国家宪法日的决定，明确将 12 月 4 日设立为国家宪法日，国家通过多种形式开展宪法宣传教育活动。

（一）我国宪法确立的原则

1. 党的领导原则

中国共产党是中国特色社会主义事业的领导核心，党的领导是人民当家作主的根本保证。中国共产党执政就是党领导、支持、保证人民当家作主，最广泛地动员和组织人民群众依法管理国家和社会事务，管理经济和文化事业，维护和实现最广大人民的根本利益。我国宪法对中国共产党领导地位和执政地位的规定，既是对中国共产党领导各族人民在革命、建设和改革各个历史时期奋斗成果的确认，也是对我国国家性质和根本制度的确认，集中体现了党的主张和人民意志的高度统一。

2. 人民主权原则

主权是指国家的最高权力。人民主权是指国家中绝大多数人拥有国家的最高权力。人民当家作主是社会主义民主政治的本质和核心。我国宪法体现了人民主权原则，强调国家的一切权力属于人民。这一原则在宪法中的表现是多方面的。宪法通过确认我国人民民主专政的国体，保障了广大人民群众在国家中的主人翁地位；通过确认以公有制为主体、多种所有制经济共同发展的基本经济制度，为人民当家作主奠定了经济基础；通过确认人民代表大会制度的政体，为人民当家作主提供了组织保障；通过确认广大人民依照法律规定，通过各种途径和形式，管理国家事务、经济和文化事业、社会事务的权利，把人民当家作主贯彻于国家和社会生活各个领域。

3. 人权保障原则

人权是指人享有和应当享有的基本权利。我国宪法规定的公民基本权利都是最重要的人权，包括公民有参与国家政治生活的权利和自由，公民的人身自由和不受侵犯，公民有宗教信仰自由，以及公民在社会经济文化方面的权利等。2004 年，我国宪法还将“国家尊重和保障人权”规定为一项基本原则，更加体现了对人权保障的重视。

4. 法治原则

法治就是按照法律治理国家、管理社会、规范行为。我国宪法明确规定实行依法治国，建设社会主义法治国家。依法治国的基本格局是“科学立法、严格执法、公正司法、全民守法”。依法治国首先是依宪治国，同时国家的法律也应获得普遍的服从。要推进国家各项工作法治化，维护社会公平正义，维护社会主义法制的统一、尊严、权威。任何组织和个人都要在宪法和法律范围内活动，一切违法行为都应受到法律的追究，法律面前人人平等。

5. 民主集中制原则

民主集中制是集中全党全国人民集体智慧，实现科学决策、民主决策的基本原则和主要途径。

民主集中制原则主要体现在：（1）在国家机构与人民的关系方面，体现了国家权力来自人民，由人民组织国家机构。我国宪法规定，中华人民共和国的国家机构实行民主集中制原则。国家权力统一由全国人民代表大会和地方各级人民代表大会行使，全国人民代表大会和地方各级人民代表大会由民主选举产生，对人民负责，受人民监督。广大人民的共同意志通过民主形式集中起来，并通过法定程序上升为国家意志。国家行政机关、监察机关、审判机关、检察机关都由人民代表大会产生，对它负责，受它监督。在同级国家机构中，国家权力机关居于主导地位。（2）在中央与地方国家机构的关系方面，实行中央和地方的国家机构职权的划分，遵循在中央的统一领导下，充分发挥地方的主动性、积极性的原则。

（二）我国宪法的基本内容

1. 国家总的指导思想和根本任务

我国《宪法》在序言中明确，我国将长期处于社会主义初级阶段。国家的根本任务是，沿着中国特色社会主义道路，集中力量进行社会主义现代化建设。中国各族人民将继续在中国共产党领导下，在马克思列宁主义、毛泽东思想、邓小平理论、“三个代表”重要思想、科学发展观、习近平新时代中国特色社会主义新思想指引下，坚持人民民主专政，坚持社会主义道路，坚持改革开放，不断完善社会主义的各项制度，发展社会主义市场经济，发展社会主义民主，健全社会主义法治，贯彻新发展理念，自力更生，艰苦奋斗，逐步实现工业、农业、国防和科学技术的现代化，推动物质文明、政治文明、精神文明、社会文明、生态文明协调发展，把我国建设成为富强民主文明和谐美丽的社会主义现代化强国，实现中华民族伟大复兴。

2. 国家的性质

人民民主专政是我国的国体。国体即国家性质，是国家的阶级本质，是社会各阶级在国家生活中的地位和作用。我国《宪法》第一条规定，中华人民共和国是工人阶级领导的、以工农联盟为基础的人民民主专政的社会主义国家。这一规定确立了我国的社会主义性质，确立了工人阶级在国家中的领导地位和以工农联盟为基础的广大农民的主人公地位。

3. 国家政权的组织形式

人民当家作主是我国社会主义民主政治最鲜明的特点。人民代表大会制度是我国的政权组织形式，是我国的根本政治制度。《宪法》第二条规定了我国国家政权的实质和组织形式：中华人民共和国的一切权力属于人民。人民行使国家权力的机关是全国人民代表大会和地方各级人民代表大会。根据《宪法》，国家的一切权力属于人民，人民通过民主选举，选派代表组成各级人民代表大会，依法管理国家事务、经济文化事业和社会事务。国家行政机关、监察机关、审判机关、检察机关由人民代表大会产生，对它负责，受它监督。

知识链接

中华人民共和国第一届全国人民代表大会是中华人民共和国成立初期的最高国家权力机关（在全国人民代表大会产生之前由中国人民政治协商会议代行职权），中华人民共和国第一届全国人民代表大会的产生和举行，标志着一切权力开始由全国人民普选产生的全国人民代表大会集中行使。

第一届全国人民代表大会第一次会议会场外景

4. 所有制和分配制度

我国《宪法》第六条规定，中华人民共和国的社会主义经济制度的基础是生产资料的社会主义公有制，即全民所有制和劳动群众集体所有制。社会主义公有制消灭人剥削人的制度，实行各尽其能、按劳分配的原则。国家在社会主义初级阶段，坚持公有制为主体、多种所有制经济共同发展的基本经济制度，坚持按劳分配为主体、多种分配方式并存的分配制度。第十一条规定，国家保护个体经济、私营经济等非公有制经济的合法的权利和利益。

5. 国家结构形式

我国是统一的多民族国家，各少数民族聚居的地方实行民族区域自治，各民族自治地方都是国家不可分离的部分。同时，《宪法》第三十一条规定，国家在必要时得设立特别行政区。在特别行政区内实行的制度按照具体情况由全国人民代表大会以法律规定。这表明我国的国家结构形式是单一制，在中央统一领导下实行民族区域自治，在国家主权统一的前提下实行特别行政区制度，反映了我国各族人民建立统一国家的共同愿望。

6. 公民的基本权利和义务

我国宪法明确了公民的基本权利和义务。公民的基本权利和基本义务共同反映和决定着公民在国家中的政治和法律地位，并构成普通法律规定公民权利和义务的基础与原则。

7. 国家机构

根据宪法，我国的国家机构包括全国人民代表大会、国家主席、国务院、中央军事委员会、地方各级人民代表大会和地方各级人民政府、民族自治地方的自治机关、监察委员会、人民法院和人民检察院。

想一想

请选出关于我国国家机构的职权表述正确的内容。

A. 全国人民代表大会无权决定设立国务院各部、各委员会

B. 国务院有权批准自治州的建置和区域划分

C. 省人民政府有权决定民族乡的建置和区域划分

《中华人民共和国国务院组织法》第八条规定，国务院各部、各委员会的设立、撤销或者合并，经总理提出，由全国人民代表大会决定；在全国人民代表大会闭会期间，由全国人民代表大会常务委员会决定。我国《宪法》第八十九条规定，国务院有权批准省、自治区、直辖市的区域划分，批准自治州、县、自治县、市的建置和区域划分。《宪法》第一百零七条规定，省、直辖市的人民政府决定乡、民族乡、镇的建置和区域划分。根据以上内容可知，B 和 C 选项是正确的，A 选项是错误的。

8. 国旗、国歌、国徽和首都

我国《宪法》规定，中华人民共和国国旗是五星红旗；中华人民共和国国歌是《义勇军进行曲》；中华人民共和国国徽，中间是五星照耀下的天安门，周围是谷穗和齿轮；中华人民共和国首都是北京。

二、宪法，公民的生活规范

用人单位设定身高要求是否构成就业歧视，侵犯公民的平等权？报考研究生需要单位盖章同意是否侵犯了公民的受教育权？……宪法到底与公民的生活有哪些关系？

（一）公民是宪法的核心主体

公民是指具有一国国籍，并根据该国宪法和法律的规定，享受权利和承担义务的自然人。“公民”的概念起源于古希腊城邦国家，但当时的公民只指在法律上享有特权、参与城邦公共生活的人，主要包括奴隶主和自由民，不包括奴隶和外来人。在整个中世纪，公民也是享受特权的极少数人。在其后很长的一段时期内，公民身份作为一种特权而存在。直到资产阶级取得革命胜利，建立资产阶级国家，公民概念的外延才得以不断扩大，从少部分人享有的特权逐渐扩大为一国之内拥有其国籍的群体。

知识链接

《汉谟拉比法典》将人分为三种等级：(1) 有公民权的自由民；(2) 无公民权的自由民；(3) 奴隶（包括王室奴隶、自由民所属奴隶、公民私人奴隶）。

在《汉谟拉比法典》中，奴隶毫无权利可言，稍有过失即受到断肢、挖耳、死刑等惩罚。例如，该法典第二百八十二条规定，如果奴隶对他的主人说“你不是我的主人”，他的主人可以挖去他的耳朵。

在我国，1909 年清朝政府制定了《大清国籍条例》，1914 年袁世凯政府颁布了《修正国籍法》，这些法律文件将公民的概念和国籍联系起来，近代意义上的公民概念在形式上被确认。新中国成立后，我国确立了以国籍作为公民资格标准的原则。

我国《宪法》第三十三条规定，凡具有中华人民共和国国籍的人都是中华人民共和国公民。中华人民共和国公民在法律面前一律平等。国家尊重和保障人权。任何公民享有宪法和法律规定的权利，同时必须履行宪法和法律规定的义务。这一规定是对公民概念的宪法确定，从而使我国宪法确立的权利和义务有了明确的主体，在我国制宪史上具有重要意义，体现了我国社会主义宪法的一切核心问题均围绕“公民”展开。更为重要的是，这些规定体现了人（公民）是社会之本，人与人之间是平等的；国家和政府是为公民服务的，国家权力的终极目标是为保障公民权利而存在。

知识链接

公民身份是全国人民共同接受认同的、全国统一的宪法身份。确立全国统一的公民身份，让全国人民树立公民意识，是宪法的重要功能和使命。

（二）宪法是人权的根本保障书

宪法，既是管理国家和社会的总章程，又是公民人权的总宣言书。从宪法的基本内容来看，尽管作为国家根本法的宪法涉及国家生活的各个方面，但其基本内容仍然可以分为两部分，即国家权力的正确行使和公民权利的有效保障。其中，公民权利的有效保障居于支配地位。因此，在国家法律体系中，宪法不仅是系统全面规定人权的法律部门，而且其基本出发点就在于保障人权，加之宪法在国家法律体系中具有的根本法地位，决定了宪法是人权的根本保障书。

（三）宪法的使命在于融入公民生活

宪法是具体而生动的，宪法规范是与公民生活息息相关的生活规范，能够有效普及和运作。

宪法存在的目的之一是要求政府对人民负责，尊重公民个人的生活方式，同时为公民个人的全面发展创造必要的条件，当政府的作为或不作为妨碍了公民的身心发展和完善时，人民就有权利要求政府为其提供必要的救济渠道，并追究政府相关部门的法律责任。为此，宪法为公共权力设定了明确界限，使政府权力接受法律的控制，确保政府权力在法治的轨道上运行，并强调政府须有所为、有所不为。

宪法承担实现公民美好生活的使命。宪法的历史使命在于最终实现公民最美好的生活。一方面，宪法必须体现人民的意志。政府等一切公共权力机构存在的唯一目的就是确保人民的生活方式和各种权利不被破坏。另一方面，宪法必须是以权利为本位的，列宁说“它就是一张写满人民权利的纸”。人民的生活方式最终都要由宪法以国家根本法的形式予以规范，人民的一切基本权利都由宪法加以保障。新中国历史上制定的《中国人民政治协商会议共同纲领》、“五四宪法”和“八二宪法”等主要宪法性法律文件均反映了这些重要理念。其中，“八二宪法”不仅把“公民的基本权利和义务”一章置于“国家机构”一章之前，以体现国家权力为公民权利服务的理念，也大幅增加了公民权利的具体内容，并在2004年修订时明确写进了“国家尊重和保障人权”的条文。

宪法满足公民生活的各种需求。宪法建立了一个完整的公民基本权利体系，其所确立的生活方式涵盖了生命、自由和人格尊严等多个方面，而这些方面正是个体的人自我实现的最基本要素。毫无疑问，没有宪法所规定的基本制度、基本权利护航，个体的人将很容易处于无序的生存状态之中并受到侵害，生命的安全将无法保障，自由和尊严更沦为空谈，自我价值的实现将如同镜花水月。当公民的生命、健康、自由、尊严等受到威胁时，宪法提供了终极的不可替代的保护；当公民需要向国家和政府表达自己的意愿时，宪法赋予了广泛的政治自由和政治参与权利；当公民需要获得物质财富时，宪法规定了大量的社会和经济权利；当公民需要开展文艺创作活动时，宪法规定了充分的思想文化权利……

随着经济社会的不断发展，人们普遍意识到宪法不仅是政府治理国家的根本纲要，也是公民追求幸福的根本保障；法治国家建设不仅是国家的责任，更是每个个体公民的义务。尊重宪法所确立的生活方式不仅要靠政府的大力推动，更要靠公民的自觉参与和积极响应。只有当宪法深深融入每一个公民的血液之中，与每一个人同呼吸、共命运，承载每一个人的梦想，个人、社会和国家才能更好地联系在一起，并产生良性互动，个人的健全、社会的稳定和国家的长治久安才能真正实现。

第二节　我国公民的基本权利和基本义务

在我国，公民的基本权利与基本义务是宪法的核心内容，宪法是每个公民享有权利、履行义务的根本保证。公民的基本权利与基本义务共同反映和决定着公民在国家中的政治与法律地位，并构成普通法律规定公民权利和义务的基础与原则。

一、公民的基本权利

公民的基本权利也称宪法权利，是指由宪法规定的公民享有的基本的、必不可少的权利。基本权利是由宪法确定的重要的、根本性的权利，在权利体系中处于核心地位。基本权利的特点：第一，基本权利是由宪法所确定的一种综合性的权利体系；第二，基本权利是一国权利体系的基础；第三，基本权利是稳定的权利体系；第四，基本权利一般具有不可转让性；第五，基本权利具有综合性。总之，基本权利是宪法赋予公民的最基本的、最重要的权利，表明了公民的宪法地位，反映了国家权力与公民权利的相互关系，是一个国家政治制度运行的基础。

（一）平等权

平等权是指依照宪法和法律规定，公民平等地享有权利又同等承担义务，不存在任何差别待遇，及接受国家同等保护的权利，这具体体现在立法上的主体地位平等、司法上的法律适用平等和守法义务上的平等。

知识链接

权利义务平等：我国《宪法》第三十三条第二款、第三款规定，中华人民共和国公民在法律面前一律平等。国家尊重和保障人权。

选举权被选举权平等：我国《宪法》第三十四条规定，中华人民共和国年满18周岁的公民，不分民族、种族、性别、职业、家庭出身、宗教信仰、教育程度、财产状况、居住期限，都有选举权和被选举权；但是依照法律被剥夺政治权利的人除外。

民族平等：我国《宪法》第四条规定，中华人民共和国各民族一律平等。国家保障各少数民族的合法的权利和利益，维护和发展各民族的平等团结互助和谐关系。

男女平等：我国《宪法》第四十八条规定，中华人民共和国妇女在政治的、经济的、文化的、社会的和家庭的生活等各方面享有同男子平等的权利。国家保护妇女的权利和利益，实行男女同工同酬，培养和选拔妇女干部。

信教公民和不信教公民平等：我国《宪法》第三十六条规定，……不得歧视信仰宗教的公民和不信仰宗教的公民。……

我国《宪法》规定，中华人民共和国公民在法律面前一律平等。公民在法律面前一律平等是指：(1) 公民平等地享有宪法和法律规定的权利，也都平等地履行宪法和法律规定的义务；(2) 任何人的合法权益都一律平等地受到保护，对违法行为一律依法予以追究，决不允许任何违法犯罪分子逍遥法外；(3) 在法律面前，不允许任何公民享有法律以外的特权，任何人不得强迫任何公民承担法律以外的义务，不得使公民受到法律以外的处罚。平等权是我国宪法赋予公民的一项基本权利，是公民实现其他权利的前提与基础。

知识链接

1958年，我国开始根据地域和家庭成员关系将户籍属性划分为农业户口和非农业户口。当时我国实行计划经济政策，对物资实行配给制。这就需要依赖户籍管理制度进行配给管理。

随着20世纪80年代我国改革开放和经济起飞加速，计划经济下行之有效的二元户籍制度与市场经济越来越难以匹配。2014年7月，国务院公布了《关于进一步推进户籍制度改革的意见》，标志着我国实行了半个多世纪的“农业”和“非农业”二元户籍管理模式将退出历史舞台。

2016年9月，北京市发布《北京市人民政府关于进一步推进户籍制度改革的实施意见》。至此，全国所有省份都出台了户籍制度改革方案，取消农业户口与非农业户口性质区分。消除城乡之间的户籍差异和待遇差异，为更好地保障人权，实现城乡居民的权利平等奠定了基础。

平等权对青年学生独立人格的塑造尤为重要，这表现为在同等条件下，青年学生享受学校同等待遇而不受歧视的权利，作为一种概括性权利，平等权可以表现在青年学生的学习与生活的方方面面，如受教育权、监督权、适龄青年学生政治权利中的选举权和被选举权等诸多权利的平等享有和行使。

（二）政治权利与自由

拓展阅读

2020年9月，国务院办公厅印发《关于加快推进政务服务“跨省通办”的指导意见》(以下简称《意见》)。《意见》提出140项全国高频政务服务“跨省通办”事项清单。

在“跨省通办”事项清单梳理过程中，国务院职转办通过中国政府网等渠道广泛征集了社会意见。全国各地网民纷纷到中国政府网“吐槽”他们异地办事时遇到的烦心事儿，征集意见网络浏览量达到了7 600万余次，网络投票、留言6.3万余条，在这个基础上，经过汇总、梳理，合并同类项以后，共梳理出140项高频的“跨省通办”事项。有了公众的广泛参与，群众办事更便利，公共政策更友好。

政治权利和自由是指宪法规定公民依法享有的参与国家政治生活的权利和自由。为了确保公民参与，各国宪法都规定了公民广泛的政治权利和自由。公民参与是现代法治国家的一个重要特征，公民如果不能参与到国家政治生活和公共决策中，就不能真正成为宪法的主体、国家权力的主人。事实上，公民参与不仅仅是实现公民权利的基本途径，也是公民作为国家权力的主人参与国家和社会管理的重要义务。青年学生所具有的强烈的社会责任感和政治敏锐度，使我们成为当代公民参与的重要主体，当前青年学生通过加入政党，参与选举，参加听证，进行诉讼，以及借助新兴的网络参与微博问政等多种途径，发挥着越来越重要的政治参与、论政议政的作用。我国宪法规定的公民的政治权利和自由主要有两大类。

1. 选举权和被选举权

我国《宪法》第三十四条规定，中华人民共和国年满 18 周岁的公民，不分民族、种族、性别、职业、家庭出身、宗教信仰、教育程度、财产状况、居住期限，都有选举权和被选举权；但是按照法律被剥夺政治权利的人除外。

想一想

某村举行村委会选举，推选以下 4 位村民为村委会主任候选人。根据我国宪法和法律，你认为下列 4 位村民中哪几位可以被推荐为村委会主任候选人？

A. 李小波，刚过完 17 岁生日，初中毕业后成为家里的主要劳力，田里地里都是一把好手，可其父亲素有小偷小摸的毛病，曾因偷了吕家的一条黄牛被处罚

B. 刘光华，23 岁，为人忠厚，写得一手好字，但跟着他爷爷学了一些占卜、算卦之类的“技术”

C. 周秋兰，现任村妇女主任，热情大方，精明能干，只是经常与那些年轻后生“嘻嘻哈哈”

D. 丁长生，原为村里的民办教师，因犯罪被判有期徒刑 3 年，在服刑期间学会了多种果树栽培技术和特种养殖技术，提前释放回来后便搞起特种养殖和果园开发

根据我国《宪法》规定，享有选举权利的村民就可以被推荐为村委会主任候选人。李小波不满 18 周岁，依法不享有选举权利，因此不能推荐其为村委会主任候选人。刘光华会一些占卜、算卦之类的“技术”及周秋兰与年轻后生“嘻嘻哈哈”，并不影响其依法享有选举权和被选举权；丁长生尽管犯过罪，但没有被剥夺政治权，仍享有选举权利。因此，刘光华、周秋兰、丁长生均可以被推荐为村委会主任候选人。

2. 政治自由

公民参与最基本的目的，是通过提供信息、表达意见、发表评论等影响和促进公共政策、公共利益的实现。公民要想充分参与政治管理等公共生活，首先就要具备表达自己思想和意志的自由，如果一个公民连自己的想法都不能充分表达，又何谈其他的自由和权利

呢？除了言论外，公民还可以通过各种行为方式来表达自己的观点。政治自由是指公民表达自己政治意愿的自由。我国《宪法》第三十五条规定，中华人民共和国公民有言论、出版、集会、结社、游行、示威的自由。这是公民表达个人见解和意愿、进行正常的社会活动、参与国家管理的一项基本权利，这就要求我们每个青年学生不仅要充分享受这种自由的权利，同时还要乐于表达、善于表达，为公共政策和公共利益的实现，充分发挥自己的作用。

想一想

根据宪法和法律，下列哪些表述是不正确的？

A. 被剥夺政治权利的公民不再享有科学研究的自由

B. 被剥夺政治权利的公民不再享有艺术创作的自由

C. 被剥夺政治权利的公民不再享有出版著作的自由

D. 被剥夺政治权利的公民不再享有宗教信仰的自由

宪法规定的公民政治权利和自由包括：(1) 选举权和被选举权；(2) 政治自由，包括言论、出版、集会、结社、游行、示威的自由。而其他经济文化和社会生活领域的权利和自由如科学研究、艺术创作、宗教信仰等不属于政治范畴，而是与政治权利并列属于公民的基本权利。另外，《中华人民共和国刑法》第五十四条规定，剥夺政治权利是剥夺下列权利：(1) 选举权和被选举权；(2) 言论、出版、集会、结社、游行、示威自由的权利；(3) 担任国家机关职务的权利；(4) 担任国有公司、企业、事业单位和人民团体领导职务的权利。

（三）宗教信仰自由

我国《宪法》规定，中华人民共和国公民有宗教信仰自由。宗教信仰自由的含义是指：(1) 每个公民都有按照自己的意愿信仰宗教的自由，也有不信仰宗教的自由；(2) 有信仰这种宗教的自由，也有信仰那种宗教的自由；(3) 在同一宗教里，有信仰这个教派的自由，也有信仰那个教派的自由；(4) 有过去不信教而现在信教的自由，也有过去信教而现在不信教的自由；(5) 有按宗教信仰参加宗教仪式的自由，也有不参加宗教仪式的自由。

在我国，宗教信仰自由体现了精神自由，是公民人权及宪法权利不可缺少的基本内容。

但同时我们也应明白，宗教信仰作为个人的自由，不允许干预行政、司法、教育等国家事务和社会事务，我国《宪法》第三十六条第三款和第四款规定，国家保护正常的宗教活动。任何人不得利用宗教进行破坏社会秩序、损害公民身体健康、妨碍国家教育制度的活动。宗教团体和宗教事务不受外国势力的支配。此外，我国还坚决打击邪教组织犯罪活动，1999 年 10 月 30 日全国人民代表大会常务委员会通过了《关于取缔邪教组织、防范和惩治邪教活动的决定》，对组织和利用邪教组织破坏国家法律的实施、聚众闹事、扰乱社会秩序、以迷信邪说蒙骗他人、致人死亡、奸淫妇女、诈骗钱财的犯罪活动，依法予以严惩。

拓展阅读

2017 年 6 月 14 日国务院第 176 次常务会议修订通过《宗教事务条例》，并于 2018 年 2 月 1 日实施。《宗教事务条例》从 2005 年实施以来，对保障宗教信仰自由、规范宗教活动等起到了重要作用。但随着时代的发展，尤其是互联网的影响下宗教活动方式、形式，宗教活动场所法人资格、财产等发生了巨大变化，《宗教事务条例》（以下简称《条例》）顺应时代要求，做了较大幅度的修订。

修订后的《条例》首先提出要提高宗教工作法治水平，其第十四条规定，经批准设立的宗教院校，可以按照有关规定申请法人登记。第二十三条规定，宗教活动场所符合法人条件的，经所在地宗教团体同意，并报县级人民政府宗教事务部门审查同意后，可以到民政部门办理法人登记。修订后的《条例》从法律法规层面已经赋予了宗教活动场所取得法人资格的可能，并且也指出了法人资格授予的部门是民政部门。

宗教院校、宗教活动场所和宗教团体一样，根据法律法规的规定取得的是非营利法人资格。《条例》第五十二条规定，宗教团体、宗教院校、宗教活动场所是非营利性组织，其财产和收入应当用于与其宗旨相符的活动以及公益慈善事业，不得用于分配。

为了更好地维护国家安全，打击恐怖主义，维护民族团结，新修订的《条例》新增了相关条文，强化了法律责任。《条例》第三条规定，宗教事务管理坚持保护合法、抵制非法、遏制极端、抵御渗透、打击犯罪的原则。第四十一条第二款规定，非宗教团体、非宗教院校、非宗教活动场所不得开展宗教教育培训，不得组织公民出境参加宗教方面的培训、会议、活动等。第四十四条规定，禁止在宗教院校以外的学校及其他教育机构传教、举行宗教活动、成立宗教组织、设立宗教活动场所。

（四）人身自由权

公民的人身自由和言论等表达自由一样，也是公民最起码的基本权利之一，没有人身自由，公民就无法参加各种社会活动和享受其他权利。广义的人身自由权包括公民的人身自由、人格尊严和住宅不受侵犯，以及与人身自由密切相连的通信自由和通信秘密受法律保护。

1. 人身自由不受侵犯

人身自由，又称身体自由，指公民的人身（包括身体和精神）不受非法搜查、拘留、限制和逮捕的权利。公民的人身自由权利是一种相对的权利，国家机关可以依照法定的程序进行限制或剥夺。我国《宪法》第三十七条规定，中华人民共和国公民的人身自由不受侵犯。任何公民，非经人民检察院批准或者决定或者人民法院决定，并由公安机关执行，不受逮捕。禁止非法拘禁和以其他方法非法剥夺或者限制公民的人身自由，禁止非法搜查公民的身体。例如，商场保安人员根据商场的规定，对“盗窃嫌疑人”当场进行搜身检查及商场保安人员对拒绝搜身检查的顾客采取限制人身自由的措施等，均侵犯了公民的人身自由。在我国，对公民的身体进行检查只能由特定机关依照法定程序进行；剥夺或者限制公民的人身自由，只能由特定机关依照法定程序进行。

2. 人格尊严不受侵犯

人格尊严，是公民人身权利的重要组成部分。为了保障公民的人身自由权利，1982 年宪法对此作了专条规定：“中华人民共和国公民的人格尊严不受侵犯。禁止用任何方法对公民进行侮辱、诽谤和诬告陷害。”这是我国宪法第一次写明保护公民人格尊严的内容，它是对公民人身自由不受侵犯权利的补充和扩展。

3. 住宅不受侵犯

我国《宪法》第三十九条规定，中华人民共和国公民的住宅不受侵犯。禁止非法搜查或者非法侵入公民的住宅。公民的住宅不受侵犯，应当包括三个方面的含义：（1）公民的住宅不得随意进入；（2）公民的住宅不得随意搜查；（3）公民的住宅不得随意查封。公安机关、检察机关为了收集犯罪证据、查获犯罪人，侦查人员需要对被告人以及可能隐藏罪犯或者犯罪证据的人的身体、物品、住所和其他有关的地方进行搜查时，必须严格依照法律规定的程序进行。

4. 通信自由和通信秘密受法律保护

公民的通信自由和通信秘密，是指公民的通信（包括电报、电话和邮件），他人不得隐匿、毁弃、拆阅或者窃听。我国《宪法》第四十条规定，中华人民共和国公民的通信自由和通信秘密受法律的保护。除因国家安全或者追查刑事犯罪的需要，由公安机关或者检察机关依照法律规定的程序对通信进行检查外，任何组织或者个人不得以任何理由侵犯公民的通信自由和通信秘密。

想一想

我国宪法规定公民的住宅不受侵犯。下列哪些选项属于侵犯公民住宅的行为？

A. 非法侵入公民住宅

B. 非法搜查公民住宅

C. 非法买卖公民住宅

D. 非法出租公民住宅

法条速递

《中华人民共和国未成年人保护法》（以下简称《未成年人保护法》）第六十三条规定，任何组织或者个人不得隐匿、毁弃、非法删除未成年人的信件、日记、电子邮件或者其他网络通信内容。除下列情形外，任何组织或者个人不得开拆、查阅未成年人的信件、日记、电子邮件或者其他网络通信内容：(1) 无民事行为能力未成年人的父母或者其他监护人代未成年人开拆、查阅；(2) 因国家安全或者追查刑事犯罪依法进行检查；(3) 紧急情况下为了保护未成年人本人的人身安全。

（五）监督权和取得国家赔偿权

我国《宪法》第四十一条第一款规定，中华人民共和国公民对于任何国家机关和国家工作人员，有提出批评和建议的权利；对于任何国家机关和国家工作人员的违法失职行为，有向有关国家机关提出申诉、控告或者检举的权利，但是不得捏造或者歪曲事实进行诬告陷害。第三款规定，由于国家机关和国家工作人员侵犯公民权利而受到损失的人，有依照法律规定取得赔偿的权利。

批评权是指公民对国家机关和国家工作人员在工作中的缺点和错误，有提出批评意见的权利。

建议权是指公民对国家机关和国家工作人员的工作有提出合理的、建设性的意见的权利。

申诉权是指有利害关系的公民不服国家机关的错误的决定或违法的判决，或因自己的合法权益因国家机关工作人员的违法失职行为而受到损害，要求国家机关重新处理的权利。

控告权是指公民对任何国家机关和国家工作人员的违法失职行为，有向有关机关进行揭发和指控的权利。

检举权是指公民对于违法失职的国家机关和国家工作人员，有向有关机关揭发事实、请求依法处理的权利。

取得赔偿权是指公民在受到国家机关错误的处罚而得到昭雪后，或者是在受到国家机关和国家工作人员侵权而得到纠正后，公民要求国家赔偿的权利。

（六）社会经济权

公民的经济权利是公民在社会生活中享有的经济物质利益方面的权利，它是公民实现其他基本权利的物质保障。公民享有的这些权利和自由越充分，获得享有其他权利和自由的前提条件和可能性就越大。根据我国宪法规定，公民的社会经济权利包括财产权、劳动权、休息权和物质帮助权。

1. 财产权

公民对其合法财产享有的不受非法侵犯的权利。公民的合法的私有财产不受侵犯。国家按照法律规定保护公民的私有财产权和继承权。

2. 劳动权

有劳动能力的公民有从事劳动并取得相应报酬的权利。同时，劳动是一切有劳动能力的公民的光荣职责，我国宪法规定，中华人民共和国公民有劳动的权利和义务。

3. 休息权

劳动者为保护身体健康和提高劳动效率，根据国家有关法律与制度而享有的休息和休养的权力。

4. 物质帮助权

公民因特定原因不能通过其他正当途径获得必要的物质生活手段时，从国家和社会获得生活保障、享受社会福利的一种权利。我国宪法规定，中华人民共和国公民在年老、疾病或者丧失劳动能力的情况下，有从国家和社会获得物质帮助的权利。国家发展为公民享受这些权利所需要的社会保险、社会救济和医疗卫生事业。

知识链接

中华人民共和国社会保障卡是由人力资源社会保障部统一规划、发行，用于人力资源和社会保障各项业务领域的集成电路（IC）卡。

社会保障卡的作用十分广泛。持卡人不仅可以凭卡就医，进行医疗保险个人账户实时结算，还可以办理养老保险事务；办理求职登记和失业登记手续，申领失业保险金，申请参加就业培训；申请劳动能力鉴定和申领享受工伤保险待遇；在网上办理有关劳动和社会保障事务等。

社会保障卡采用全国统一标准，社会保障号码按照社会保险法的有关规定，采用居民身份证号码。

（七）文化教育权

公民的文化教育权包括受教育的权利和义务、进行科学研究、文学艺术创作和其他文化活动的自由。我国《宪法》第四十六条第一款规定，中华人民共和国公民有受教育的权利和义务。公民享有受教育的权利和义务，是指公民有在国家和社会提供的各类学校和机构中学习文化科学知识的权利，有在一定条件下依法接受各种形式的教育的义务。公民有受教育的权利和义务的基本内容是：（1）学龄前儿童有接受学前教育的机会；（2）适龄儿童有接受初等教育的权利和义务；（3）公民有接受中等教育、职业教育和高等教育的权利和机会；（4）成年人有接受成人教育的权利；（5）公民有从集体经济组织、国家企业事业组织和其他社会力量举办的教育机构接受教育的机会；（6）就业前的公民有接受必要的劳动就业训练的权利和义务。

《宪法》第四十七条规定，中华人民共和国公民有进行科学研究、文学艺术创作和其他文化活动的自由。科学研究自由，是指我国公民在从事社会科学和自然科学的研究时，有选择科学研究课题、研究和探讨问题、交流学术思想、发表个人学术见解的自由。文艺创作自由，是指公民有发挥个人的文学艺术创作才能、创作各种形式的文学艺术作品的自由。

法条速递

《中华人民共和国义务教育法》（以下简称《义务教育法》）第五条第二款规定，适龄儿童、少年的父母或者其他法定监护人应当依法保证其按时入学接受并完成义务教育。第13条规定，县级人民政府教育行政部门和乡镇人民政府组织和督促适龄儿童、少年入学，帮助解决适龄儿童、少年接受义务教育的困难，采取措施防止适龄儿童、少年辍学。

《中华人民共和国未成年人保护法》第十六条规定，未成年人的父母或者其他监护人应当尊重未成年人受教育的权利，保障适龄未成年人依法接受并完成义务教育。

（八）特定主体权利

我国宪法除对公民所应普遍享有的权利和自由作出明确规定外，还对特定主体设置专条，给予特定保护。宪法中的这些特定主体具体是指妇女、离退休人员、军烈属、母亲、儿童、老人、青少年、华侨等。

宪法规定禁止虐待老人、妇女和儿童，是因为这些权利主体在家庭和社会生活中往往处于弱势地位，其权益极易受到侵犯，所以必须予以特殊保护。为了贯彻这一宪法原则，我国分别制定了老年人权益保障法、妇女权益保障法和未成年人保护法，为实现老年人、妇女和儿童的宪法权利作出了进一步的保障。

拓展阅读

反家庭暴力法向施暴者“亮剑”

2016年3月1日，首部《中华人民共和国反家庭暴力法》（以下简称《反家庭暴力法》）开始实施（2015年12月27日由第十二届全国人大常委会第十八次会议审议通过）。据全国妇联调查，妇女、老人、小孩、残疾人等都是我国家庭暴力的主要受害者；在暴力形式上，尽管殴打等身体侵害仍是家庭暴力的主流，但辱骂、恐吓等精神暴力的严重性也越来越凸显。该法规定，家庭暴力是指家庭成员之间以殴打、捆绑、残害、限制人身自由以及经常性谩骂、恐吓等方式实施的身体、精神等侵害行为。

12 周岁的林某某是吴某某与林某标的婚生女儿。吴某某与林某标协议离婚后，约定林某某由林某标抚养。因林某某向吴某某反映林某标对其频繁打骂，吴某某向法院提起变更抚养权诉讼，请求确认女儿林某某由其抚养。该案在审理过程中，因法院征询林某某本人的意见时，其关于跟随父亲或母亲生活的意见前后发生了变化，法院遂根据案件审理需要，安排心理辅导师给林某某做心理评估和辅导，同时通知了吴某某和林某标双方到场。吴某某和被告林某标在法院心理辅导室外等待期间，由言语冲突引发双方（家属）打斗，林某标一方将吴某某一方家属打伤。林某某遂向法院申请人身保护令。另根据心理医院出具的《心理评估档案》显示，孩子展现了对父亲及奶奶权威的恐惧，强烈希望远离父亲的暴力恐吓。

法院依照《反家庭暴力法》第二十七条、第二十八条之规定，裁定禁止被申请人林某标对申请人林某某实施家庭暴力；禁止被申请人林某标骚扰、跟踪、接触申请人及其相关近亲属；在变更抚养权纠纷案判决生效之前，申请人林某某暂由吴某某抚养。裁定有效期为 6 个月，自送达之日起生效，送达后立即执行。

本案系直接抚养方对未成年子女有家暴行为，不直接抚养方起诉变更抚养权并申请人身安全保护令的典型案件。家暴具有代际传递和习得性，从保护未成年人健康成长和避免家庭暴力代际传递的角度，不宜由施暴者直接抚养未成年子女。本案中，法院根据林某某的申请，依法发出人身安全保护令，并在变更抚养权诉讼中，依法判决支持原告吴某某关于变更林某某抚养权的诉讼请求，真正实现了未成年人利益保护最大化。

二、公民的宪法义务

公民在享有宪法规定的各项权利的同时，还必须履行宪法规定的义务。宪法规定的公民义务是最基本的义务，任何公民都必须履行。宪法为普通法律规定公民义务提供了依据和基础。

（一）维护国家统一和民族团结

国家的统一和民族的团结，是我国社会安定和谐的前提和保证，是我国公民的最高法律义务。我国《宪法》第五十二条规定，中华人民共和国公民有维护国家统一和全国各民族团结的义务。因此，每个公民都有义务自觉维护国家主权独立、领土完整和民族团结，并与破坏国家统一和民族团结的言行做斗争。任何人都不得以任何形式，破坏国家统一，制造民族矛盾和民族冲突。

法治印记

2005年，十届全国人大三次会议审议并通过《中华人民共和国反分裂国家法》。制定实施反分裂国家法是党和国家引领两岸关系发展、促进祖国和平统一的重大举措。这部重要法律以宪法为依据，贯彻党中央对台工作大政方针，对坚持一个中国原则、遏制“台独”分裂、推进祖国和平统一、维护台海和平稳定、维护国家主权和领土完整、发展两岸关系、反对外部势力干涉台湾问题等重大问题作出明确规定，充分体现了中国共产党和中国政府、中国人民和全体中华儿女尽最大努力争取祖国和平统一的一贯主张，充分彰显了坚定捍卫国家主权和领土完整，绝不允许任何势力以任何名义、任何方式把台湾从中国分裂出去的国家意志。

（二）遵纪守法和尊重社会公德

我国《宪法》第五十三条规定，中华人民共和国公民必须遵守宪法和法律，保守国家秘密，爱护公共财产，遵守劳动纪律，遵守公共秩序，尊重社会公德。公民遵守宪法的义务，意味着每个公民都应该尊重宪法权威，维护宪法所确立的各项原则及政治、经济和社会制度；公民遵守法律的义务，意味着每个公民都应自觉遵守各项法律法规，在社会生活各个领域依照相关法律进行活动。

（三）维护祖国的安全、荣誉和利益

国家安全是每一个以中国为祖国的公民生产生活和安居乐业的必要条件，国家的荣誉就是国家和民族的尊严，国家利益是全国各族人民共同利益的集中表现，这意味着每一个公民都要树立国家安全、荣誉和利益高于一切的观念，同一切危害祖国利益、危害国家安全的行为进行斗争。我国《宪法》第五十四条规定，中华人民共和国公民有维护祖国的安全、荣誉和利益的义务，不得有危害祖国的安全、荣誉和利益的行为。

法治印记

2015 年 7 月 1 日，新的《中华人民共和国国家安全法》正式施行。国家加强国家安全新闻宣传和舆论引导。通过多种形式开展国家安全宣传教育活动。将国家安全教育纳入国民教育体系和公务员教育培训体系，增强全民国家安全意识。每年 4 月 15 日为全民国家安全教育日。2016 年的 4 月 15 日是首个全民国家安全教育日。

为了维护国家主权、安全、发展利益，坚持和完善“一国两制”制度体系，维护香港长期繁荣稳定，保障香港居民合法权益，根据《中华人民共和国宪法》第三十一条和第六十二条第二项、第十四项、第十六项的规定，以及《中华人民共和国香港特别行政区基本法》的有关规定，2020 年 5 月 28 日，第十三届全国人民代表大会第三次会议通过《全国人民代表大会关于建立健全香港特别行政区维护国家安全的法律制度和执行机制的决定》。

（四）保卫祖国，依法服兵役和参加民兵组织

为了维持国家秩序及抵御外来侵略，国家需要建立并维持一支强大的武装力量。各国宪法普遍规定了本国公民有依法服兵役的义务。我国《宪法》第五十五条规定，保卫祖国、抵抗侵略是中华人民共和国每一个公民的神圣职责。依照法律服兵役和参加民兵组织是中华人民共

和国公民的光荣义务。我国实行义务兵与志愿兵相结合，民兵与预备役相结合的兵役制度。

法治印记

中华人民共和国成立后，全国各族人民有了安定团结的生活和进行和平建设的可能。

1954 年 9 月 9 日，中央人民政府政务院发布征集补充兵员的命令。

1955 年 7 月 30 日，第一届全国人民代表大会第二次会议通过并正式颁布了第一部《中华人民共和国兵役法》（亦称“五五兵役法”）。我国开始实行义务兵役制。

1978 年 3 月 7 日，第五届全国人大常委会第一次会议讨论并批准国务院提出的《关于兵役制问题的决定》。

1984 年 5 月 31 日，第六届全国人民代表大会第二次会议通过了《中华人民共和国兵役法》。

1998 年 12 月 29 日，第九届全国人大常委会第六次会议审议通过了《中华人民共和国兵役法修正案》。

2009 年 8 月 27 日，第十一届全国人大常委会第十次会议通过了《全国人民代表大会常务委员会关于修改部分法律的决定》，《中华人民共和国兵役法》第二次修正。

2011 年 10 月 29 日，第十一届全国人大常委会第二十三次会议通过了《全国人民代表大会常务委员会关于修改〈中华人民共和国兵役法〉的决定》，《中华人民共和国兵役法》第三次修正。

（五）依法纳税

税收是国家财政收入的主要渠道，也是社会主义建设资金的重要来源，是国家调节国计民生的重要杠杆。我国《宪法》第五十六条规定，中华人民共和国公民有依照法律纳税的义务。纳税以公民自觉性为基础，但又带有强制性，每个纳税单位和个人都必须自觉履行纳税义务。

知识链接

个人所得税预扣率表一

（居民个人工资、薪金所得预扣预缴适用）

级数	累计预扣预缴应纳税所得额	预扣率（%）	速算扣除数
1	不超过 3 600 元的部分	3	0
2	超过 3 600 元至 144 000 元的部分	10	2 520
3	超过 144 000 元至 300 000 元的部分	20	16 920
4	超过 300 000 元至 420 000 元的部分	25	31 920
5	超过 420 000 元至 660 000 元的部分	30	52 920
6	超过 660 000 元至 960 000 元的部分	35	85 920
7	超过 960 000 元的部分	45	181 920

个人所得税预扣率表二

（居民个人劳务报酬所得预扣预缴适用）

级数	预扣预缴应纳税所得额	预扣率（%）	速算扣除数
1	不超过 20 000 元的部分	20	0
2	超过 20 000 元至 50 000 元的部分	30	2 000
3	超过 50 000 元的部分	40	7 000

甲公司职员李某 2019 年全年取得工资、薪金收入 180 000 元。当地规定的社会保险和住房公积金个人缴存比例为：基本养老保险 8%，基本医疗保险 2%，失业保险 0.5%，住房公积金 12%。社保部门核定的李某 2019 年社会保险费的缴费工资基数为 10 000 元。李某正在偿还首套住房贷款及利息；李某为独生女，其独生子正就读大学 3 年级；李某父母均已年过 60 岁。李某夫妻约定由李某扣除贷款利息和子女教育费。那么，李某 2019 年应缴纳的个人所得税税额为多少呢？

全年减除费用 60 000 元，

专项扣除 = 10 000×（8%+2%+0.5%+12%）×12 = 27 000（元），

专项附加扣除：

子女教育每年扣除 12 000 元，

住房贷款利息每年扣除 12 000 元，

赡养老人每年扣除 24 000 元，

专项附加扣除合计 = 12 000+12 000+24 000 = 48 000（元），

扣除项合计 = 60 000+27 000+48 000 = 135 000（元），

应纳税所得额 = 180 000−135 000 = 45 000（元），

应纳个人所得税额 = 36 000×3%+（45 000−36 000）×10% = 1 980（元）。

（六）其他方面义务

在宪法中，除以上专门规定的公民 5 种义务外，在基本权利条文中还规定了其他义务。如父母有抚养教育未成年子女的义务，成年子女有赡养扶助父母的义务。此外，公民还有劳动的义务和受教育的义务等。

第三节　青年学生宪法信仰的确立

法治印记

2015 年 7 月 1 日，十二届全国人大常委会通过《全国人民代表大会常务委员会关于实行宪法宣誓制度的决定》。2018 年 2 月 24 日，第十二届全国人大常委会第三十三次会议修订。宣誓誓词如下：

“我宣誓：忠于中华人民共和国宪法，维护宪法权威，履行法定职责，忠于祖国、忠于人民，恪尽职守、廉洁奉公，接受人民监督，为建设富强民主文明和谐美丽的社会主义现代化强国努力奋斗！”

该决定指出，各级人民代表大会及县级以上各级人民代表大会常务委员会选举或者决定任命的国家工作人员，以及各级人民政府、监察委员会、人民法院、人民检察院任命的国家工作人员，在就职时应当公开进行宪法宣誓。

“法律必须被信仰，否则形同虚设。”“一切法律之中最重要的法律既不是刻在大理石上，也不是刻在铜表上，而是铭刻在公民的内心里。”先哲的话生动而深刻地阐释了法律信仰的重要性。宪法作为国家的根本法，具有最高的法律地位、法律权威和法律效力，宪法信仰理应是最基本、最重要的法律信仰。我国以立法的形式对宪法宣誓作出具体规定，使宪法宣誓制度成为政治生活常态，体现出宪法的崇高地位，更是法治精神的一种生动表达，有利于塑造国家工作人员宪法意识，强化全社会对宪法的了解和尊崇，深入推进全面依法治国。

同时，宣誓是一种郑重的承诺，誓词是沉甸甸的诺言，左手抚按《中华人民共和国宪法》，右手举拳，诵读誓词，庄严肃穆的宣誓仪式，为宣誓人营造出浓重的神圣感，让他们内心深处生发和强化对宪法的敬畏感、认同感和归属感，通过鲜明的仪式象征和强烈的自我暗示，激发和强化宣誓人对宪法的忠诚和信仰。

一、何为宪法信仰?

宪法信仰是指人们基于对宪法所蕴含的民主的根本地位和作用，而产生的对宪法推崇、信任、尊重和依恋的情感，并将之奉为最高行为准则而在生活中自觉践行它，并自觉自愿地顺从于宪法的统治，在其中获得归属感、愉悦感。这一概念明确了宪法信仰的三个要素：信仰宪法的情感、信仰宪法的态度和信仰宪法的行为。信仰宪法的情感是第一位的，信仰宪法的情感辐射到其他法律之上，公民对法治的信仰也就形成了，信仰宪法的情感决定了信仰宪法的态度，影响着信仰宪法的行为。有了信仰宪法的情感、信仰宪法的态度和信仰宪法的行为，就形成了完整的宪法信仰。

具体而言，对宪法的这种内心认同感和确信感至少包括五个方面的内容。第一，认同宪法。认同即认可和赞同，这是形成和培养宪法信仰的基本条件，如果没有对现行宪法的认可和赞同，宪法信仰便无从谈起，当然人们认可和赞同宪法的前提是必须学习宪法，了解宪法。第二，信任宪法。信任的前提是认同，没有认同，信任便无从产生，而信任又是信仰的基础。第三，热爱宪法。热爱宪法是在信任宪法的基础上对宪法更进一步的感情培养和升华。第四，遵守宪法。公民要在认同宪法、信任宪法和热爱宪法的基础上认识到自己必须要遵守宪法的规定并且把这种认识落到实处，内化为自己的自觉行动。第五，捍卫宪法。公民只有自觉遵守宪法的行为是不够的，必须要有勇于捍卫宪法的尊严、同违反和破坏宪法的行为做斗争的决心和勇气。

法治国家的建设与公民的宪法教育、宪法意识有千丝万缕的联系，公民的宪法教育和宪法意识在某种程度上决定着一个国家法治建设的进程。从精神层面而言，宪法信仰是对公众宪法情感的最高要求，是建立宪法意识的最高层次。

二、如何培育宪法信仰?

（一）树立和维护宪法权威

宪法权威是指在国家和社会管理中，宪法具有最高法律效力和至高无上的地位，是一切机关、组织和个人的根本行为准则。当今世界，树立和维护宪法权威已经受到人们的普遍重视。宪法的权威应包括宪法至上、宪法至尊、宪法至本等内容，即宪法在国家和社会管理的过程中，居于至高无上的地位；宪法居于神圣不可侵犯的地位；宪法是国家的根本。宪法权威是培育宪法信仰的基础，对社会公众而言，宪法具有至上、至信的权威，是任何人不可触犯的；谁践踏触犯了宪法，谁就会受到法律的制裁。因此，我们要自觉尊重和维护宪法的权威。

（二）加强宪法的学习和教育

公民宪法信仰的形成，需要法治氛围的长期熏陶，在这个过程中，需要继续大力宣传法治知识，尤其是宪法的基本条款和原则，营造一个人人懂法、守法、护法的环境，扩大宪法知识的受众范围，凝聚宪法信仰共识。我国将每年的 12 月 4 日定为国家宪法日，强调依法治国首先要依宪治国，让法律知识尤其是宪法知识走进城市大道、机关事业单位及国家公职人员内心，走向农村偏远地区、各大院校校园内，让广大公民真正了解身边的法律知识，让宪法精神植根国民心底，让宪法信仰在国民中蓬勃生长，让“守宪”“护宪”化作每个公民的自觉行动，并由此汇聚成亿万人民依法治国的巨大动力，使民众明白宪法的权威关系到政治的安定和国家的命运。青年学生要理解我国宪法地位和确立的基本原则，全面了解我国法律体系的构成，懂得各个法律部门及重要法律的基本功能，深化对法治中国的制度认知，增强推动法治中国建设的实践本领。

（三）强化宪法的实施

“天下之事，不难于立法，而难于法之必行。”宪法的生命在于实施，宪法的权威也在于实施。实行依法治国的基本方略，首先要全面贯彻实施宪法，只有全面贯彻实施宪法，才能让广大民众真切地感受到活生生的宪法，宪法就在自己身边。要全面贯彻实施宪法，首先要加强宪法的适用和执行。坚持依法治国首先要坚持依宪治国，坚持依法执政首先要坚持依宪执政。其次要加强宪法行为，通过宪法行为，国家依照宪法规定和宪法赋予的权力管理社会，维护公共利益和公民基本权利；公民则充分行使宪法主体应有的权利，主张权利，参与政治。

实践活动建议

实践项目一：组织“宪法日”宣传教育活动

★ 活动设计

1. 邀请相关人员对学生进行法治讲座。

2. 各班组织学生开展法治教育的主题班会。利用班会时间，组织深入学习宪法、未成年人保护法。

3. 开展“12·4”国家宪法日升旗仪式活动。12月4日组织宪法晨读活动，选择宪法序言及正文中的适当章节、条款，组织学生集体朗读。

4. 围绕国家宪法日主题，利用校园广播、校园网（班级网站）、班级板报、宣传栏等形式，营造宪法教育氛围。

5. 全校范围开展征文比赛活动。

实践项目二：知识竞赛

★ 活动设计

通过宪法知识竞赛，激发学生学习宪法的兴趣。

★ 比赛规则

1. 确定参赛队编号。正式参赛前，将全部学生随机分组，各参赛队队长抽签决定座次，每支代表队由3名选手上场，按从左至右的顺序就座，比赛中不能改变位置。

2. 选题、答题顺序。比赛过程中按代表队的顺序逐一选题、答题，逐一评分。

3. 记分办法。各队底分为100分，每个环节结束后，按答题规则和各队答题情况加减相应分数。

4. 比赛环节及流程。主持人宣读完题目后，在抢答设备报出“3、2、1，滴”的“滴”声过后方可抢答，各队每名队员都可以代表本队答题。答题队员应在60秒内完成答题，答题结束时应说“回答完毕”。抢答成功并答题正确加10分，违反抢答规则（提前按抢答器）或答题错误扣10分。

★ 知识题库

一、判断题

1. 只有年满18周岁的成年人才是公民。（　　）

2. 依照法律服兵役和参加民兵组织是中华人民共和国公民的光荣义务。（　　）

3. 从法律上来说，“未成年人”与“儿童”都是指不满18周岁的人。（　　）

4. 小明的听力有些障碍，学校可以以此为理由拒绝招收他。（　　）

5. 父母可以为未成年订立婚约，但是不得强迫未成年人结婚。（　　）

6. 孩子犯错了，大人有权利打他，因为大人是为了教育孩子。(　　)

7. 未成年人年龄还小，不享有隐私权。(　　)

8. 小明上小学四年级，学习成绩不太好，还经常违反纪律，家长认为他上学也不会有出息，还不如早早跟着父母做生意。父母的想法是正确的。(　　)

二、选择题

1. 下列哪项不是宪法规定的公民权利？(　　)

A. 言论　　B. 出版　　C. 集会　　D. 隐私权

2. 我国法律规定不满（　　）的公民为未成年人。

A. 14 周岁　　B. 16 周岁　　C. 18 周岁　　D. 20 周岁

3. 2020 年我国地方人大选举中，下列哪些人享有选举权？(　　)

A. 未被剥夺政治权利的服刑人员

B. 2003 年出生的中学生

C. 有严重智力障碍者

D. 在中国居住 6 年的美国公民

E. 长年旅居国外、选举时正好回国探亲的中国公民

F. 30 岁的珍妮，加入中国国籍不满 2 年

G. 因结伙斗殴被行政拘留的人员

H. 精神病患者

I. 因严重刑事犯罪被判无期徒刑的服刑人员

第二章
民事权益保护，追求幸福的基石

“在民法慈母般的眼里，每一个人就是整个国家。”孟德斯鸠的这一经典论断，可以说是民法精神的最好概括。民法为每个个人提供温暖的怀抱，使其幸福而有尊严地生活，追求社会资源的最优配置。的确，与其他部门法相比，民法是人类社会生活中最基本、最普遍的行为规范，它与人们的日常生活联系最为密切，其内容涉及人们生、老、病、死及衣、食、住、行等各个方面。一个人从出生之时就有了独立的法律人格，并且与父母形成亲子关系；在他未成年时，监护人保护其人身、财产权益不受侵犯；成年后，他具备了完全民事行为能力，可以独立处理个人事务，能自主地从事各种民事活动，比如签订合同、购置房产、委托代理、劳动就业、经营创业、缔结或解除婚姻等，从而产生各种平等的财产关系与人身关系；在他去世之后，还会发生财产继承关系……

可见，民事法律跟每个人的一生都密切相关，人们从出生到死亡都不可避免地要与民法打交道，接受它的调整和规范，更要用它来保障自身的民事权利不受侵犯。那么，青年学生作为重要的民事主体，你知道这些民事法律关系中包含了什么样的民事权利和民事义务吗？你知道权利人应当如何运用法律武器来维护自己的权利吗？你知道义务人没有履行义务时，可能承担什么样的法律责任吗？让我们带着这些问题走进民法的“王国”。

第一节　身边的民事法律关系

一、民法与民事法律关系

（一）什么是民法

法治印记

社会生活的百科全书

——我们的“民法典”

2020年5月28日，十三届全国人大三次会议表决通过了《中华人民共和国民法典》，并自2021年1月1日起施行。民法典分为7编加附则、1 260个条文，这是新中国第一部以法典命名的法律，也新中国第一部全面、系统、细致地规范民事权利义务的基本法律。

2014年10月，党的十八届四中全会决定提出了编纂民法典这一重大立法任务。习近平总书记亲自主持3次中央政治局常委会会议，分别审议民法总则、民法典各分编、民法典3个草案，经过5年多的持续努力，民法典终于颁布实施。这部法典凝聚着几代人的期盼，是我国民事立法史上的一座里程碑，也是创新发展中国特色社会主义法治体系和深入推进国家治理体系和治理能力现代化进程中的一件大事。

在民法典编纂过程中，最引人瞩目的是采取开门立法、遍听民意的方式，10次公开征求意见，425 600多人参与提供意见，总数达102万条。为了确保立法的民主性、合法性和稳定性，使民法典真正成为凝聚各方共识、反映人民意志、契合社会需要、具有坚强生命的良法，每一次审议后，全国人大坚持问题导向，组织调研，针对民法典中与百姓生产生活息息相关的条款，深入基层，举行座谈，倾听民众心声。大到国家所有制、土地制度，小到百姓邻里纠纷、婚姻家庭、生产经营、个人信息保护、私有财产权利保护等。

总而言之，我国民法典系统整合了新中国成立70多年来长期实践形成的民事法律规范，汲取了中华民族5 000多年优秀法律文化，借鉴了人类法治文明建设有益成果，是一部体现我国社会主义性质、符合人民利益和愿望、顺应时代发展要求的民法典，是一部体现对生命健康、财产安全、交易便利、生活幸福、人格尊严等各方面权利平等保护的民法典，是一部具有鲜明中国特色、实践特色、时代特色的民法典。

民法是调整平等主体的公民之间、法人之间、公民与法人之间的财产关系和人身关系的法律规范的总称。我国已经有了统一的民法典——《中华人民共和国民法典》（以下简称《民法典》），该法自2021年1月1日起施行，《中华人民共和国婚姻法》《中华人民共和国继承法》《中华人民共和国民法通则》《中华人民共和国收养法》《中华人民共和国担保法》《中华人民共和国合同法》《中华人民共和国物权法》《中华人民共和国侵权责任法》《中华人民共和国民法总则》等同时废止。

（二）民法基本原则

我国民法典明确了平等、自愿、公平、诚信、公序良俗及绿色等民事基本原则，即在民事法律关系中，民事主体的地位完全平等，其权利义务必须一致；在公平合理的条件下，当事人可以自主、自愿地进行民事活动；在发生财产关系时，当事人之间必须遵循等价有偿原则，不得无偿占有；当事人之间的民事活动要建立在诚实、守信的基础上。例如，李某购买了刘某一套房屋，准备入住前从他处得知该房内两年前曾发生一起凶杀案。根据我国民俗习惯，多数人对发生凶杀案的房屋比较忌讳，刘某故意隐瞒相关信息，违背了诚实信用原则，已构成欺诈，李某有权诉请法院判决撤销合同。

知识链接

在民法所有原则中，诚实信用原则被视为“帝王条款”。一般来讲，诚实信用是一种道德规范，即在当事人利益的较量中，要求当事人以公平、善意方式行使权利，履行义务。当事人在民事活动中必须遵循基本的交易道德，以平衡当事人之间、当事人与社会之间的利益矛盾和冲突。

诚实信用原则在合同法领域使用极为广泛：在缔约过程中，当事人必须不作假、不隐瞒，且应当为对方提供必要的信息；在履约过程中，当事人应遵守诺言，履行义务；在合同关系结束后，还应根据交易习惯履行通知、协助、保密等义务。

此外，民事活动还必须遵守法律，没有法律规定的，应当遵守国家政策、尊重社会公德，不得损害公共利益，扰乱社会经济秩序，不得违反禁止权利滥用的原则。比如，将自己废弃不用的汽车弃于马路中央，在自己的房间里唱卡拉 OK 直到凌晨影响邻居休息，这类行为均属权利滥用。

民法典作为公民日常生活的基本准则，要兼顾人民群众对于道德和法律的基本需要，而社会主义核心价值观高度反映了中华优秀传统文化所蕴含的思想观念、人文精神、道德规范，具有深厚的中华文化底蕴和人文特质。社会主义核心价值观融入民法典，有助于促使民法典更好地发挥引领风尚、移风易俗、惩恶扬善、维护公德的积极作用，推动全社会形成尊崇法律、遵守道德的法治环境。

拓展阅读

撞伤儿童离开被阻猝死索赔案

郭某林在小区内骑自行车时将 5 岁男童罗某某撞倒在地，造成罗某某右颌受伤出血。同为该小区居民的孙某见状后，马上找人联系罗某某家长，并告知郭某林应等待罗某某家长前来处理。郭某林称是罗某某撞了自己，欲先离开。孙某站在自行车前阻拦郭某林，不让郭某林离开，双方发生言语争执。郭某林情绪激动，称此事应交由 110 处理，随后将自行车停好，并坐在石墩上等候，郭某林坐下后不到两分钟即倒地。孙某拨打 120 急救电话，医护人员赶到现场即对郭某林实施抢救。郭某林经抢救无效，因心脏骤停死亡。刘某某、郭某丽、郭某双作为郭某林的配偶及子女，向法院起诉，请求孙某承担赔偿责任共计 40 余万元，并要求孙某赔礼道歉。

法院认为，孙某见到郭某林将罗某某撞倒在地后，让郭某林等待罗某某的家长前来处理相关事宜，其目的在于保护儿童利益，该行为符合常理，不仅不具有违法性，还具有正当性，应当给予肯定与支持。孙某与郭某林在事发前并不认识，孙某不知道郭某林身体健康状况，孙某在阻拦过程中虽与郭某林发生言语争执，但孙某的言语并不过激，其阻拦方式和内容均在正常限度之内，阻拦行为本身不会造成郭某林死亡的结果。在郭某林倒地后，孙某及时拨打 120 急救热线救助，郭某林在抢救过程中因心脏骤停而不幸死亡，孙某的阻拦行为与郭某林的死亡结果不存在法律上的因果关系，孙某亦不存在过错，其不应承担侵权责任。

法治印记

民法典的“绿色原则”

民法典规定，民事主体从事民事活动，应当有利于节约资源、保护生态环境。

小区对面商场广告牌的霓虹灯夜里不关闭，照得家里灯火通明，影响睡眠，怎么办？小区有人乱扔垃圾、乱排污水，违反规定饲养动物，影响公共环境卫生，怎么办？

民法典物权编规定，不动产权利人不得违反国家规定弃置固体废物，排放大气污染物、水污染物、土壤污染物、噪声、光辐射、电磁辐射等有害物质。同时规定，业主相关行为应当符合节约资源、保护生态环境的要求等。商场广告牌的霓虹灯夜里不关闭，这属于光污染，可以依法向环保部门投诉；小区有人影响公共环境卫生，可以通过业主大会或者业主委员会，依法要求对方停止相关行为，并且赔偿损失。

民法典物权编还规定，用益物权人行使权利，应当遵守合理开发利用资源、保护生态环境的规定。同时规定，设立建设用地使用权，应当符合节约资源、保护生态环境的要求。民法典“绿色原则”的相关规定也同样约束企业。例如，企业在进行投资、并购等交易活动时，应关注对目标项目资源、能源、环境相关的尽职调查，推动绿色投资，避免投资高能耗、高污染、高违规风险的项目。民法典合同编规定，当事人在履行合同过程中，应当避免浪费资源、污染环境和破坏生态。在侵权责任编中，设专章规定污染环境和破坏生态的侵权责任，突破性地设立生态环境侵权惩罚性赔偿制度，并明确规定了生态环境损害的修复和赔偿规则，还对生态环境损害赔偿的形式和范围作出列举规定。

总之，民法典“绿色原则”的有关规定，折射出人民群众对美好生态环境的向往，浸润着新时代的价值理念，为用“最严格制度最严密法治保护生态环境”提供了法律保障，必将深刻影响我们的生活。

（三）民事法律关系

我国《民法典》规定，民法调整平等主体的自然人、法人和非法人组织之间的人身关系和财产关系。民事法律关系即由民法调整的人身关系和财产关系。

人身关系是指和人身不可分离的社会关系，这种社会关系以某种精神利益为内容，基于人的特定的身份和人格而产生，不具有直接的经济内容。公民的姓名权、肖像权就是基于公民的人格而产生的人身关系；作者对作品的署名权和亲属、监护关系则是基于一定的身份而产生的人身关系。

财产关系是指人们在占有、支配、交换、分配以及消费等经济活动中，因对物质财富的支配和利用而形成的社会关系。

一般来说，约会、定情约定等恋爱关系，搭乘便车、顺路代为投递信件、参加宴会、看电影及指路等“无偿”约定或者承诺为好意施惠关系，不能在当事人之间产生合同关系（不产生违约责任或者缔约过失责任），不属于民事法律关系。但是若另有符合构成要件的侵权发生时，仍可构成侵权，如张三搭乘李四的便车发生交通事故，王五不知赵六不胜酒力而极力劝酒致其酒精中毒住院治疗，他们之间产生的侵权损害赔偿关系属民事法律关系，受民法调整。

民事法律关系包含三个要素：主体、客体和内容。

1. 民事法律关系主体

民事法律关系主体是指民事活动的参与者，即在民事法律关系中享有民事权利并承担民事义务的人或者组织，包括自然人、法人或者其他组织。

自然人是依自然规律出生而取得民事主体资格的人。自然人从出生时起到死亡时止，具有民事权利能力。民事行为能力是法律确认的民事主体通过自己的行为从事民事活动，参与民事法律关系，行使民事权利和承担民事义务的能力。民事权利能力和民事行为能力是民事主体参加民事活动的基础。法律根据公民的年龄和智力状态，将公民分为完全民事行为能力人、限制民事行为能力人和无民事行为能力人（见表 2-1）。

表 2-1　公民的民事行为能力划分

分类	包括内容	活动范围
完全民事行为能力人	1. 18 周岁以上的自然人即成年人 2. 16 周岁以上，以自己的劳动收入为主要生活来源的未成年人，视为完全民事行为能力人	可以独立进行民事活动

续表

<table>
<tr><th>分类</th><th>包括内容</th><th colspan="3">活动范围</th></tr>
<tr><td rowspan="2">限制民事行为能力人</td><td>1. 8 周岁以上的未成年人</td><td>可以进行与其年龄、智力相适应的民事活动</td><td rowspan="2">实施民事法律行为由其法定代理人代理或者经其法定代理人同意、追认</td><td rowspan="3">可以独立实施纯获利益（接受奖励、赠与、报酬等）的民事法律行为</td></tr>
<tr><td>2. 不能完全辨认自己行为的成年人</td><td>可以进行与其智力、精神健康状况相适应的民事活动</td></tr>
<tr><td>无民事行为能力人</td><td>1. 不满 8 周岁的未成年人
2. 不能辨认自己行为的成年人</td><td colspan="2">由其法定代理人代理实施民事法律行为</td></tr>
</table>

想一想

14 周岁的于某路过一家商店，见里边正在处理手机，每部只卖 1 500 元，于某想将手机买下来。他算了算手头的压岁钱，共有 1 000 元，便和老板商量，先交 1 000 元把手机取走，其余 500 元老板和他一起回家取，两人还签订了一份合同书。将手机拿回家后，老板和于某的父母说明情况，要求于某的父母支付剩下的 500 元钱。于某的父母认为自己并不想买手机，小孩子不懂事说话不能算数，要求老板拿回手机，并返还已交的 1 000 元。老板认为，买手机属于某自愿，且已经签了合同书，如果不买就属于违约，这 1 000 元属定金，买卖不成，定金不予返还。于某与商店老板签订的合同是否有效？

于某与商店老板签订的合同属于效力待定合同。根据我国《民法典》第十九条规定，8 周岁以上的未成年人为限制民事行为能力人，实施民事法律行为由其法定代理人代理或者经其法定代理人同意、追认；但是，可以独立实施纯获利益的民事法律行为或者与其年龄、智力相适应的民事法律行为。于某的法定代理人即他的父母对于于某购买手机一事持反对态度，即于某父母对这一效力待定的合同是拒绝追认的，且于某与商店老板所签订的买卖合同不属于纯获利益的民事法律行为，手机价值 1 500 元，购买手机行为显然与于某年龄、智力不相适应，因此，商店老板不能以定金形式扣押这 1 000 元钱。

法人是相对于自然人的另一类民事主体，是法律所创制的人格，是社会组织在法律上的人格化。法人是指具有民事权利能力和民事行为能力，依法独立享有民事权利和承担民事义务的组织。民法典规定法人应当依法成立，有自己的名称、组织机构、住所、财产或者经费，并以其全部财产独立承担民事责任。以取得利润并分配给股东等出资人为目的成立的法人为营利法人，包括有限责任公司、股份有限公司和其他企业法人等。非营利法人包括事业单位、社会团体、基金会、社会服务机构（即民办非企业）等。为公益目的以捐助财产设立的基金会、社会服务机构为捐助法人（即财团法人），依法设立的宗教活动场所可以取得捐助法人资格。

同时，机关法人、农村集体经济组织法人、城镇农村的合作经济组织法人和基层群众性自治组织法人为特别法人。

另外，民法典规定，个人独资企业、合伙企业、不具有法人资格的专业服务机构等非法人组织能够依法以自己的名义从事民事活动。非法人组织可以自己的名义享受民事权利和承担民事义务，也可以自己的名义进行必要的民事活动，但非法人组织不具有完全民事责任能力，其成员或设立人对非法人组织的债务承担无限责任。

2. 民事法律关系客体

民事法律关系客体是民事权利义务所指向的对象，不同民事法律关系的客体是不同的：物权法律关系的客体是物和权利；人格权法律关系的客体是人格利益（生命、健康、肖像、姓名等）；身份权法律关系的客体是身份利益（同居、忠实、抚养、赡养、扶养）；知识产权法律关系的客体是创造性智力成果与工商业标记（作品、技术方案、标记）等；债权法律关系的客体是给付（债务人的作为或不作为）。例如，甲、乙签订合同约定，甲向乙出售汽车，价格 50 万元。该合同的客体是甲交付汽车并移转所有权的行为，以及乙支付价款并移转所有权的行为。汽车不是合同的客体，而是标的物。概括起来，民事法律关系的客体包括物、行为、智力成果、人身利益、有价证券等种类。

3. 民事法律关系内容

民事法律关系内容就是民事主体享有的权利和承担的义务，在民事法律关系中，权利和义务既是相互对立的，也是相互联系的，往往一方的权利就是另一方的义务，一方的义务就是另一方的权利，而且通常是等价有偿和对等互利的。

二、民事法律行为及代理

民事法律行为是指民事主体为了设立、变更或者终止法律关系而实施的行为。在现实中，绝大多数民事法律关系的发生、变更和消灭，都是通过民事法律行为来实现的。比如订立合同、订立遗嘱、设立公司，以及结婚、收养等。

（一）民事法律行为的有效要件

民事法律行为的实质要件包括：行为人具有相应的民事行为能力；意思表示真实；不违反法律、行政法规的强制性规定；不违背公序良俗。

民事法律行为的形式要件，即民事法律行为的形式必须符合法律的规定。根据法律规定，民事法律行为可以采取书面形式、口头形式或其他形式，法律规定用特定形式的，应当采用特定形式。比如，法律规定房屋买卖必须办理登记和过户手续。

欠缺民事法律行为的有效要件会导致该行为不产生法律上的效力，即该行为是无效民事法律行为。

民事法律行为被确认为无效或者被撤销后，自始没有法律效力，即行为人设立、变更、终止民事权利义务的内容，不产生当事人预期的法律效果。而没有法律效力，并不等于没有法律后果。无效民事法律行为或可撤销民事法律行为的当事人，基于行为无效或被撤销的法律事实（事件），当事人因该民事行为取得的财产应当返还给受损害的一方；有过错的一方应当赔偿对方当事人因此所受的损失；双方都有过错的，应当各自承担相应的责任；双方恶意串通实施民事行为损害国家、集体或第三人利益的，应当追缴双方取得的财产，收归国家、集体所有或者返还第三人。

（二）代理

民事主体不可能亲自进行所有的民事行为，可以通过签订合同等形式委托他人代理。在简单商品经济条件下，由于交易活动比较简单、范围不广泛，当事人凭借个人能力完全可以参加各项民事活动，没有必要建立代理制度。随着商业交易日益频繁，规模不断扩大，社会生活日趋广泛和复杂，人们由于年龄、精神状况、知识、时间、精力、条件等原因，不可能事必躬亲，于是代理制度就产生了。因此，代理制度是商品经济高度发达的产物，是现代社会中广泛运用于民事主体之间的一种民事行为。

所谓代理，是指代理人以被代理人的名义，在代理权限范围内，与第三人进行民事活动，其法律后果直接由被代理人承担的民事法律制度。代为他人实施民事法律行为的人称为代理人，由他人以自己的名义代为民事法律行为并承担法律后果的人，被称为被代理人（本人）。代理人可以在被代理人授权范围内独立进行判断、作出决定、活动，其行为产生法律上的后果由被代理人承担。根据代理权产生的原因不同，可以将代理分为三类：委托代理、法定代理和指定代理。

知识链接

（1）委托代理。基于被代理人授权的意思表示而发生的代理为委托代理，又称意定代理。委托代理是适用最广泛的代理形式。由于委托代理基于被代理人授权的意思表示而发生，因此，委托代理的被代理人在授权时必须具有相应的民事能力，从事代理活动。

（2）法定代理。法定代理是依据法律规定而当然发生的代理。它是为无行为能力人和限制行为能力人设立的代理方式。

（3）指定代理。按照人民法院或者有权机关的指定而产生的代理，为指定代理。在没有法定代理人和委托代理人的情况下，人民法院或者有权机关可以依法为不能亲自处理自己事务的人指定代理人。在指定代理中，依法被指定为代理人的，如无特殊原因不得拒绝担任。代理人享有的代理权由人民法院或者指定机关指定。

代理关系确立后，代理人即享有以被代理人的名义参与和其他人的民事活动，为被代理人处理代理事务的权利。代理权是代理人的基本权利，是代理关系的核心内容，代理人行使代理权，既受到法律的确认和保护，也承担相应的法律责任。

代理人行使代理权应当善良忠诚，维护被代理人的利益。代理人不能超越被代理人授予的代理权限行使代理权，超越代理权限的代理行为后果由代理人自己承担；代理人也不得滥用代理权，滥用代理权的，要为自己的行为承担法律责任；代理人不能随便将代理权再转委托他人行使。滥用代理权的表现主要有双方代理、自己代理和利己代理。

知识链接

（1）双方代理。双方代理指代理人既代理本人又代理第三人为同一民事法律行为的代理。广义的双方代理包括自己代理，这里采用狭义双方代理的概念。双方代理之代理有双方，可以肯定是双方法律行为，也就是“一仆二主”。例如：在民事诉讼中，原告的代理人同时接受委托担任被告的代理人。

（2）自己代理。这是指代理本人与自己订立合同，也称“自己契约”。自己代理被禁止，其法理在于，代理本以为本人计算为宗旨，自己代理因相对人是代理人自己，就难以再为本人计算。例如，代理人自己想被代理人出售代理合同所约定的标的物。

(3) 利己代理。这是代理人利用地位之便，实施利于自己却不利于被代理人的代理。利己代理也为法律所禁止，《民法典》第三十五条规定："监护除为被监护人的利益外，不得处理被监护人的财产。"此即禁止法定代理人利己行为的规定。

在日常民事活动中，经常发生无权代理。无权代理是指在无代理权的情况下，以他人名义实施的民事行为。无权代理并非代理的种类，只是徒具代理的表象，却因欠缺代理权而不产生代理效力的行为。我国民法典将无权代理概括为三种表现：未经授权的"代理"，代理权消灭后的"代理"和超越代理权限的"代理"。例如，某推销员丙谎称甲的邻居乙订购了保健品，甲代收该保健品，并代乙付款。从推销员丙谎称信息中可以判断出甲没有得到乙的授权，甲认为此保健品是邻居乙订购的，并代乙接收且付款的行为属于无权代理。当然，若行为人没有代理权、超越代理权或者代理权终止后实施代理行为，经被代理人追认的，对被代理人发生效力。

同时，《民法典》第一百七十二条规定了表见代理，即行为人没有代理权、超越代理权或者代理权终止后，仍然实施代理行为，相对人有理由相信行为人有代理权的，代理行为有效。例如，张某是某企业的销售人员，随身携带盖有该企业公章的空白合同书，便于对外签约。后张某因收取回扣被企业除名，但空白合同书未被该企业收回。张某以此合同书与他人签订购销协议，该购销协议的性质效力如何呢？甲携带盖有乙企业公章的空白合同书，他人有理由据此认为甲还具有代理权，构成表见代理，该协议成立且生效，对该企业有法律约束力。

三、民事责任

我国法律保护各类民事主体的人身权和财产权，要求人们尊重他人的权利，自觉履行义务。民事义务是指民事法律规范规定或当事人依法约定，义务人做出一定积极行为或不得做出一定行为，以满足权利人利益的法律拘束。例如，卖方按照买卖合同的约定，向买方交付出卖物并转移出卖物所有权的行为。再如，财物所有人以外的其他人不得实施任何侵犯他人所有物的行为（占有、使用、出售等）。义务人不履行义务，将遭受对其更为不利的法律后果。

为了切实保障民事权利，法律对于不履行民事义务的行为，规定了相应的民事法律责任。

民事责任是指民事主体因违反民事义务而应承担的民事法律后果。民事主体违反合同或者不履行其他义务的，应当承担民事责任；因保护他人民事权益使自己受到损害的，由侵权人承担民事责任，受益人可以给予适当补偿。没有侵权人、侵权人逃逸或者无力承担民事责任，受害人请求补偿的，受益人应当给予适当补偿；因自愿实施紧急救助行为造成受助人损害的，救助人不承担民事责任；侵害英雄烈士等的姓名、肖像、名誉、荣誉，损害社会公共利益的，应当承担民事责任。

（一）民事责任的分类

根据民事责任发生的原因不同，可分为违反合同的民事责任和侵权的民事责任两类。

违反合同的民事责任，又称违约责任。违约责任的构成条件有：有违约行为；违约造成了损失；违约行为和损害事实之间存在因果关系；存在过错。

侵权的民事责任分为一般侵权民事责任和特殊侵权民事责任。一般侵权民事责任的构成条件有：客观上存在损害事实；行为具有违法性；违法行为与损害事实之间存在因果关系；行为人主观上有过错。特殊侵权民事责任与一般侵权民事责任的构成要件区别在于，它不要求行为人主观上有过错。

（二）侵权行为的归责原则

归责原则是指在行为人的行为致人损害时，根据何种标准和原则确定行为人的侵权责任。侵权行为的归责原则是侵权行为法的核心，决定着侵权行为的分类、侵权责任的构成要件、举证责任的负担、免责事由等重要内容。它既是认定侵权构成、处理侵权纠纷的基本依据，也是指导侵权损害赔偿的准则。我国侵权行为的归责原则主要包括过错责任原则、无过错责任原则与公平责任原则。

1. 过错责任原则

所谓过错责任原则，是指当事人的主观过错是构成侵权行为的必备要件的归责原则。《民法典》第一千一百六十五条规定，行为人因过错侵害他人民事权益造成损害的，应当承担侵权责任。依据法律规定推定行为人有过错，其不能证明自己没有过错的，应当承担侵权责任。

在过错责任下，对一般侵权责任行为实行谁主张谁举证的原则。受害人有义务举出相应证据表明加害人主观上有过错，以保障其主张得到支持。加害人过错的程度在一定程度上也会对其赔偿责任的范围产生影响。适用过错责任原则时，第三人的过错和受害人的过错对责任承担有重要影响。如果第三人对损害的发生也有过错，即构成共同过错，应由共同加害人按过错大小分担民事责任，且相互承担连带责任。如果受害人对损害的发生也有过错的，则构成混合过错，依法可以减轻加害人的民事责任。

想一想

某小学组织春游，队伍行进中某班班主任张某和其他教师闲谈，未跟进照顾本班学生。该班学生李某私自离队购买食物，与小贩刘某发生争执被打伤。对李某遭受的人身损害，下列哪一说法是正确的？

A. 刘某应承担赔偿责任

B. 某小学应承担赔偿责任

C. 某小学应与刘某承担连带赔偿责任

D. 刘某应承担赔偿责任，某小学应承担相应的补充赔偿责任

我国《民法典》第一千二百条规定，限制民事行为能力人在学校或者其他教育机构学习、生活期间受到人身损害，学校或者其他教育机构未尽到教育、管理职责的，应当承担侵权责任。第三人侵权致未成年人遭受人身损害的，应当承担赔偿责任。学校、幼儿园等教育机构有过错的，应当承担相应的补充责任。本例中造成李某伤害的是第三人刘某，刘某应承担赔偿责任。班主任张某未尽管理职责，存在过错，其过错视为学校过错，所以学校应承担相应的补充赔偿责任。

过错推定责任是指一旦行为人的行为致人损害就推定其主观上有过错，除非其能证明自己没有过错，否则应承担民事责任。《民法典》第一千二百五十三条规定，建筑物、构筑物或者其他设施及其搁置物、悬挂物发生脱落、坠落造成他人损害，所有人、管理人或者使用人不能证明自己没有过错的，应当承担侵权责任。所有人、管理人或者使用人赔偿后，有其他责任人的，有权向其他责任人追偿。

过错推定责任仍以过错作为承担责任的基础，是过错责任原则的一种特殊形式。

过错责任原则一般实行“谁主张谁举证”的原则，但在过错推定责任的情况下，对过错问题的认定则实行举证责任倒置原则。受害人只需证明加害人实施了加害行为，造成了损害后果，加害行为与损害后果间存在因果关系，无须对加害人的主观过错情况进行证明，就可推定加害人主观上有过错，应承担相应的责任。加害人为了免除其责任，应由其自己证明主观上无过错。过错推定责任不能任意运用，只有在法律进行明确规定的情况下才可适用。

例如，某野生动物公园用高约 2 米的铁栅栏设置了防护网。不料一精神病患者于发病期间从外面攀爬至防护网内，被老虎伤害致死。根据《民法典》第一千二百四十八条，动物园的动物造成他人损害的，动物园应当承担侵权责任；但是，能够证明尽到管理职责的，不承担责任。也就是说，如果动物园能够证明兽舍设施、设备没有瑕疵，有明显的警示牌，管理人员对游客挑逗、投打动物或者擅自翻越栏杆靠近动物等行为进行了劝阻，已尽到管

理职责，则动物园不承担侵权责任。

2. 无过错责任原则

无过错责任原则是指当事人实施了加害行为，虽然其主观上无过错，但根据法律规定仍应承担责任的归责原则。《民法典》第一千一百六十六条规定，行为人造成他人民事权益损害，不论行为人有无过错，法律规定应当承担侵权责任的，依照其规定。

随着社会经济的发展和危险事项的增多，加害人没有过错致人损害的情形时有发生，证明加害人的过错也越来越困难，为了实现社会公平和正义，更有效保护受害人的利益，无过错责任原则开始逐渐作为一种独立的归责原则在侵权行为法中得到运用。适用无过错责任原则的主要情形有：从事高度危险活动致人损害的行为，污染环境致人损害的行为，饲养动物致人损害的行为，产品不合格致人损害的行为等。

想一想

关于动物致害侵权责任的说法，下列哪些选项是正确的？

A. 甲8周岁的儿子翻墙进入邻居院中玩耍，被院内藏獒咬伤，邻居应承担侵权责任

B. 小学生乙和丙放学途经养狗的王平家，丙故意逗狗，狗被激怒咬伤乙，王平无须承担责任

C. 丁下夜班回家途经邻居家门时，未看到邻居饲养的小猪趴在路上而绊倒摔伤，邻居应承担侵权责任

D. 戊带女儿到动物园游玩时，动物园饲养的老虎从破损的虎笼蹿出将戊女儿咬伤，动物园应承担侵权责任

《民法典》第一千二百四十七条规定，禁止饲养的烈性犬等危险动物造成他人损害的，动物饲养人或者管理人应当承担侵权责任。据此可知，饲养烈性犬造成他人损害的，饲养人或管理人承担无过错责任。因此，甲的邻居应承担侵权责任。《民法典》第一千二百四十九条规定，遗弃、逃逸的动物在遗弃、逃逸期间造成他人损害的，由动物原饲养人或者管理人承担侵权责任。据此可知，丁的邻居应对丁承担侵权责任。《民法典》第一千二百四十八条规定，动物园的动物造成他人损害的，动物园应当承担侵权责任；但是，能够证明尽到管理职责的，不承担侵权责任。而此案例中动物园未尽到管理职责，应对戊的女儿承担侵权责任。

同时，《民法典》第一千二百五十条规定，因第三人的过错致使动物造成他人损害的，被侵权人可以向动物饲养人或者管理人请求赔偿，也可以向第三人请求赔偿。动物饲养人或者管理人赔偿后，有权向第三人追偿。据此可知，即使是因第三人过错，动物饲养人王平仍承担侵权责任。

无过错责任的适用应注意三个方面：其一，无过错责任原则的适用必须有法律的明确规定，不能由法官或当事人随意扩大适用；其二，适用无过错责任，受害人无须证明加害人的过错，加害人亦不能通过证明自己无过错而免责，但原告应证明损害事实及其因果关系；其三，我国实行的是有条件的、相对的无过错责任原则，在出现某些法定免责事由时，有关当事人也可全部或部分免除其民事责任。

3. 公平责任原则

公平责任原则是指损害双方的当事人对损害结果的发生都没有过错，但如果受害人的损失得不到补偿又显失公平的情况下，由人民法院根据具体情况和公平的观念，要求当事人分担损害后果。

公平责任原则的适用要注意以下几个问题：

（1）适用公平责任的前提，必须是当事人既无过错，又不能推定其过错的存在，同时也不存在法定的承担无过错责任的情况。如果可以适用过错责任、法定无过错责任或推定过错责任就不能适用公平责任。

（2）当事人如何分担责任，由法官根据个案的具体情况，包括损害事实与各方当事人的经济能力进行综合衡量，力求公平。

《民法典》规定了 5 项侵权责任适用公平责任的情形。

（1）自然原因引起的紧急避险。《民法典》第一百八十二条第二款规定，危险由自然原因引起的，紧急避险人不承担民事责任，可以给予适当补偿。

（2）见义勇为受益人对受害人的补偿责任。《民法典》一百八十三条规定，因保护他人民事权益使自己受到损害的，由侵权人承担民事责任，受益人可以给予适当补偿。没有侵权人、侵权人逃逸或者无力承担民事责任，受害人请求补偿的，受益人应当给予适当补偿。

（3）完全民事行为能力人丧失意识侵权责任。《民法典》第一千一百九十条第一款规定，完全民事行为能力人对自己的行为暂时没有意识或者失去控制造成他人损害有过错的，应当承担侵权责任；没有过错的，根据行为人的经济状况对受害人适当补偿。

（4）提供劳务方因第三方侵权，接受劳务方的补偿责任。《民法典》第一千一百九十二条第二款规定，提供劳务期间，因第三人的行为造成提供劳务一方损害的，提供劳务一方有权请求第三人承担侵权责任，也有权请求接受劳务一方给予补偿。接受劳务一方补偿后，可以向第三人追偿。

（5）不明抛掷物、坠落物致害，可能加害方的补偿责任。《民法典》第一千二百五十四条第一款规定，禁止从建筑物中抛掷物品。从建筑物中抛掷物品或者从建筑物上坠落的物品造成他人损害的，由侵权人依法承担侵权责任；经调查难以确定具体侵权人的，除能够证明自己不是侵权人的外，由可能加害的建筑物使用人给予补偿。可能加害的建筑物使用人补偿后，有权向侵权人追偿。

根据我国《民法典》第一百七十九条规定，承担民事责任的方式主要有：停止侵害；排除妨碍；消除危险；返还财产；恢复原状；修理、重作、更换；继续履行；赔偿损失；支付违约金；消除影响、恢复名誉；赔礼道歉。法律规定惩罚性赔偿的，依照其规定。以上承担民事责任的方式，可以单独适用，也可以合并适用。

四、民事诉讼时效

为了督促权利人及时行使民事权利，我国民法典规定了诉讼时效制度。诉讼时效是指民事权利受到侵害的权利人在法定的时效期间内不行使权利，当时效期间届满时，即丧失了请求人民法院依诉讼程序强制义务人履行义务之权利的制度。诉讼时效分为普通诉讼时效和特殊诉讼时效。诉讼时效期间见表 2-2。

表 2-2　诉讼时效期间

类别	内容
普通诉讼时效期间	适用于一般的债权请求权，时效期间为 3 年
特殊诉讼时效期间	1. 时效期间为 1 年的： （1）身体受到伤害要求赔偿的 （2）出售质量不合格的商品未声明的 （3）延付或拒付租金的 （4）寄存财物被丢失或者损毁的 2. 时效期间为 2 年的：缺陷产品致人财产损害或人身损害的 3. 时效期间为 3 年的：环境污染致人财产损害或人身损害的；船舶发生油污损害的 4. 时效期间为 4 年的：国际货物买卖合同和技术进出口合同纠纷的 5. 时效期间为 5 年的：人寿保险的被保险人或者受益人对保险人请求给付保险金的权利，自其知道保险事故发生之日起 5 年不行使而消灭
最长诉讼时效期间	1. 一般情形：最长诉讼时效期间为 20 年 2. 特殊情形： （1）因产品存在缺陷造成损害要求赔偿的，为 10 年。明示的安全使用期超过 10 年的，为安全使用期 （2）因船舶油污损害的请求权，为 6 年

诉讼时效期间自权利人知道或者应当知道权利受到损害以及义务人之日起计算。法律另有规定的，依照其规定。但是自权利受到损害之日起超过20年的，人民法院不予保护；有特殊情况的，人民法院可以根据权利人的申请决定延长。

在诉讼时效期间的最后6个月内，因为不可抗力；无民事行为能力人或者限制民事行为能力人没有法定代理人或者法定代理人死亡、丧失民事行为能力、丧失代理权；继承开始后未确定继承人或者遗产管理人；权利人被义务人或者其他人控制及其他导致权利人不能行使请求权的障碍等法定事由，使权利人不能行使请求权，暂时停止计算诉讼时效期间，等到中止时效的原因消除之日起满6个月，诉讼时效期间届满。诉讼进行期间，因为权利人向义务人提出履行请求、义务人同意履行义务、权利人提起诉讼或者申请仲裁及与提起诉讼等法定事由，使已经经过的时效统统无效，等到中断的事由消除后，诉讼时效重新计算。

拓展阅读

诉讼时效已过，60万借款“打水漂”

2016年10月，唐某向陈某借款120万元，出具借条一张，载明“今借到陈某人民币1 200 000.00元（壹百贰拾万圆整），于2016年12月底归还60万元，剩余款项于2017年5月前归还”。然而，唐某在借条载明的还款日期内仅偿还了60万元。2020年8月，陈某将唐某起诉至法院，请求法院判令唐某立即归还自己的借款本金60万元，并支付相关逾期利息。庭审中，唐某辩称，依照借条载明的时间显示，自己应在2017年5月前归还该款项，如今诉讼时效早已过期。

本案争议的焦点在于唐某是否应承担还款义务。法院经审理认为，对于2016年10月唐某出具的120万元借条，该借条明确载明了最后还款时间为2017年5月前。从陈某出示的证据中，唐某最后一次向陈某转账1万元时间为2017年5月25日，而这距陈某起诉之日已经超过3年。虽然，在庭审中，陈某陈述多次主张过债权，诉讼时效中断，但其当庭并未举证证明该主张。根据《民法典》第一百八十八条“向人民法院请求保护民事权利的诉讼时效期为3年。法律另有规定的，依照其规定”之规定，本案的诉讼时效已经届满，故对于被告唐某认为该笔债务已过诉讼时效的主张予以支持。

鉴于此，司法实践中，债权人在诉讼时效快到期时，应采取相关自救措施，使诉讼时效中断，变被动为主动，以实现自己的权利。例如，要求债务人写出还款计划，这样诉讼时效从还款计划的履行期限届满时起再开始计算，就可以延长即将过去的诉讼时效；与债务人对账并签章确认，便于诉讼又能延续诉讼时效，诉讼时效从对账之日起再开始计算；找第三方证明曾向债务人主张过权利，诉讼时效从主张权利之日起重新计算；保留催讨债务的各种证据，如请求清偿债务时出行的车票、住宿发票、信函、电报等，证明一直在主张权利，等等。

第二节 积极维护人身权

人身权是民事主体基于人格或者身份而依法享有的，与其人格和身份关系不可分离，而又没有直接财产内容的民事权利。人身权是一项重要的、独立的权利，可以分为人格权和身份权。法律要求尊重每个人的人格和尊严，人们在生活中既要维护自己的人身权益，也要尊重他人的生命、健康、名誉、隐私、肖像、姓名等权益。

人身权的特征包括：人身权与人身不可分离，它是与主体人身相伴而生的权利，随着主体人身的消亡而终止；人身权的权利主体是特定的人，义务主体是不特定的人，权利主体以外的任何人都负有不得实施侵犯权利主体实现其权利的义务；人身权没有直接财产内容，但往往间接地与财产权发生联系，甚至是取得财产的前提；人身权是一种绝对权。

我国法律所规定的人身权包括人格权和身份权，如下图所示。

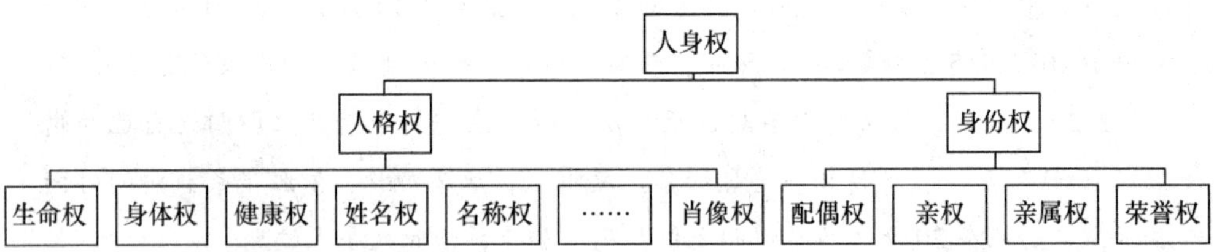

在人格权中，依据权利客体不同，可分为物质性人格权和精神性人格权。物质性人格权包括生命权、身体权和健康权；精神性人格权包括姓名权、名称权、肖像权、自由权、名誉权、隐私权、婚姻自主权以及其他人格权。

在身份权中，根据身份不同，可分为亲属法上身份权和亲属法外身份权。前者包括配偶权、亲权和亲属权，后者包括荣誉权、知识产权中的人身权等。

一、生命和健康是基础

生命权和健康权是一项最基本、最宝贵的人身权，是公民作为人的存在、作为权利主体的前提条件，也是公民行使其他民事权利的基础。生命的存在和生命权的享有，是每个人的最高利益，如果生命被剥夺，公民其他任何权利对于主体来讲都毫无意义。健康权是公民以其机体生理功能正常运作和功能完善发挥，因而维持人体生命活动的权利。健康权的主体是自然人，其客体是健康利益，目的是维系自然人身体和心理机能的健康。

青少年学生作为我国的公民，享有自然人应享有的生命权和健康权，有权维护自己的生命安全，当自己的生命安全受到非法侵犯时，可以使用一切必要手段保护自己的生命，并有权请求司法机关依法消除危及自己生命的危险；有权采取措施维护自己的身体健康，当身体健康受到他人非法侵犯和威胁时，有权采取必要的保护措施。但是，由于青少年学生年纪尚轻、涉世未深、自我保护意识不强，其生命权和健康权更容易受到侵犯。近几年来，由于社会、学校和个人的方面的原因，损害学生生命健康权的事件时有发生，使一些学生的身体健康受到损害，甚至失去宝贵的生命。

人的生命只有一次，身体和健康是每个人从事一切活动必不可少的物质条件，我国《民法典》规定，侵害他人造成人身损害的，应当赔偿医疗费、护理费、交通费等为治疗和康复支出的合理费用，以及因误工减少的收入。造成残疾的，还应当赔偿残疾生活辅助具费和残疾赔偿金。造成死亡的，还应当赔偿丧葬费和死亡赔偿金。

二、姓名肖像要保护

每个人至少有一个名字，它是我们用来表现自我、区别他人的符号。姓名总是与特定的个人相联系，因而在很大程度上体现了个人在人格上的基本特征。我国法律明确保护公民对其姓名享有的权利，有权依法决定、使用、变更或者许可他人使用自己的姓名，禁止他人干涉、冒用和盗用。

一般来说，在未成年之前，个人的姓名是由父母决定的。随着年龄的增长，青少年有了自己的主张，有时候也想给自己换个名字。那么，青少年自己能决定自己的姓名吗?

想一想

刘富今年17岁，他一直对自己的名字耿耿于怀，就因为这个名字，他不知道被朋友同学嘲笑了多少次。眼看就要高中毕业了，他再也不想带着这个名字走入大学校园，让同学们继续嘲笑了。刘富向父母提出要改掉这个名字，但父母并不同意，刘父认为，小孩子没有权利随意更改自己的名字，只能父母同意才能更改。但刘富觉得，名字是自己的，只有自己才有权利改自己的名字。那么，父子双方谁的说法正确呢？

姓名权是公民依法享有的使用和变更自己姓名，并要求他人尊重其姓名的权利。未成年人当然享有姓名权。《中华人民共和国户口登记条例》第十八条规定，公民变更姓名，依照下列规定办理：(1) 未满 18 周岁的人需要变更姓名的时候，由本人或者父母、收养人向户口登记机关申请变更登记；(2) 18 周岁以上的人需要变更姓名的时候，由本人向户口登记机关申请变更登记。

上述案例中，首先应当肯定作为公民刘富享有姓名权，可以自己决定、使用和改变姓名。但刘富还是未成年人，他的姓名权还是应当由父母来行使。未成年人姓名的决定和变更权由其父母行使，是父母亲权的一种表现。当然，刘富成年后，完全可以通过正当的程序变更自己的姓名。

姓名权的主要内容包括：(1) 命名权，即公民有权决定自己的姓名。依照我国有关规定，公民出生后，父母或亲属确定其姓名，并在户籍机关登记，弃婴则由收养人或育婴机关向户口登记机关申请登记。但公民在成年后，有权自行决定其姓名，只要合乎有关规定，不滥用姓名权，就可以改变自己的姓名，任何人无权干涉。另外，公民还可以根据自己的意志和愿望，给自己确定登记姓名以外的艺名、笔名等别名，任何人不得干涉。(2) 使用权，即每个公民对自己的姓名有专有使用权，使用自己的姓名从事各种活动，是公民姓名权的重要内容。公民在民事活动中，除法律另有规定外，可以使用本名，也可以使用自己的笔名、艺名或化名，任何人不得强迫公民使用或不使用某一姓名。姓名使用权是一种专有使用权，我国公民使用本人姓名，原则上其他公民不得使用同一姓名，但重名不在其内。姓名有强烈的人身依附性，一般不容许转让他人使用。(3) 变更权，即公民享有更改变动自己姓名的权利，公民姓名一旦决定，并非不可改变，只要符合法律规定，公民向户籍管理部门提出申请，办理改名手续后，即可改变自己的姓名。另外，变更本名之外的笔名、艺名或者化名等可以自行决定，不需要办理法定的改名手续。姓名权所体现的利益本质上主要是精神利益，但在现代社会中，姓名权的精神利益也可能带来一定的经济利益。

肖像权是公民依法对自己的肖像享有再现、使用并排斥他人侵害的权利。《民法典》第一千零一十八条规定，自然人享有肖像权，有权依法制作、使用、公开或者许可他人使用自己的肖像。第一千零一十九条规定，任何组织或者个人不得以丑化、污损，或者利用信息技术手段伪造等方式侵害他人的肖像权。未经肖像权人同意，不得制作、使用、公开肖像权人的肖像，但是法律另有规定的除外。同时，《民法典》第一千零二十条也规定可以不经肖像权人同意的几种合理行为：(1) 为个人学习、艺术欣赏、课堂教学或者科学研究，在必要范围内使用肖像权人已经公开的肖像；（2）为实施新闻报道，不可避免地制作、使用、公开肖像权人的肖像；（3）为依法履行职责，国家机关在必要范围内制作、使用、公开肖像权人的肖像；（4）为展示特定公共环境，不可避免地制作、使用、公开肖像权人的肖像；（5）为维护公共利益或者肖像权人合法权益，制作、使用、公开肖像权人的肖像的其他行为。

学校把优秀学生的照片张贴在光荣榜上；公安部门把通缉犯的照片公布在互联网上；记者把在城市雕塑上乱刻乱画者的照片刊登在报纸上均不属于侵犯肖像权的行为。而某照相馆未经某人同意就将其照片挂在橱窗上招揽生意，则构成肖像权侵权。

想一想

赵某系全国知名演员，张某经多次整容后外形酷似赵某，此后多次参加营利性模仿秀表演，承接并拍摄了一些商业广告。张某是否侵犯赵某的肖像权？

肖像是指以一定物质形式表现的自然人的形象。肖像权的内容包括肖像制作权、肖像使用权和维护肖像所体现的精神利益的权利。本例中张某并未使用赵某的肖像，赵某对自己的个人外形并不享有权利，不能禁止他人整容成自己的形象，也不能禁止他人模仿自己的个人形象，所以张某并未侵害赵某的肖像权。

三、名誉荣誉不可侵犯

作为社会的一员，人们一般都会关注周围人对自己的评价，而且大多数人期望得到正面的好的评价，至少不愿意让他人对自己产生歪曲的评价。对于人格的社会评价，在法律上被称为名誉。

我国《民法典》第一千零二十四条规定，任何组织或者个人不得以侮辱、诽谤等方式侵害他人的名誉权。名誉是对民事主体的品德、声望、才能、信用等的社会评价。民事主体享有名誉权。同时法律规定，为公共利益实施新闻报道、舆论监督等行为，影响他人名誉的，不承担民事责任，但是存在捏造、歪曲事实，对他人提供的严重失实内容未尽到合理核实义务，使用侮辱性言辞等贬损他人名誉的除外。发表的文学、艺术作品以真人真事或者特定人为描述对象，含有侮辱、诽谤内容，构成名誉侵权，应承担民事责任；不以特定人为描述对象，仅其中的情节与该特定人的情况相似的，不承担民事责任。

《民法典》第一千零二十九条规定，民事主体可以依法查询自己的信用评价；发现信用评价不当的，有权提出异议并请求采取更正、删除等必要措施。信用评价人应当及时核查，经核查属实的，应当及时采取必要措施。

荣誉权，是民事主体享有的，因自己的突出贡献或特殊劳动成果而获得的光荣称号或其他正面、积极的评价，它能在一定程度上提升荣誉权人的名誉。

《民法典》第一千零三十一条规定，民事主体享有荣誉权。任何组织或者个人不得非法剥夺他人的荣誉称号，不得诋毁、贬损他人的荣誉。获得的荣誉称号应当记载而没有记载的，民事主体可以请求记载；获得的荣誉称号记载错误的，民事主体可以请求更正。

四、隐私和个人信息要保护

隐私权是自然人享有的对其个人的与公共利益无关的个人信息、私人活动和私有领域自主进行支配的具体人格权。

隐私是自然人的私人生活安宁和不愿为他人知晓的私密空间、私密活动、私密信息。我国《民法典》第一千零三十二条规定，自然人享有隐私权。任何组织或者个人不得以刺探、侵扰、泄露、公开等方式侵害他人的隐私权。第一千零三十三条规定，除法律另有规定或者权利人明确同意外，任何组织或者个人不得实施下列行为：（1）以电话、短信、即时通讯工具、电子邮件、传单等方式侵扰他人的私人生活安宁；（2）进入、拍摄、窥视他人的住宅、宾馆房间等私密空间；（3）拍摄、窥视、窃听、公开他人的私密活动；（4）拍摄、窥视他人身体的私密部位；（5）处理他人的私密信息；（6）以其他方式侵害他人的隐私权。

个人信息是以电子或者其他方式记录的能够单独或者与其他信息结合识别特定自然人的各种信息，包括自然人的姓名、出生日期、身份证件号码、生物识别信息、住址、电话号码、电子邮箱、健康信息、行踪信息等。个人信息中的私密信息，适用有关隐私权的规定；没有规定的，适用有关个人信息保护的规定。

法律规定，国家机关、承担行政职能的法定机构及其工作人员对于履行职责过程中知悉的自然人的隐私和个人信息，应当予以保密，不得泄露或者向他人非法提供。

拓展阅读

互联网时代隐私权保护

互联网在给人们生活带来便利的同时，各种网络侵权行为也随之出现，其中个人隐私被侵犯已经成为很多网民最大的隐忧与困扰。其中，信用卡信息被网站泄露、网银支付密码被拦截、网络泄密事件越来越频繁地发生，让互联网时代的个人隐私保护变得异常脆弱。一种普遍的不安全感弥漫在网络世界，不同程度地影响着人们的正常工作和生活。当个人网络生活的相关信息正在面临威胁时，我们还能安心享受网络便利吗？如何既恰当地保护隐私权，又不妨碍网络的正常发展，已经成为网络健康发展面临的重大课题。法律如何保护网络隐私？

我国宪法规定，中华人民共和国公民的通信自由和通信秘密受法律的保护。除因国家安全或者追查刑事犯罪的需要，由公安机关或者检察机关依照法律规定的程序对通信进行检查外，任何组织或者个人不得以任何理由侵犯公民的通信自由和通信秘密。

我国刑法规定，违反国家有关规定，向他人出售或者提供公民个人信息，情节严重的，处3年以下有期徒刑或者拘役，并处或者单处罚金；情节特别严重的，处3年以上7年以下有期徒刑，并处罚金。违反国家有关规定，将在履行职责或者提供服务过程中获得的公民个人信息，出售或者提供给他人的，依照前款的规定从重处罚。

想一想

女青年牛某因在一档电视相亲节目中言辞犀利而受到观众关注，一时应者如云。有网民对其发动“人肉搜索”，在相关网站首次披露牛某的曾用名、儿时相片、家庭背景、恋爱史等信息，并在网站上捏造牛某曾与某明星有染的情节。关于网民的行为，下列哪些说法是正确的？

A. 侵害了牛某的姓名权

B. 侵害了牛某的肖像权

C. 侵害了牛某的隐私权

D. 侵害了牛某的名誉权

隐私权是指自然人享有的私人生活安宁与私人信息秘密依法受到保护，不被他人非法侵扰、知悉、收集、利用和公开的一种人格权。在本例中，网民收集和公开的私人信息，构成了对牛某隐私权的侵害。有人在网站上捏造牛某曾与某明星有染的情节，属于捏造事实公然丑化他人人格的行为，应当认定为侵害名誉权的行为。

第三节　依法行使财产权

法治印记

2016年11月4日，中共中央、国务院出台《关于完善产权保护制度依法保护产权的意见》。

产权制度是社会主义市场经济的基石，保护产权是坚持社会主义基本经济制度的必然要求。改革开放以来，通过大力推进产权制度改革，我国基本形成了归属清晰、权责明确、保护严格、流转顺畅的现代产权制度和产权保护法律框架，全社会产权保护意识不断增强，保护力度不断加大。同时也要看到，我国产权保护仍然存在一些薄弱环节，为解决这些问题，必须加快完善产权保护制度，依法有效保护各种所有制经济组织和公民财产权，增强人民群众财产财富安全感，增强社会信心，形成良好预期，增强各类经济主体创业创新动力，维护社会公平正义，保持经济社会持续健康发展和国家长治久安。

财产是人们身份、地位和能力的象征，也是人们追求幸福生活的物质基础，更是人们维护自由和平等权利的保障。财产权就是以财产利益为内容，直接体现财产利益的民事权利。财产权制度是现代社会一项极其重要的法律制度。法律规定财产权的目的是解决财产的归属、流通和使用，根据我国宪法和法律的规定，公民的财产权主要包括物权、债权等。

一、物权

物权是民事主体依法直接支配特定物，享受其权益，并排除他人干涉的民事权利。物权是一种支配权，是权利人直接支配特定物的权利；物权是一种绝对权，其效力及于权利人之外的其他人，其他人都负有不得侵害物权的消极义务；物权具有排他性，同一特定物上，不能同时存在两个以上相同的物权，但不排除两个以上内容相容的物权。根据我国法律规定，我国的物权主要有所有权、用益物权和担保物权。

（一）定分止争——所有权

商鞅在《商君书》中说："一兔走，百人逐之，非以兔为可分以为百，由名之未定也。夫卖兔者满市，而盗不敢取，由名分已定也。"这段话表明了古人对财产权的看法。市场上有那么多兔子，没有一个人擅自去拿；野地里只有一只兔子，却引来上百人追逐。这是为什么？原因在于山里的野兔属于无主物，所有权归属未定，谁抓住就是谁的，因此一只野兔出现，百人竞逐；而街市上卖兔子的很多，却连小偷也不取，因为那些兔子的所有权归属已定，谁要擅自拿取，就会触犯法律。所有权是所有权人对自己的不动产或者动产，依法享有占有、使用、收益和处分的权利。

1. 占有

占有就是对于财产的实际管领或控制。拥有财物的前提就是占有，这是财产所有者直接行使所有权的表现。所有人的占有受法律保护，不得非法侵犯。对于动产，除非有相反证明，占有某物即是判定占有人享有该物所有权。根据不同标准，占有可分为所有人的占有和非所有人的占有、合法占有和非法占有、善意占有和恶意占有。区分恶意占有和善意占有是看占有人在占有他人财产时，是否知道或应当知道其占有是非法的：明知无权占有或对无占有权有怀疑而仍为之者，为恶意占有；反之不知道或不应当知道其占有是非法的，为善意占有。法律保护合法占有关系，对非法占有人，则根据占有是恶意还是善意来确定是否应当向所有人或合法占有人返还财产或赔偿损失。例如，王某因长期出国工作，将所藏的一幅名人字画交给好友李某保管。李某将该字画挂在自己家中欣赏，来访的客人也都以为这幅字画是李某的。后李母生病，需用钱动手术，李某四处筹钱未果，遂将该字画以5万元的价格卖给并不知情的张某。王某回国后，发现自己的字画在张某家中，向张某索要未果，张某即因善意取得而享有该字画所有权。

2. 使用

使用是权利主体对财产的运用，发挥财产的使用价值。如使用机器生产产品，在土地上种植农作物。拥有物的目的一般是使用。所有权人可以自己使用，也可以授权他人使用。

3. 收益

收益是通过财产的占有、使用等方式取得经济效益。使用物并获益是拥有物的目的之一。收益通常与使用相联系，但是处分财产也可以带来收益。收益也包括孳息，孳息分为天然孳息和法定孳息。家畜生仔、果树结果等属于天然孳息，存款所得的利息、出租所得的租金属于法定孳息。

4. 处分

处分是指财产所有人对其财产在事实上和法律上的最终处置。事实上的处分是指对物进行损毁、改造、破坏或者进行物理和化学性质上的改变，如消费产品、烧毁东西等。法律上的处分是指变更、消灭所有物上的权利，比如将房屋抵押、变卖。处分权一般由所有权人行使，但在某些情况下，非所有权人也可以有处分权，如运输的货物如果发生紧急情况，承运人也是可以依法进行处分的。

青少年学生尽管在经济上尚未独立，但是其父母大多为其购置了许多私人物品，如计算机、手机、文具、书籍、衣服、自行车等，青少年学生对自己的这些私人物品享有所有权，有权对其进行占有、使用、收益和处分。

想一想

潘某与刘某相约出游，潘某在长江边拾得一块奇石，爱不释手，想带回家。刘某说，河流属于国家所有，这一行为可能属于侵占国家财产。潘某能否取得奇石的所有权？

民法典规定，水流属于国家所有。长江属于国家所有，但是石头不是长江的组成部分，属于独立物，国家对其并不享有所有权，因此属于无主物。虽然我国法律未确立先占制度，但是现实生活中适用先占，因此潘某可以依据先占取得石头的所有权。

（二）物尽其用——用益物权

用益物权是权利人享有的，对他人所有的不动产或者动产，在一定范围内依法占有、使用和收益的权利。用益物权是一种他物权，以占有、使用、收益为内容，仅限于利用物的使用价值。用益物权以对他人之物的实际占有为前提和基础，其客体包括不动产和动产，但以不动产为主，尤其是土地。在我国，用益物权主要包括土地承包经营权、建设用地使用权、宅基地使用权和地役权等。

1. 土地承包经营权

土地承包经营权是公民集体对集体所有或国家所有由全民所有制或集体所有制单位使用的国有土地的承包经营权。该项权利的权利主体为公民或集体；权利客体为集体所有土地或国家所有由全民所有制单位或集体所有制单位使用的国有土地；权利内容由合同约定。

2. 建设用地使用权

建设用地使用权是因建筑物或其他构筑物而使用国家所有的土地的权利。

3. 宅基地使用权

宅基地使用权指的是农村集体经济组织的成员依法享有的在农民集体所有的土地上建造个人住宅的权利。

根据《民法典》第二百四十三条规定，为了公共利益的需要，依照法律规定的权限和程序可以征收集体所有的土地和组织、个人的房屋以及其他不动产。征收集体所有的土地，应当依法及时足额支付土地补偿费、安置补助费以及农村村民住宅、其他地上附着物和青苗等的补偿费用，并安排被征地农民的社会保障费用，保障被征地农民的生活，维护被征地农民的合法权益。征收组织、个人的房屋以及其他不动产，应当依法给予征收补偿，维护被征收人的合法权益；征收个人住宅的，还应当保障被征收人的居住条件。

小李的家在农村，有一处宅基地和三亩承包地，后因他到城里上学，父母进城务工，为了生活方便，他家在城里买了一套商品房。当地政府要修泵站，需要征用沿途的农村用地，其中包括小李家的宅基地和承包地。我国《土地管理法》规定，国家为了公共利益的需要，可以依法对土地实行征收或者征用并给予补偿。小李家拥有的自物所有权包括城市商品房和老宅的房屋所有权，其拥有的用益物权包括商品房的土地使用权、老宅宅基地的使用权以及集体土地的土地承包经营权。征用土地时，应由用地单位向小李家支付土地补偿费和安置补助费，以妥善安置小李家的生产和生活。

4. 地役权

地役权是指为使用自己不动产的便利或提高其效益而按照合同约定利用他人不动产的权利。

用益物权除地役权外，均为主物权。

想一想

甲公司与乙公司约定：为满足甲公司开发住宅小区观景的需要，甲公司向乙公司支付100万元，乙公司在20年内不在自己厂区建造6米以上的建筑。甲公司将全部房屋售出后不久，乙公司在自己的厂区建造了一栋8米高的厂房。

根据《民法典》第三百八十条规定，地役权不得单独转让。土地承包经营权、建设用地使用权等转让的，地役权一并转让，但是合同另有约定的除外。本例中，因为甲公司已经将房屋售出，房屋占用土地范围内建设用地的使用权也因此转移给了小区的业主，而地役权作为从物权，随之转让，所以小区业主有权请求乙公司拆除超过 6 米的建筑物。

（三）增强信用——担保物权

财产的所有人可以将其财产（如房屋、汽车、股票等）设定抵押或者质押，一旦债务得不到清偿，债权人就可以将该财产折价，或者以拍卖变卖该财产所得价款优先受偿，这种以担保债权的实现为目的而产生的一类财产权就是担保物权，根据我国民法典的相关规定，担保物权包括抵押权、质权和留置权等。担保物权为从物权。抵押权、质权、留置权三者之异同见表 2-3。

表 2-3　　抵押权、质权、留置权三者之异同

类型	定义	举例说明	相同点	不同点
抵押权	抵押权是指债务人或者第三人不转移财产的占有，将该财产作为债权的担保，债务人未履行债务时，债权人依照法律规定的程序就该财产优先受偿的权利	例如，甲向乙借款 10 万元，为了保证 10 万元债务能到期偿还，甲、乙签订抵押合同，合同约定，如合同到期，甲不能偿还 10 万元借款，则乙可以将甲价值 20 万元的汽车变卖，所得价款偿还借款	相同之处三者都是担保措施；都要求担保人履行担保义务和承担担保责任	1. 抵押权不改变占有 2. 质权改变占有，即由质权人占有出质物 3. 留置权具有优先性，比如基于委托、维修等情形，可以行使优先权
质权	质权是指债务人或第三人将动产移交债权人占有，将动产作为债权的担保，当债务人不履行债务时，债权人可以依法将该动产卖得价金优先受偿	例如，甲向乙借款 10 万元，并将自己价值 20 万元的汽车交给乙占有。借款期限到，甲无以偿还 10 万元借款，乙将汽车卖掉，得款 18 万元，其中 10 万元用于偿还甲的借款，剩余 8 万元返还给甲		
留置权	留置权是指债务人不履行到期债务，债权人可以留置已经合法占有的债务人的动产，并有权就该动产优先受偿	例如，甲有一块名贵手表不慎摔坏，送到乙处维修，双方约定维修费用 1 000 元，待 30 日修好后甲再向乙支付维修费。乙将手表修好，但是过了 60 日甲还没有来取表，也未支付维修费。乙无法联系到甲，故乙将手表变卖得款 1 万元，乙将 1 000 元留下作为维修费，将 9 000 元提存等甲来领取		

二、债权

我国民法典规定，民事主体依法享有债权。债权是因合同、侵权行为、无因管理、不当得利以及法律的其他规定，权利人请求特定义务人为或者不为一定行为的权利。享有权利的人称为债权人，负有义务的人称为债务人。引起债权发生的主要依据有四种：合同、侵权行为、无因管理和不当得利。

（一）合同之债

合同之债是根据当事人之间所签订的合同而产生的债。公民参与经济往来多以签订合同方式进行，合同在当事人之间确定了特定的债权债务关系。

（二）侵权行为之债

侵权行为是指不法侵害他人的合法权益，给他人造成损害的行为，因侵权行为受到损害的人，有请求加害人赔偿损失的权利，加害人有赔偿受害人损失的义务，这一因侵权行为在当事人之间发生的权利义务关系就是侵权行为之债。

（三）无因管理之债

无因管理是指没有法律规定或者合同约定的义务，为避免他人利益受损，而自愿管理他人事务或为他人提供服务的行为。我国《民法典》第九百七十九条规定，管理人没有法定的或者约定的义务，为避免他人利益受损失而管理他人事务的，可以请求受益人偿还因管理事务而支出的必要费用；管理人因管理事务受到损失的，可以请求受益人给予适当补偿。无因管理人和受益人之间因要求偿付必要费用而发生的民事权利义务关系，就是无因管理之债。

在无因管理过程中，管理人应认真管理，尽量避免和减少损失，节约费用，应当将管理所得收入返还给受益人。无因管理人在结束管理后，有权要求受益人偿付由此而支付的必要费用，必要费用一般包括因管理关系直接支付的费用，以及由此所受的损失，但原则上应以不超过受益人所得利益的总额为限。

张某父子外出打工，房屋无人看管。一天，气象台预报近期将有强台风。张家的邻居刘某见张家无人，房子又年久失修，于是花钱请人对张家的房子进行了修缮，共花费了6 500元，刘某为此从银行提取未到期的定期存款先行垫付。但台风过后，张家的房子还是倒塌了。本例是否构成无因管理？以管理人管理他人事务时的情形来判断。虽然张家的房子还是倒塌了，但是根据刘某修缮房子的时间等情况来判断，刘某的行为构成无因管理，因此，刘某有权请求张家偿付自己直接支出的费用和受到的损失，即垫付的6 500元及提前支取存款的利息损失。

想一想

甲聘请乙负责照看小孩，丙聘请丁做家务。甲和丙为邻居，乙和丁为好友。一日，甲突生急病昏迷不醒，乙联系不上甲的亲属，因急将甲送往医院，便将甲的小孩委托给丁临时照看。丁疏于照看，致甲的小孩在玩耍中受伤。下列哪一说法是正确的？

A. 乙将甲送往医院的行为属于无因管理

B. 丁照看小孩的行为属于无因管理，不构成侵权行为

C. 丙应当承担甲小孩的医疗费

D. 乙和丁对甲小孩的医疗费承担连带责任

乙虽受甲聘请，但其职责是照看小孩。乙送甲进医院没有法定义务或合同义务，故构成无因管理。丁照看甲的小孩本属于无因管理，但未尽适当管理义务，故构成侵权行为，应当承担赔偿责任。丙虽为丁的雇主，但照看小孩的行为不属于履行丙聘请丁的职责范围，故丙不应当承担赔偿责任。根据民法典规定，乙为了甲的利益，在紧急情况下将照看小孩的事务转委托于好友丁，合情合理合法，没有过错，不应当与丁承担连带责任。

（四）不当得利之债

不当得利是指获得了不应当获得的利益，是没有合法根据使他人财产受到损失，而自己获得利益的一种法律现象。根据我国《民法典》第九百八十五条规定，得利人没有法律根据取得不当利益的，受损失的人可以请求得利人返还取得的利益，不当得利人和受损失的人之间发生的权利义务关系就是不当得利之债。

某甲向银行取款时，银行工作人员因点钞失误多付给 1 万元。甲以这 1 万元为本钱经商，获利 5 000 元，其中 2 000 元为其劳务管理费用成本。1 个月后银行发现了多付款的事实，银行有权要求甲退回吗？本例中，银行工作人员点钞失误多付给甲 1 万元钱，构成不当得利，1 万元为原物，利息为孳息。根据有关规定，返还的不当利益，应当包括原物和原物所生的孳息。利用不当得利所取得的其他利益，扣除劳务管理费用后，应当予以收缴。甲除了应返还给银行 1 万元之外，同时扣除掉劳务管理费用后获得的 3 000 元利润，也应当予以收缴。

第四节　切实保护知识产权

在知识经济飞速发展的今天，知识产权制度的重要地位和作用日益凸显，青年学生是

知识经济发展的生力军，是未来社会知识财富的主要生产者和使用者，因此，了解知识产权制度，培养知识产权意识，对青少年学生未来的发展具有重要意义。

我国民法典规定，知识产权是权利人依法就下列客体享有的专有的权利：作品；发明、实用新型、外观设计；商标；地理标志；商业秘密；集成电路布图设计；植物新品种及法律规定的其他客体。随着社会科技的发展，知识产权的范围还在扩展，生物技术、遗传基因技术、网络域名开始纳入知识产权保护的范围，计算机软件商业方法在一些国家已成为可申请专利的成果，这在很大程度上已经突破了传统知识产权的制度框架。

一、著作权

著作权又称版权，是指作者或者其他主体对其文学、艺术和科学等作品依法享有的署名、发表、出版及取得报酬的权利。文学艺术和科学作品的作者是社会精神财富的创造者，他们为创作作品付出的辛勤劳动，应当得到社会的承认和尊重，他们因创作作品而产生的正当权益，应当受到保护。青少年是知识作品创作的力量之一，切实保障作品作者的著作权，有利于提高他们的创作积极性，为社会创造更加丰富的精神食粮，满足人民日益增长的物质文化需求。《中华人民共和国著作权法》（以下简称《著作权法》）于1990年首次通过，并于2010年、2020年两次修改公布。

（一）著作权的主体（著作权人）

著作权人是作品的作者，指创作作品的自然人。若只是为他人创作进行组织工作，提供咨询意见、物质条件，或者进行其他辅助工作，均不视为创作。但是，由法人或者其他组织主持，代表法人或者其他组织意志创作，并由法人或者其他组织承担责任的作品，法人或者其他组织视为作者。如无相反证明，在作品上署名的公民、法人或者其他组织为作者。

未成年人是否受著作权法保护呢？著作权法对作者的保护不会因其年龄大小、性别、职业状况等因素而有所区别。不论是6岁的小孩创作的作品还是白发老翁创作的作品，只要符合著作权法对作品的要求，都能够获得著作权法的保护。未经作者的同意，任何人都不能擅自复制或以其他方式使用别人的作品。

（二）著作权的客体

著作权的客体指通过创作活动取得的具有一定形式、并符合法律规定的成果。具体作为著作权客体的作品有：文字作品；口述作品；音乐、戏剧、曲艺、舞蹈、杂技艺术作品；美术、建筑作品；摄影作品；视听作品；工程设计图、产品设计图、地图、示意图等图形作品和模型作品；计算机软件；符合作品特征的其他智力成果。显然，作品须为创造性智力成果（劳动本身不受著作权法保护）；能够以某种有形形式复制（须能被他人客观感知的外在表达）；作品须具有独创性。

以下几类不属于作品，不受著作权法保护：法律、法规，国家机关的决议、决定、命令和其他具有立法、行政、司法性质的文件，及其官方正式译文；单纯事实消息；历法、通用数表、通用表格和公式。

（三）著作权的内容

著作权包括人身权和财产权。人身权包括发表权、署名权、修改权和保护作品完整权；财产权则按照作品的不同使用方式，相应地分为复制权、发行权、改编权、翻译权、汇编权、表演权、出租权、展览权、信息网络传播权、摄制权、广播权、放映权等。著作权人对上述权利中的财产权可以自己使用，也可以许可他人使用，并获得报酬。著作权人还可以将财产权转让他人，并获得报酬。

（四）著作权的保护与限制

1. 著作权的保护

著作权自作品完成创作之日起产生，并受著作权法的保护。作者的署名权、修改权、保护作品完整权的保护期不受限制。著作权人死亡后，由其继承人、受遗赠人保护（注意不是“享有”），无人继承又无人受遗赠的，由著作权行政管理部门保护。自然人的作品，其发表权、财产权的保护期为作者终生及其死亡后 50 年，截止于作者死亡后第 50 年的 12 月 31 日；如果是合作作品，截止于最后死亡的作者死亡后第 50 年的 12 月 31 日。

法人或者其他组织的作品、著作权（署名权除外）由法人或者非法人组织享有的职务作品，其发表权的保护期为 50 年，截止于作品创作完成后第 50 年的 12 月 31 日；财产权的保护期为 50 年，截止于作品首次发表后第 50 年的 12 月 31 日，但作品自创作完成后 50 年内未发表的，著作权法不再保护。

视听作品，其发表权的保护期为 50 年，截止于作品创作完成后第 50 年的 12 月 31 日；财产权的权利保护期为 50 年，截止于作品首次发表后第 50 年的 12 月 31 日，但作品自创作完成后 50 年内未发表的，著作权法不再保护。

想一想

某诗人署名“漫动的音符”，在甲网站发表题为“天堂向左”的诗作，乙出版社的《现代诗集》收录该诗，丙教材编写单位将该诗作为范文编入《语文》教材，丁文学网站转载了该诗。下列哪一说法是正确的？

A. 该诗人在甲网站署名方式不合法

B. “天堂向左”在《现代诗集》中被正式发表

C. 丙可以不经该诗人同意使用“天堂向左”，但应当按照规定支付报酬

署名权即表明作者身份，在作品上署名的权利。其具体内容包括：决定是否在作品上署名；决定署名的方式，如署真名、笔名；决定署名的顺序；禁止未参加创作的人在作品上署名；禁止他人假冒署名，即有权禁止他人盗用自己的姓名或笔名在他人作品上署名。本例中，诗人对自己的作品享有署名权，且有权决定署名的方式，即署名“漫动的音符”是合法的。发表权即决定作品是否公之于众的权利。“公之于众”是指著作权人自行或经著作权人许可将作品向不特定的人公开，但不以公众知晓为条件。诗人将自己创作的“天堂向左”的诗作在甲网站上公之于众的行为就是在行使发表权，该作品在甲网站上公开就已经被正式发表了。

《著作权法》第二十五条规定，为实施义务教育和国家教育规划而编写出版教科书，可以不经著作权人许可，在教科书中汇编已经发表的作品片段或者短小的文字作品、音乐作品或者单幅的美术作品、摄影作品、图形作品，但应当按照规定向著作权人支付报酬，指明作者姓名或者名称、作品名称，并且不得侵犯著作权人依照本法享有的其他权利。丙教材编写单位可以不经该诗人同意使用“天堂向左”，但应当按照规定支付报酬。

2. 著作权的限制

基于公共利益和文化进步的考虑，著作权行使也受到一定的限制，这就是著作权的合理使用和法定许可。在特定情况下，法律允许他人自由使用享有著作权的作品，而不必征得权利人的许可，不向其支付报酬，但应指明作者姓名或者名称、作品名称，并且不得侵犯著作权人依法享有的其他权利。

《著作权法》第二十四条规定，在下列情况下使用作品，可以不经著作权人许可，不向其支付报酬，但应当指明作者姓名或者名称、作品名称，并且不得影响该作品的正常使用，也不得不合理地损害著作权人的合法权利：(1) 为个人学习、研究或者欣赏，使用他人已经发表的作品；(2) 为介绍、评论某一作品或者说明某一问题，在作品中适当引用他人已经发表的作品；(3) 为报道新闻，在报纸、期刊、广播电台、电视台等媒体中不可避

免地再现或者引用已经发表的作品；(4) 报纸、期刊、广播电台、电视台等媒体刊登或者播放其他报纸、期刊、广播电台、电视台等媒体已经发表的关于政治、经济、宗教问题的时事性文章，但著作权人声明不许刊登、播放的除外；(5) 报纸、期刊、广播电台、电视台等媒体刊登或者播放在公众集会上发表的讲话，但作者声明不许刊登、播放的除外；(6) 为学校课堂教学或者科学研究，翻译、改编、汇编、播放或者少量复制已经发表的作品，供教学或者科研人员使用，但不得出版发行；(7) 国家机关为执行公务在合理范围内使用已经发表的作品；(8) 图书馆、档案馆、纪念馆、博物馆、美术馆、文化馆等为陈列或者保存版本的需要，复制本馆收藏的作品；(9) 免费表演已经发表的作品，该表演未向公众收取费用，也未向表演者支付报酬，且不以营利为目的；(10) 对设置或者陈列在室外公共场所的艺术作品进行临摹、绘画、摄影、录像；(11) 将中国公民、法人或者非法人组织已经发表的以国家通用语言文字创作的作品翻译成少数民族语言文字作品在国内出版发行；(12) 以阅读障碍者能够感知的无障碍方式向其提供已经发表的作品；(13) 法律、行政法规规定的其他情形。

二、专利权——市场竞争的利器

专利权是指权利人对取得专利的发明享有专有利用的权利。专利权具有以下特征。(1) 独占性。同一内容的发明创造只能授予一次专利，取得专利权的人享有垄断的权利，其他任何人不得以营利为目的使用该专利，经专利权人同意或法律另有规定的除外。(2) 公开性。申请专利的发明创造须向授予机关公开，以便公众知晓并提出异议。(3) 须依法取得。专利权不是因发明创造成功而取得，要按法律程序申请并经专利局审查合格后才依法授予专利。

（一）专利权的主体

专利权的主体即专利权人，是指依法享有提出专利申请和取得专利权并承担义务的人，包括专利权的所有人和持有人。依照《中华人民共和国专利法》（以下简称《专利法》）的规定，专利权的主体包括发明人或设计人、发明人或设计人的工作单位及专利权的合法受让人。

（二）专利权的客体

专利权的客体是指能够取得专利权的发明创造，包括发明、实用新型和外观设计。发明是对产品、方法或者其改进所提出的新的技术方案；实用新型是对产品的形状、构造或者其结合所提出的适于实用的新的技术方案；外观设计是对产品的形状、图案或者其结合以及色彩与形状、图案的结合所作出的富有美感并适于工业应用的新设计。发明和实用新型要具备新颖性、创造性和实用性这三个条件才能被授予专利权。外观设计则需要新颖性才能被授予专利权。

另外，下列不授予专利权的客体有：对违反法律规定获取或者利用遗传资源，并依赖该遗传资源完成的发明创造；对“平面”印刷品的图案、色彩或者二者的结合作出的主要起标识作用的设计；科学发现；智力活动的规则和方法（体育竞赛规则、游戏规则、商业方法等）；疾病的诊断和治疗方法；动物和植物品种（但动植物品种的“生产方法”可授予专利权）；用原子核变换方法获得的物质；对违反法律、社会公德或者妨害公共利益的发明创造，如发明仿真伪钞机、对糖尿病特有的治疗方法及某种植物新品种均不得授予专利权。

想一想

范某的下列有关骨科病预防与治疗方面研究成果中，哪些可在我国申请专利？

A. 发现了导致骨癌的特殊遗传基因

B. 发明了一套帮助骨折病人尽快康复的理疗器械

C. 发明了如何精确诊断股骨头坏死的方法

D. 发明了一种高效治疗软骨病的中药制品

根据《专利法》规定，对疾病的诊断和治疗方法不授予专利权，“帮助骨折病人尽快康复的理疗器械”和“高效治疗软骨病的中药制品”不属于“疾病的诊断和治疗方法”，可以申请专利。

此外，任何单位或者个人将在中国完成的发明或者实用新型向外国申请专利的，应当事先报经国务院专利行政部门进行保密审查。若违反前述规定向外国申请专利后，又就该发明或者实用新型向中国申请专利的，不授予专利权。

（三）专利权的取得

专利权的取得须经过以下程序。（1）申请。由专利申请权人向专利局提出。（2）审查。专利局收到专利申请后，对实用新型和外观设计专利的审查程序采用初步审查制，对发明专利的审查则实行迟延审查制度，分为三个阶段，即初步审查、早期公布、实质审查。（3）公告。经审查符合《专利法》要求的，予以公告，3 个月内任何人均可提出异议。（4）批准颁证。对专利申请没有异议或者异议不成立的，专利机关应批准授予专利权并颁发证书。

（四）专利权人享有的权利和义务

专利权人的权利主要有：（1）制造、使用、销售专利产品和使用专利方法的权利；（2）许可或转让他人使用其专利权的权利；（3）取得报酬和接受奖励的权利；（4）在专利产品或者该产品的包装上，署名或标明专利标记的权利。专利权的义务主要有：（1）实施专利的义务；（2）缴纳专利年费的义务。

（五）专利权的有效期限

发明专利权的期限为20年，实用新型专利权和外观设计专利权的期限为10年，均自申请日起计算。依照《专利法》，专利权自申请之日起计算，但是并不等于说，专利权人自申请之日起就已有了独占实施权。依照《专利法》有关规定，专利申请应当经过审查批准，由专利局授予专利权后才正式产生。就发明专利而言，由于该发明的内容在作出授权决定前（自申请之日起满18个月）已经公布，申请人的竞争对手已有可能了解专利申请中要求保护的内容，对专利权人的利益造成了威胁，因此，《专利法》第十三条规定，发明专利申请公布后，申请人可以要求实施其发明的单位或者个人支付适当的费用。

三、商标权

商标即商品标记，俗称“品牌”“牌子”，是商品的生产者、经营者或者服务提供者在其商品或服务上使用的，由文字、图形或者组合图案构成的具有显著性、便于识别商品和服务来源的标志。商标作为知识产权的一部分，已日益成为企业保护自身利益、集聚无形财产、拓展市场的利器。一个国家或企业，要想在国际贸易中立于不败之地，尤其要重视商标权的使用和获得。

正如名字是不同人的一个重要识别标志，在市场经济中，经营者也需要采用适当的文字或图形标志来标明自己的产品或者服务的来源，并以此与他人的产品和服务相区别，这个标记就是商标。如果经营者向国家商标局申请，并且获得注册，该标记就成为注册商标，权利人可以在相应的产品或包装上使用“注册商标”字样或者“®”标记。

根据《中华人民共和国商标法》（以下简称《商标法》）的规定，可以用于注册商标的有文字、图形、字母、数字、三维标志、颜色组合、声音等。申请注册的商标必须具有显著性，能够把利用该商标的产品或服务与其他人的产品或服务区别开来。有一些则不能用作商标，比如国名、国旗、国徽、县级以上行政区划的名称、产品的通用名称等。

注册商标所有人对其依法注册的商标享有的权利，主要包括专有使用权、许可权和转让权，对他人未经许可使用其注册商标的禁止权。此外，还包括续展权、使用注册商标的标记权、质押融资权等。注册商标所有人履行依法使用注册商标、保证商品或者服务质量、缴纳商标费用的义务。

想一想

甲公司在汽车产品上注册了“山叶”商标，乙公司未经许可在自己生产的小轿车上也使用“山叶”商标。丙公司不知乙公司使用的商标不合法，与乙公司签订书面合同，以合理价格大量购买“山叶”小轿车后售出，获利 100 万元以上。下列哪一说法是正确的？

A. 乙公司的行为属于仿冒注册商标

B. 丙公司可继续销售“山叶”小轿车

C. 丙公司应赔偿甲公司损失 100 万元

D. 工商行政管理部门不能对丙公司进行罚款处罚

乙公司未经允许在自己生产的小轿车上使用“山叶”商标的行为属于假冒注册商标的行为，而非仿冒注册商标的行为。《商标法》规定，销售不知道是侵犯注册商标专用权的商品，能证明该商品是自己合法取得并说明提供者的，由工商行政管理部门责令停止销售。据此可知，丙对于销售侵权商品不知情，且能证明该商品是自己合法取得并说明提供者，工商行政管理部门应责令丙公司停止销售，但不承担行政和民事责任。

各国法律一般都对注册商标的效力在时间上加以限制，但期限不尽相同。根据国际惯例，商标续展的次数没有限制，即商标权人可以不断地申请续展，持续地、永久地拥有注册商标的专用权。我国注册商标的有效期为 10 年，自核准注册之日起计算。注册商标有效期满，需要继续使用的，应当在期满前 12 个月内申请续展注册；在此期间未能提出申请的，可以给予 6 个月的宽展期。宽展期满仍未提出申请的，注销其注册商标。每次续展注册的有效期为 10 年，续展注册经核准后予以公告。

第五节　信守合同与违约

市场经济的运行离不开各种交易活动，为保证各种交易活动安全顺利进行，除了依靠道德的约束外，还需要合同制度的保障。合同制度通过规范市场主体的交易行为，维系诚信、健康的市场秩序，成为保障社会生活正常运行、促进经济发展不可或缺的法律手段。那么，什么是合同？合同是怎样订立的？应该如何履行合同？合同违约应当承担什么法律责任？这些都是我们在本节中将要学习的内容。

一、什么是合同

合同又称契约，是平等主体的自然人、法人和其他组织之间设立、变更、终止民事权利义务关系的协议。合同主要具有以下特点：第一，合同是平等主体的自然人、法人或其他组织所实施的一种民事法律行为；第二，合同是两方或两方以上当事人的意思表示一致的民事法律行为；第三，合同是以设立、变更、终止民事权利义务关系为目的的民事法律行为；第四，合同是当事人各方在平等自愿的基础上实施的民事行为。

二、合同的订立、变更与解除

（一）合同的订立

合同的订立又称缔约，是订立合同双方接触、洽谈乃至达成协议的行为。合同的订立是合同的成立、生效、履行（消灭）的最前置阶段。在此阶段，双方当事人为缔结合同进行准备、接触、洽谈，乃至最终达成协议。此阶段对于整个合同的成立、履行及消灭过程十分重要。

合同订立包括要约和承诺两个阶段。要约是当事人一方为订立合同所作出的意思表示。要约的构成要件包括：(1) 要约的内容必须完整和明确；(2) 要约原则上要向特定的人作出，即向某一要约人选定的对象作出；(3) 要约人具有愿意受其意思表示约束的意思。

承诺是受要约人作出的同意要约以成立合同的意思表示，承诺的构成要件包括：(1) 承诺是受要约人的意思表示；(2) 承诺必须要向要约人作出；(3) 承诺的内容应当与要约的内容一致；(4) 承诺在有效期限内作出。

值得一提的是，要约与要约邀请是不同的，要约邀请是希望他人向自己发出要约的意思表示，是当事人订立合同的预备行为，其本身不产生法律效果。如寄送的价目表、商业广告和宣传等为要约邀请。商业广告的内容符合要约条件的，构成要约。

但是，悬赏广告为向不特定人发出的要约，相对人完成指定的行为为承诺，从而在当事人之间产生悬赏广告合同。例如，甲饲养的名贵藏獒走失，甲遂于街区张贴启事，声明："如有发现并送还者，酬谢 3 万元。"乙不知甲所发启事，发现并认出该藏獒，送还于甲。该悬赏广告属于要约还是要约邀请？乙是否有权请求甲支付报酬 3 万元？本例中，乙虽然在完成指定行为之时不知甲发布的悬赏广告，但乙对甲的报酬请求权不因此而受影响，乙有权请求甲支付报酬 3 万元。

（二）合同的变更与解除

1. 合同的变更

合同的变更是指有效成立的合同在尚未履行或未履行完毕之前，由于一定法律事实的出现而使合同内容发生改变。合同变更是合同关系的局部变化（如标的数量的增减，价款的变化，履行时间、地点、方式的变化），而不是合同性质的变化（如买卖变为赠与，合同关系失去了同一性，此为合同的更新或更改），也不是合同的主体变化。因为合同主体的变更实际上是合同权利义务的转让。

合同的变更具备以下条件：第一，存在有效的合同关系；第二，合同内容发生变化；第三，经当事人协商一致或依据法律规定；第四，法律、行政法规规定变更合同应当办理批准登记等手续的，应当遵守其规定。合同变更的实质在于使变更后的合同代替原合同，因此，合同变更后，当事人应按变更后的合同内容履行。

2. 合同的解除

合同的解除是我国合同法中的一项重要制度。合同的解除是合同有效成立后，因当事人一方或双方的意思表示，使合同关系归于消灭的行为。合同的解除包括法定解除与约定解除。

合同解除的条件由法律直接加以规定者，其解除为法定解除。《民法典》第五百六十三条规定，有下列情形之一的，当事人可以解除合同：(1) 因不可抗力致使不能实现合同目的；(2) 在履行期限届满前，当事人一方明确表示或者以自己的行为表明不履行主要债务；(3) 当事人一方迟延履行主要债务，经催告后在合理期限内仍未履行；(4) 当事人一方迟延履行债务或者有其他违约行为致使不能实现合同目的；(5) 法律规定的其他情形。

约定解除是指当事人以合同形式，约定为一方或双方保留解除权。我国《民法典》第五百六十二条规定，当事人可以约定一方解除合同的条件。解除合同的条件成就时，解除权人可以解除合同。约定解除的意义在于作为一个市场主体，为了适应复杂多变的市场情况，当事人有必要将合同条款规定得更细致、更灵活、更有策略性，其中应包括保留解除权的条款，可以从合同的拘束下解脱出来，给解除合同留有余地，使自己立于主动而有利的地位，以维护自己的合法权益。例如，刘某欠何某 100 万元货款届期未还，且刘某不知所踪。刘某之子小刘为替父还债，与何某签订书面房屋租赁合同，未约定租期，仅约定："月租金 1 万元，用租金抵货款，如刘某出现并还清货款，本合同终止，双方再行结算。"本案中合同是附条件合同，当合同中约定的"刘某出现"这一条件成就时，该租赁合同解除。

三、合同的履行

合同的履行是指合同义务人严格依照合同的约定或法律的规定，全面、适当地履行其合同义务，使合同权利人的利益得以实现的行为。

（一）合同履行的规则

合同履行应当遵循全面适当履行原则。我国《民法典》第五百零九条规定，当事人应当按照约定全面履行自己的义务。当事人应当遵循诚信原则，根据合同的性质、目的和交易习惯履行通知、协助、保密等义务。

《民法典》第五百一十条规定，合同生效后，当事人就质量、价款或者报酬、履行地点等内容没有约定或者约定不明确的，可以协议补充；不能达成补充协议的，按照合同有关条款或者交易习惯确定。第五百一十一条规定，当事人就有关合同内容约定不明确，依前条规定仍不能确定的，适用下列规定：(1) 质量要求不明确的，按照强制性国家标准履行；没有强制性国家标准的，按照推荐性国家标准履行；没有推荐性国家标准的，按照行业标准履行；没有国家标准、行业标准的，按照通常标准或者符合合同目的的特定标准履行。(2) 价款或者报酬不明确的，按照订立合同时履行地的市场价格履行；依法应当执行政府定价或者政府指导价的，依照规定履行。(3) 履行地点不明确，给付货币的，在接受货币一方所在地履行；交付不动产的，在不动产所在地履行；其他标的，在履行义务一方所在地履行。(4) 履行期限不明确的，债务人可以随时履行，债权人也可以随时要求履行，但应当给对方必要的准备时间。(5) 履行方式不明确的，按照有利于实现合同目的的方式履行。(6) 履行费用的负担不明确的，由履行义务一方负担；因债权人原因增加的履行费用，由债权人负担。

例如，甲向乙出售玉米 5 吨，没有约定交付地点。关于玉米交付地点的漏洞补充依照下列顺序：(1) 依照《民法典》第五百一十条，甲、乙协商确定。(2) 不能协商确定的，依照交易习惯或通过合同解释确定。(3) 还是无法确定的，适用《民法典》第五百一十一条第（三）项：履行义务一方（甲方）所在地（注册登记地）。(4) 仍不能确定的，适用《民法典》第六百零三条，货物需要运输的，交付地点在第一承运人所在地；不需要运输的，甲、乙订立买卖合同时知道玉米在何地的，交付地点即在该地；甲、乙订立买卖合同时不知道玉米在何地的，交付地点为甲订立合同时的营业地。

（二）合同履行中的抗辩权

在双务合同中，合同当事人都承担义务，往往一方的权利与另一方的义务之间具有相互依存、互为因果的关系。为了保证双务合同中当事人利益关系的公平，法律作出了规定：当事人一方在对方未履行或者不能保证履行时，一方可以行使不履行的保留性权利，这就是对抗对方当事人要求履行的抗辩权。合同履行中的抗辩权有下列几种。

1. 同时履行抗辩权

《民法典》第五百二十五条规定，当事人互负债务，没有先后履行顺序的，应当同时履行。一方在对方履行之前有权拒绝其履行要求。一方在对方履行债务不符合约定时，有权拒绝其相应的履行要求。

同时履行抗辩权满足以下构成要件：双方当事人因同一双务合同互负债务；双方的债务没有履行的先后顺序；双方债务的履行期均已届满；请求履行的一方未履行自己的义务或者履行不适当；请求履行一方的对待给付可能履行。同时履行抗辩权的意义在于通过拒绝己方的履行迫使对方履行，避免一方承担过重的风险。如果请求履行一方的对待给付已经不可能，应通过解除合同或者追究违约责任予以救济，而不是主张同时履行抗辩权。例如：甲于12月13日向乙借用了一台彩电，乙于12月16日向甲借用了一部手机。到期后，甲未向乙归还彩电，乙因此也拒绝向甲归还手机。本例中，乙不能行使同时履行抗辩权，因本案存在两个性质不同的合同。

2. 先履行抗辩权

《民法典》第五百二十六条规定，当事人互负债务，有先后履行顺序，应是先履行债务一方未履行的，后履行一方有权拒绝其履行要求。先履行一方履行债务不符合约定的，后履行一方有权拒绝其相应的履行要求。先履行抗辩权的适用条件为：由同一双务合同产生的互负债务；债务有先后履行顺序，这种顺序一般由当事人在合同中约定，或按交易习惯能够确定；应先履行的债务有履行可能；应先履行一方未履行或履行不符合约定，即全部或部分瑕疵履行。例如，甲、乙订立一份价款为10万元的图书买卖合同，约定甲先支付书款，乙两个月后交付图书。甲由于资金周转困难只支付了5万元，答应余款尽快支付，但乙不同意。两个月后甲要求乙交付图书，遭乙拒绝。这里，乙有权拒绝交付与5万元书款价值相当的部分图书。

当然，这里提到的“债务”，应为主要债务。但如果次债务的履行与合同目的的实现具有密切关系时，应认为它与主债务之间有牵连关系，可产生先履行抗辩权。

? 想一想

甲与乙公司签订的房屋买卖合同约定：“乙公司收到首期房款后，向甲交付房屋和房屋使用说明书；收到二期房款后，将房屋过户给甲。”甲缴纳首期房款后，乙公司交付房屋但未立即交付房屋使用说明书。甲是否可以以此为由行使先履行抗辩权而拒不支付二期房款呢？

本例中，交付房屋为主债务，交付房屋使用说明书为次债务，且“交付房屋使用说明书”与合同目的（房屋买卖交易）的实现没有密切关系。因此，甲不能行使先履行抗辩权。

3. 不安抗辩权

《民法典》第五百二十七条规定，应当先履行债务的当事人，有确切证据证明对方有下列情形之一的，可以中止履行：（1）经营状况严重恶化；（2）转移财产、抽逃资金，以逃避债务；（3）丧失商业信誉；（4）有丧失或者可能丧失履行债务能力的其他情形。当事人没有确切证据中止履行的，应当承担违约责任。由上述规定可见，不安抗辩权的使用条件为：（1）双务合同，且后履行债务的一方当事人的债务尚未至履行期限。（2）后履行债务的当事人有丧失或者可能丧失履行债务能力的情形。

不安抗辩权是预防性的保护措施，当一方情况发生变化，另一方先履行会造成损失时，法律依据公平原则作出上述规定。为防止不安抗辩权的滥用，法律规定当事人在行使此项权利时，一定要有确切的证据。例如，2019 年 9 月 1 日，甲公司和乙公司订立承揽合同一份。合同约定，甲公司按乙公司要求，为乙公司加工 300 套桌椅，交货时间为 2019 年 10 月 1 日。乙公司应在合同成立之日起 10 日内支付加工费 10 万元人民币。合同成立后，甲公司积极组织加工。但在同年 9 月 9 日，当地消防部门认为甲公司生产车间存在严重的安全隐患，要求其停工整顿。甲公司因此无法按合同约定期限交货。乙公司在得知这一情形后，有权主张不安抗辩，中止履行其义务。

四、违约责任

合同依法成立后，当事人应当按照约定全面履行自己的义务。当事人一方不履行合同义务或履行合同义务不符合约定的，应当承担违约责任。无论何种违约行为，只要不具有法定的或约定的免责事由，违约行为人都应当承担继续履行、采取补救措施或者赔偿损失等违约责任。

（一）违约责任形式

1. 强制履行

强制履行是补充性救济手段，有法律不能和事实不能的限制。

2. 损害赔偿

损害赔偿的主要规则有四：其一，全部赔偿规则，违约方对于守约方因违约所遭受的全部损失承担赔偿责任；其二，可预见规则，违约损害赔偿的范围以违约方在订立合同时预见到或者应当预见到的损失为限；其三，损益相抵规则；其四，减损规则，一方违约后，另一方应当及时采取合理措施防止损失的扩大，否则，不得就扩大的损失要求赔偿。

3. 违约金

违约金分为：（1）法定违约金和约定违约金，约定优于法定；（2）惩罚性违约金和补偿性违约金，补偿性为常态；（3）不履行的违约金、迟延履行的违约金和瑕疵履行的违约金，三者不可混淆。违约金可调整，要求调整一方要承担举证责任。

《民法典》第五百八十五条第二款规定，约定的违约金低于造成的损失的，人民法院或者仲裁机构可以依据当事人的请求予以增加；约定的违约金过分高于造成的损失的，人民法院或者仲裁机构可以依据当事人的请求予以适当减少。

拓展阅读

合同案件中违约金应当有“度”

2019年12月19日，原告某公司与被告某建筑公司签订装修施工合同。双方约定，原告（发包方）将总工程以738万元的价格发包给被告（承包方）；工期为135天，因承包费原因造成工期延误的，应向发包方支付结算价每天2%的违约金；工程技术人员必须押证施工，否则应向发包方支付每天1万元的惩罚款，且承包费中已经缴纳的履约保证金不予退还；承包方违反合同约定转包或者违法分包的，应向发包方支付项目结算价30%作为违约金。在合同实际履行过程中，某建筑公司违反合同约定转包工程，造成管理混乱、工期延误等严重后果，原告诉至法院，请求法院依法判令被告承担违约金518.4万元，以及判令被告预交的履约保证金20万元不予返还。

本案在审理过程中，法院主持双方当事人对已完成工程量进行核对，最终确认被告某建筑公司已完成的工程总价款为65万元。本案存在违约金过高的情形，如果严格按照合同约定，将致使被告承担过重的惩罚性责任，而原告获得超额利益，严重违背了违约金制度惩罚性和补偿性的制度初衷，显失公平。法院综合考虑原告的实际损失、合同履行情况、当事人过错程度等因素，根据公平原则和诚信原则，判决被告已经缴纳的20万元履约保证金不予退还。同时，因履约保证金具有补偿和惩罚双重性质，亦属于违约责任范畴，原告请求被告支付518.4万元违约金，属于重复计算，不再支持。

4. 定金

定金是在合同订立或在履行之前支付的一定数额的金钱或替代物作为担保的担保方式。

定金具有从属性，定金随着合同的存在而存在，随着合同的消灭而消灭。定金具有预先支付性，只有在合同成立后，未履行前交付，才能起到担保的作用。定金具有双重担保性，即同时担保合同双方当事人的债权。也就是说，交付定金的一方不履行债务的，丧失定金；而收受定金的一方不履行债务的，则应双倍返还定金。

给付定金的一方称为定金给付方，接受定金的一方称为定金接受方。我国《民法典》第五百八十六条第二款规定，定金的数额由当事人约定；但是，不得超过主合同标的额的20%，超过部分不产生定金的效力。实际交付的定金数额多于或者少于约定数额的，视为变更约定的定金数额。此法律规定的意图显然是限制给付数额过大的定金，将定金的惩罚限定在一定的限度内。

定金的适用应注意：违约金和定金不得同时适用，我国《民法典》第五百八十八条规定，当事人既约定违约金，又约定定金的，一方违约时，对方可以选择适用违约金或者定金条款。定金不足以弥补一方违约造成的损失的，对方可以请求赔偿超过定金数额的损失。定金和赔偿金可以合并适用，如果一方违约造成实际损失，另一方适用定金罚则的同时，可请求损害赔偿。但是适用定金罚则和损害赔偿的总值不能大于标的物的价金总和。另外，违约金和赔偿金对于同一违约行为，不能同时适用。例如，甲与乙订立了一份苹果购销合同，约定甲向乙交付20万公斤苹果，货款为40万元，乙向甲支付定金4万元；如任何一方不履行合同应支付违约金6万元。后甲因将苹果卖给丙而无法向乙交付苹果。那么，乙提出的诉讼请求中，既能最大限度地保护自己的利益，又能获得法院支持的诉讼请求，是请求甲支付违约金6万元，同时只能请求返还支付的定金4万元，而不能再请求双倍返还定金8万元。

（二）违约行为的免责

违约行为的免责有法定和约定两种情形。法定的免责情形最常见的就是不可抗力。所谓不可抗力，是指不能预见、不能避免、不能克服的客观情况，如地震、洪水、火灾、战争等情况，客观上已经发生不可抗力，而且合同的当事人为按照约定履行合同义务是由这一不可抗力导致时，当事人的违约行为可以免责。约定的免责情形是双方在订立合同时经协商达成一致的免责情形，只要这种约定不违反法律的强制性规定，届时就可以对违约行为免责。依据《民法典》第四百九十七条规定，提供格式条款一方不合理地免除或者减轻其责任、加重对方责任、限制对方主要权利的，该格式条款无效。

第六节　家庭与婚姻

在中国人的心目中，恐怕没有什么比家庭亲情更为重要的。家庭不仅仅意味着亲情和温暖，更意味着责任和付出。青年学生作为现有家庭的重要成员，以及未来家庭的组建者，只有清晰地了解自己的家庭责任，懂得付出，才能够真正享受家庭的温暖。同时，青年学生只有认真学习婚姻方面的法律知识，遵守婚姻法的各项规定，才能获得幸福美满的婚姻，才能维护自己在婚姻中的各项权益。

一、父母与子女的权利义务关系

每个人从呱呱坠地到成家立业，始终处在一定的家庭关系中，家庭成员之间不仅有我们最珍视的亲情和爱情，还体现一种民事权利和义务。在家庭成员间的各种关系中，父母和子女的关系与我们的联系最为密切，根据民法典的规定，父母与子女间的权利和义务是相互的，父母要承担对子女的抚养教育义务，子女要承担对父母的赡养扶助义务。

（一）父母对子女的抚养教育

1. 父母是未成年子女的监护人

我国未满 18 周岁的公民属于未成年人。考虑到未成年人的生理、心理状况，为了保护未成年人的正当权益，我国法律为未成年人设定了监护人制度。

监护人是对未成年人的人身财产和其他合法权益负有监督和保护责任的人。通俗地说，监护人就是未成年人的保护人，给予未成年人需要的照顾和教育，负责保护未成年人不受伤害，健康茁壮地成长。一般来说，父母是未成年子女的监护人，但未成年人的父母已经死亡或者没有监护能力的，由下列有监护能力的人按顺序担任监护人：祖父母、外祖父母；兄、姐；其他愿意担任监护人的个人或者组织，但是须经未成年人住所地的居民委员会、村民委员会或者民政部门同意。

监护人有实施严重损害被监护人身心健康行为的；怠于履行监护职责，或者无法履行监护职责且拒绝将监护职责部分或者全部委托给他人，导致被监护人处于危困状态的；实施严重侵害被监护人合法权益的其他行为的，人民法院根据其他依法具有监护资格的人、居民委员会、村民委员会、学校、医疗机构、妇女联合会、残疾人联合会、未成年人保护组织、依法设立的老年人组织、民政部门等有关个人或者组织的申请，撤销其监护人资格，安排必要的临时监护措施，并按照最有利于被监护人的原则依法指定监护人。

2. 父母要承担对子女的抚养义务

这里的“抚养”是父母对子女经济上的供养和生活上的照料，包括负担子女的生活费、教育费、医疗费等。作为法律义务，父母对未成年子女的抚养是无条件的，在任何情况下都不能免除，即使父母离婚了，对未成年子女也应当履行抚养义务。而对成年子女的抚养是有条件的，仅限于不能独立生活的子女。所谓不能独立生活的子女，是指尚在校接受高中及其以下学历教育，或者丧失、部分丧失劳动能力等非因主观原因而无法维持正常生活的成年子女。因而，对于正在上大学的成年子女，父母则没有法定的抚养义务。

当父母不履行抚养义务时，未成年子女或者不能独立生活的成年子女，有要求父母给付抚养费的权利，既可以向抚养义务人所在单位和有关部门提出，也可以直接向人民法院提起诉讼。如果父母拒不履行抚养义务，恶意遗弃未成年子女，情节严重构成犯罪的，还应当依法追究其刑事责任。

3. 父母应承担对子女的教育义务

父母是孩子最好的老师，良好的家庭教育对于子女的健康成长起重要作用，同时教育子女是父母应尽的法律义务。它包括两个方面，一是父母应当尊重未成年人受教育的权利，必须使适龄的未成年子女按照规定接受义务教育，不得使在校接受义务教育的未成年人辍学；二是父母应以健康的思想、品行和适当的方法教育子女，引导未成年人进行有益身心健康的活动，预防和制止未成年人吸烟、酗酒、流浪以及聚赌、吸毒、卖淫等，当父母不履行对子女的教育义务时，任何组织、个人都有权劝阻、制止或者向有关部门提出检举和控告。

（二）子女对父母的赡养扶助

子女对父母有赡养扶助的法律义务。这里的“赡养”是指子女对父母的供养，即在物质上和经济上为父母提供必要的生活条件；这里的“扶助”是指子女在精神上、感情上和生活上的关心、帮助和照料。子女对父母的赡养扶助，既是子女应当承担的法律义务，也是中华民族的传统美德。

子女不得以任何理由拒绝履行赡养扶助父母的义务，即使父母的婚姻关系发生变化，子女对父母的赡养义务也不终止。如果子女不履行赡养义务，无劳动能力或者生活困难的父母有要求子女给付赡养费的权利；如果子女有能力赡养而拒绝赡养，情节严重构成遗弃罪的，应当依法追究其刑事责任。

二、婚姻相关法律规定

（一）结婚的法律规定

结婚，是指男女双方依照法律规定的条件和程序，确立夫妻关系，并承担由此而产生的权利义务及其他责任的民事法律行为。

结婚申请人有下列情形之一的，婚姻登记机关不予登记：未到法定结婚年龄；非自愿的；有配偶的；双方系直系血亲或者三代以内的旁系血亲的。

《民法典》第一千零四十七条规定，结婚年龄，男不得早于22周岁，女不得早于20周岁。

拓展阅读

在校生结婚合适吗？

1990 年，国家教委颁布《普通高等学校学生管理规定》：在校学习期间擅自结婚而未办退学手续的学生作退学处理；被退学的学生均不许申请复学。2005 年 9 月 1 日，教育部发布《普通高等学校学生管理规定》和《高等学校学生行为准则》，对于社会各界关注的“青年学生是否可以结婚”，新版规定并没有作出禁止性的规定。就此，教育部有关负责人解释，这主要是基于《婚姻法》和《婚姻登记条例》中对于公民结婚已经作出了完整的规定，同时不对青年学生结婚作出禁止性规定，并不意味着提倡青年学生结婚。

新规一出，引起各方争议。对此反应最强烈的是一些在校青年学生的家长。他们认为，如果允许结婚，对孩子的成长并没有多大益处。一些人认为这将使自己对孩子的管教更难。学者也表达相似看法：在现有单一的教育制度下，结婚对青年学生不利，结婚就要面临生活、生育、就业等一系列问题，这与现有的校园体制和就业体制是相冲突的。从道德角度上讲，中国青年学生大多还在父母的抚养之下，本身就由父母提供学费，再结婚，无疑又增加了父母的负担。

但一些学生不以为然，表示不能一概而论，要具体情况具体分析。现在青年学生经常参加各种社会实践，有一定积蓄的也不在少数；如果处理得当，结婚并不一定会影响学习；夫妻之间互相鼓励互相帮助，倒是有相得益彰的好处。

大多数高校对“在校青年学生能否结婚”持十分谨慎的态度，普遍认为，青年学生已到适婚年龄，只要不违背法律法规，他们提出结婚请求，学校不必横加干涉。但同时也指出，青年学生处在学习的大好时机，理应倡导晚婚晚育；在一般情况下，是不会鼓励学生在就读期间结婚的。

（二）父母离婚后对青少年的法律保护

离婚是夫妻双方依照法律规定解除婚姻关系的行为，分为协议离婚和诉讼离婚。离婚后，婚姻关系不复存在，夫妻之间的权利义务关系也随之终止，双方都具有了重新结婚的自由。离婚时双方共同的财产应当进行分割，如有子女还需确定对子女的抚养和监护。

1. 离婚后子女抚养权的确定

抚养权是父母对其子女的一项人身权利，抚养有婚生的抚养和非婚生的抚养，父母离婚后，子女随哪方生活，一般是根据“有利于子女健康成长”的原则来确定，有利于子女身心健康，保障子女的合法权益，是处理离婚后子女抚养权归属问题的出发点。

我国《民法典》第一千零八十四条第三项规定，离婚后，不满 2 周岁的子女，以由母亲抚养为原则。已满 2 周岁的子女，父母双方对抚养问题协议不成的，由人民法院根据双方的具体情况，按照最有利于未成年子女的原则判决。子女已满 8 周岁的，应多尊重其真实意愿。

夫妻离婚后的任何时间内，一方或者双方的情况或抚养能力发生较大变化，均可提出变更子女抚养权的要求。变更子女抚养权一般先由双方协商确定，如协商不成，可以通过诉讼，请求人民法院判决变更。其有下列情形之一的，人民法院应予以支持：一是与子女共同生活的一方因患严重疾病或因伤残无力继续抚养子女；二是与子女共同生活的一方不尽抚养义务或有虐待子女行为，或其与子女共同生活对子女身心健康确有不利影响；三是 8 岁的子女，愿随另一方生活，该方又有抚养能力；四是有其他正当理由需要变更。

2. 法律关于探望权的规定

探望权是父母离婚后，非直接抚养子女的一方与其未成年子女进行会面、探视、看望、通信或者其他交往的权利，包括电话交谈、寄送照片、度假旅行或者对直接抚养一方询问子女近况等情形。离婚后，不直接抚养子女的父或者母，有探望子女的权利，另一方有协助的义务。

根据《民法典》的规定，父母与子女间的关系，不因父母离婚而消除。离婚后，父母对于子女仍有抚养、教育、保护的权利和义务。非直接抚养子女的一方如要履行法定的抚养、教育子女的义务，除了承担抚养费外，探望子女就成为基本的必经途径。非直接抚养子女的一方对子女的探望，既是法律赋予父母的一项权利，同时也是子女的权利，但这种探望权是一种义务性权利，其行使不得损害子女的身心健康。如果父或母探望子女，不利于子女健康的，未成年子女、直接抚养子女的父或者母以及其他对未成年子女负担抚养、教育、保护义务的法定监护人，有权向人民法院提出中止探望的请求。

直接抚养子女的一方负有协助的义务。这种协助义务一般包括：本着方便探望人探望的原则，与非直接抚养一方协商探望的时间、地点、方式等，或者按照人民法院的裁判协助探望。

3. 子女抚养费的确定

《民法典》规定，离婚后，子女由一方直接抚养的，另一方应当负担部分或者全部抚养费。法律作出这样的规定，是基于夫妻离婚后，子女无论随父还是母生活，仍然是父母双方的子女，父母子女的关系不因夫妻离婚而改变。

子女的抚养费包括子女生活费、教育费、医疗费等费用。在离婚案件中，人民法院在确定子女抚养费数额时，一般是根据以下三个标准来确定：子女的实际需要；父母双方的负担能力；当地的实际生活水平。

子女抚养费发生法律效力之后，由于生活具有变动性，在父母的经济状况、抚养能力及社会实际生活水平发生变化时，可以要求增加、减少或免除抚养费。

子女要求增加抚养费的事由包括：原定抚养费数额不足以维持当地的实际生活水平；因子女患病、上学等，实际需要已超过原定数额；有其他正当理由应多增加。

至于减少和免除子女抚养费，主要是针对供养人的给付能力降低或经济收入减少，或子女虽未满 18 周岁但已有劳动收入，能以自己的劳动收入维持自己的生活所需这些情形。

抚养费的给付期限，一般应至子女 18 周岁为止。子女 16 周岁以上不满 18 周岁，以其劳动收入为主要生活来源，并能维持当地一般生活水平的，父母可停止给付抚养费。

尚未独立生活的成年子女有下列情形之一的，父母又有给负能力的，仍应负担必要的抚养费：丧失劳动能力或虽未完全丧失劳动能力，但其收入不足以维持生活的；尚在校读书的；确无独立生活能力和条件的。

三、继承制度

（一）遗产与继承

遗产是指公民死亡时遗留的个人所有财产和法律规定可以继承的其他财产权益。遗产的范围包括公民的工资、奖金、从事合法经营的收入、房屋、储蓄、生活用品等。继承是指自然人死亡后遗留的个人合法财产依法转移给他人所有的法律制度。被继承人死亡时遗留的个人合法财产就是遗产。

《民法典》第一千一百二十二条规定，遗产是自然人死亡时遗留的个人合法财产。依照法律规定或者根据其性质不得继承的遗产，不得继承。工作关系等身份关系不得继承，同时赌资等非法财产也不得继承。

根据我国《民法典》第一千一百二十五条的规定，继承人有下列行为之一的，丧失继承权。（1）故意杀害被继承人。继承人故意杀害被继承人是一种严重的犯罪行为，无论动机如何，是既遂还是未遂，均应确认其丧失继承权。而且，继承人故意杀害被继承人的，即使被继承人以遗嘱将遗产指定由该继承人继承的，仍可确认遗嘱无效，依法剥夺其继承权。(2) 为争夺遗产而杀害其他继承人。理解该规定要注意的是，继承人应当是故意杀人，动机必须是争夺遗产，而被杀害者是其他继承人。继承人只要有故意杀人行为，不论是既遂还是未遂，均应确认其丧失继承权。(3) 遗弃被继承人，或者虐待被继承人情节严重。继承人虐待被继承人情节是否严重，可以从实施虐待行为的时间、手段、后果和社会影响等方面认定。虐待被继承人情节严重的，不论是否追究刑事责任，均可确认其丧失继承权。继承人虐待被继承人情节严重的，或者遗弃被继承人的，如以后确有悔改表现，而且被虐待人、被遗弃人生前又表示宽恕，可不确认其丧失继承权。(4) 伪造、篡改、隐匿或者销毁遗嘱，情节严重。根据有关规定，继承人伪造、篡改、隐匿或者销毁遗嘱，侵害了缺乏劳动能力又无生活来源的其他继承人的利益，并造成其生活困难的，应认定其行为情节严重，将丧失继承权。(5) 以欺诈、胁迫手段迫使或者妨碍被继承人设立、变更或者撤回遗嘱，情节严重。继承人有前述第 3 项至第 5 项行为，确有悔改表现，被继承人表示宽恕或者事后在遗嘱中将其列为继承人的，该继承人不丧失继承权。

（二）继承的种类

1. 法定继承

法定继承是指在被继承人没有遗嘱的情况下，由法律直接规定继承人的范围、继承顺序、遗产分配的原则的一种继承方式。所以，又称无遗嘱继承。

法定继承的法律特征有：(1) 法定继承是以一定的人身关系为前提，即依继承人与被继承人之间的婚姻、血缘关系而确定的；(2) 法定继承人的范围、继承顺序和遗产分配份额都是强制性规范，除由死者生前以遗嘱方式加以改变外，其他任何人都无权变更。

遗产按照以下顺序继承：第一顺序为配偶、子女、父母；第二顺序为兄弟姐妹、祖父母、外祖父母。继承开始后，由第一顺序继承人继承，第二顺序继承人不能继承。没有第一顺序继承人继承的，由第二顺序继承人继承。另外，《民法典》还规定，丧偶儿媳对公婆，丧偶女婿对岳父母，尽了主要赡养义务的，作为第一顺序继承人。此外，《民法典》还规定，遗产分割时，应当保留胎儿的继承份额。胎儿娩出时是死体的，保留的份额按照法定继承办理。

2. 代位继承

代位继承又称间接继承，是指在法定继承中，被继承人的子女先于被继承人死亡的，被继承人的子女的晚辈直系血亲代替其父母的继承顺序继承被继承人的遗产的法律制度。

代位继承只适用于法定继承的第一顺序中先于被继承人死亡的子女。代位继承具有以下法律特征：代位继承的发生，必须有被继承人的子女先于被继承人死亡的法律事实；代位继承人必须是被继承人子女的晚辈直系血亲；代位继承不受辈数限制；代位继承人一般只能取得被代位人应继承的遗产份额；被代位继承人生前必须具有继承权。如果被继承人的子女生前已经丧失了继承权，则其晚辈直系血亲不得代位继承；代位继承只适用于法定继承方式。这是因为遗嘱必须以立遗嘱人死亡为生效的条件，在遗嘱继承人先于立遗嘱人死亡的情况下，遗嘱无效。

需要注意的是，《民法典》第十六条规定，涉及遗产继承、接受赠与等胎儿利益保护的，胎儿视为具有民事权利能力。但是，胎儿娩出时为死体的，其民事权利能力自始不存在。代位继承同样适用于胎儿的保留份额，其原理与法定继承中的胎儿保留份额是一致的。

3. 转继承

转继承又称再继承、连续继承，它是指继承人在继承开始后、遗产分割前死亡，其应继承的遗产转由他的合法继承人来继承的制度。实际接受遗产的已死亡继承人的继承人称为转继承人，已死亡的继承人称为被转继承人。

转继承的规定，不仅适用于法定继承，还适用于遗嘱继承以及遗赠。

4. 遗嘱继承

遗嘱继承又称指定继承，是法定继承的对称，是指被继承人生前通过立遗嘱的形式确定其个人财产在其死亡后的继承人及分配的法律制度。

根据《民法典》的规定，遗嘱有以下几种形式：

（1）自书遗嘱。自书遗嘱由遗嘱人亲笔书写，签名，注明年、月、日。

（2）代书遗嘱。代书遗嘱应当有两个以上见证人在场见证，由其中一人代书，并由遗嘱人、代书人和其他见证人签名，注明年、月、日。

（3）打印遗嘱。打印遗嘱应当有两个以上见证人在场见证。遗嘱人和见证人应当在遗嘱每一页签名，注明年、月、日。

（4）以录音录像形式立的遗嘱。以录音录像形式立的遗嘱，应当有两个以上见证人在场见证。遗嘱人和见证人应当在录音录像中记录其姓名或者肖像，以及年、月、日。

（5）口头遗嘱。遗嘱人在危急情况下，可以立口头遗嘱。口头遗嘱应当有两个以上见证人在场见证。危急情况消除后，遗嘱人能够以书面或者录音录像形式立遗嘱的，所立的口头遗嘱无效。

（6）公证遗嘱。公证遗嘱由遗嘱人经公证机构办理。

由于法律并不限制公民立遗嘱的次数及形式，实质上也为尊重公民随时改变遗嘱的意愿，因而在现实生活中会存在多份遗嘱并存的情况。对于多份遗嘱的效力认定，根据《民法典》第一千一百四十二条规定，遗嘱人可以撤回、变更自己所立的遗嘱。立遗嘱后，遗嘱人实施与遗嘱内容相反的民事法律行为的，视为对遗嘱相关内容的撤回。立有数份遗嘱，内容相抵触的，以最后的遗嘱为准。

想一想

王某有甲、乙、丙、丁4个儿子。2011年，王某授权其助手订立自书遗嘱一份，将财产留给大儿子甲所有；2012年，甲意外身亡，王某悲痛之余，在其律师张某及邻居在场的情况下以录音形式立遗嘱一份，将财产留给二儿子乙所有；2014年，乙的朋友赵某看望王某时称，乙经常将企业的资金恣意挥霍，王某放心不下，则在赵某和助手见证的情况下，重新以录音的方式订立遗嘱，将财产留给三儿子丙所有；2017年王某病危，半夜护士小姐巡房时，王某对护士称将财产留给四儿子丁所有，然后身亡。请问：哪份遗嘱有效？

本案例中，王某先后订立了4份遗嘱且内容不一致，在无公证遗嘱的情况下，应当遵循后遗嘱优于前遗嘱的原则，王某所订立的第四份遗嘱为口头遗嘱，口头遗嘱除适用于紧急情况外，还必须要有两名无利害关系人的证明，由于该口头遗嘱只有一名见证人，故该遗嘱无效。王某所立的第三份遗嘱为录音遗嘱，录音遗嘱也需要两名无利害关系的见证人，此处存在赵某和助手两名无利害关系的见证人，赵某虽然是乙的朋友，但是朋友与继承无利害关系，仍可以作为见证人，故第三份遗嘱有效，应以该份遗嘱为准。

实践活动建议

实践项目一：民事权利意识调查

★ 活动设计

·分组。

·设计调查问卷和调查方案。在设计问卷时注意选择那些与生活密切相关的规定和事例，如名誉权、隐私权、土地承包经营权、宅基地、商品房、相邻关系、知识产权等方面的内容。

·在拟定的范围内发放问卷，进行调查。

·回收调查问卷，对相关数据进行统计整理。

·分析数据，得出相关结论，撰写调查报告。

实践项目二：拟定一份合同

★ 活动设计

·结合身边的具体需要，自己拟定一份合同。例如，家里打算租房，可以拟定一份承租房屋的合同；班级举办活动需要购买一批服装道具，可以拟定一份买卖合同，等等。

·每2名同学为一组，相互审阅对方起草的合同书，找出合同中的漏洞。通过找漏洞学习相关合同条款的知识。

第三章
远离违法犯罪，健康快乐成长

犯罪是人类社会发展到一定阶段的产物，犯罪的产生和发展与社会、文化、心理等一系列因素密切相关。就整体而言，未成年人不应该是一个容易产生犯罪的群体。但近些年，我国在校学生犯罪率呈逐年上升趋势，部分案件的作案手段也极其残忍。导致青少年犯罪的原因有很多，有教育缺失、家庭因素，也有社会不良风气的影响，但其中一个很主要的原因是青少年的道德观还未完全形成，法制观念淡薄，对法律规定缺乏了解，认识不到犯罪的重大危害性和严重后果。针对这一现象，一方面青少年应系统掌握和运用刑法基础理论，另一方面应完善预防措施，建立健全在校学生犯罪的综合防控体系。

第一节　我国的刑事法律制度

一、什么是刑法

刑法是一个古老的法律部门，是一部关于犯罪与刑罚的法律。具体而言，刑法是规定何种行为属于犯罪以及对犯罪行为适用何种刑罚的法律规范的总称。

与其他部门法不同，刑法具有特定性、广泛性、严厉性等特征。第一，刑法所涉及的内容与对象比较特殊；第二，刑法所保护的社会关系极其广泛，涉及社会生活的各个领域；第三，在所有法律保护手段中，刑法的保护手段最为严厉，它可以剥夺人的财产权利、政治权利、自由权利甚至生命权利来惩罚和制裁犯罪行为。

法治印记

1979年7月6日，五届全国人民代表大会二次会议通过了《中华人民共和国刑法》，自1980年1月1日起施行。这是新中国第一部刑法，从而结束了新中国成立以来一直没有颁行刑法的历史，标志着我国刑事立法迈出了重要一步。从1981年到1997年，全国人大常委会先后通过了25部单行刑法，国家立法机关在107个非刑事法律中设置数量客观的附属刑法规范，作为1979年刑法的补充与修改。1997年八届全国人大五次会议对79年刑法进行了全面修订，这是健全我国社会主义法治和完善刑事法律的重要举措。自1997年修订的刑法实施以来，全国人大常委会先后通过了11个刑法修正案。由此，我国形成了以1997年刑法和刑法修正案为主体的刑事立法格局。

二、刑法的基本原则

刑法的基本原则是贯穿于全部刑法规范定罪量刑时必须严格遵循的最具根本性和原则性的准则。我国1997年刑法最大的进步，就是废除了1979年刑法中的类推制度，规定了罪刑法定、平等适用刑法、罪责刑相适应三大基本原则。

知识链接

从“比附类推”到“罪刑法定”

翻开我国古代的法律文献和相关资料，“比附类推”法律原则在我国历史悠久且根深蒂固。“比”“附”是指司法官审理案件时比较先前判案为依据定罪量刑。作为封建统治者，皇权神圣不可侵犯，绝对不容许有任何侵犯其利益及危害其统治秩序的行为，对于法律没有规定的犯罪行为，也要设法治罪，法律仅有“治世之具”的功能，反对“法外遗奸”。例如《大明律》第四十六条：凡律令该载不尽事理若断罪而无正条者，引律比附应加应减定拟罪名转达刑部议定奏闻，若辄断罪有出入者，以故失论。

在我国清末修律过程中，“比附类推”制度引起争议，并曾一度被废除。但自清王朝覆灭一直到新中国成立前我国经历了长期的政局动荡，军阀混战，“罪刑法定”原则根本不可能得到真正的实施。

新中国成立后的第一部刑法（1979 年刑法）第 79 条规定，本法分则没有明文规定的犯罪，可以比照本法分则最相类似的条文定罪判刑，但是应该报请最高人民法院核准。这一规定被概括为“有严格限制的类推制度”。从 1980 年刑法实施后的刑事司法实践来看，类推制度也确实受到了严格限制，据统计，被最高人民法院核准类推定罪判刑的案件共计只有 70 余件。经过长期争论，直到 1997 年，随着社会的发展和刑事立法的不断完善，我国新刑法取消了类推制度，在刑法典中将罪刑法定原则作为刑法的三大原则之一明确加以规定。

（一）罪刑法定原则

《中华人民共和国刑法》（以下简称《刑法》）第三条明文规定了罪刑法定原则，法无明文规定不为罪，法无明文规定不处罚。这一原则的含义是：什么是犯罪，有哪些犯罪，各种犯罪的构成要件是什么，有哪些刑种，各个刑种如何适用，以及各种犯罪的具体量刑幅度等都需要有法律的明文规定。罪刑法定原则是针对封建刑法中“罪刑擅断、践踏人权”的黑暗现实而明确提出的，体现了人权保护的现代民主思想，是世界各国刑法中最普遍、最重要的基本原则。

罪刑法定的具体要求，就是法院在判定一个人是否犯罪以及判处何种刑罚时，必须依照法律的明确规定，不能随意判案。具体地说，只有法律将某一种行为明文规定为犯罪的，才能对这种行为定罪。判定某一行为是否构成犯罪，必须严格按照法律规定的条件和标准，不符合法律规定的，不能任意解释、推测而定为有罪，并且在罪名的认定上也要按照法律的规定，法律规定是什么罪，就定什么罪。同时，对于犯罪的处罚也必须严格按照法律规定的量刑标准，轻罪轻判，重罪重判。

拓展阅读

“莫须有”之罪的由来

宋代的岳飞是我国历史上著名的将领。他幼年时期就胸怀大志，后来成为宋朝有名的大将。宋高宗时期，金兀术入侵，岳飞用少数兵力，击败了金兵之后，决定渡过黄河继续向前追击，他慷慨激昂地对将士们说：“直捣黄龙府，与大家喝个痛快！”

金兀术看到形势对金国相当不利，就秘密写信给宋朝的奸臣秦桧，要他设法害死岳飞。于是，秦桧就利用宰相的职权，挑唆宋高宗一连下了十二道金牌，命令岳飞撤兵回朝。岳飞没有办法，只好放弃收复失地的计划，回到京城临安（今浙江杭州）。秦桧为了达到杀害岳飞的目的，竟然无中生有地诬陷岳飞阴谋造反，把岳飞和他的儿子岳云关进了监狱。

这时，大将韩世忠心里很不平，跑去当面质问秦桧："你说岳飞父子造反，有什么证据吗?"

秦桧支支吾吾，做出了一个臭名昭著的回答："飞子云与张宪书虽不明，其事体莫须有。""莫须有"为南宋时的口语，原意为"难道没有""应该有"。秦桧的大意是说：岳飞的儿子岳云和张宪设计为岳飞收回兵权，这件事虽然不是很明朗，但也许有吧！韩世忠听后，愤怒地对他说："莫须有三字何以服天下!"

按照秦桧的授意，1142 年，岳飞在杭州风波亭遭到杀害，当时岳飞只有 39 岁。秦桧知道，凭正当手段是无法除掉岳飞的，他就只好加给岳飞一个"莫须有"的罪名，完全是仅仅凭猜测来给一个无辜者定罪，也就是无中生有的诬陷。"莫须有"这个词一直流传至今。

另外，罪刑法定原则在法律的适用上，还有两方面重要含义：一是时效原则，即认定某一行为是否构成犯罪，必须以行为时的法律规定为准，有的行为，在当时法律并未规定为犯罪，但事后由于法律作了补充、修改，该行为被规定为犯罪，根据罪刑法定原则，不能用事后的法律去追究法律颁布前发生的行为。二是罪刑法定原则禁止类推。罪刑法定原则对于防止司法工作人员滥用权力、保护公民的合法权益，具有十分重要的意义，是现代刑事法律制度的一大进步。

（二）平等适用刑法原则

《刑法》第四条明文规定了该原则，对任何人犯罪，不论其社会地位、民族、性别、职业、宗教信仰、财产状况，在适用法律上一律平等，任何人不得有超越法律的特权。

平等适用刑法的具体要求是：对刑法所保护的合法权益予以平等的保护；对于实施犯罪的任何人，都必须严格依照法律认定犯罪；对于任何犯罪嫌疑人，都必须根据其犯罪事实与法律规定量刑；对于被判处刑罚的任何人，都必须严格按照法律的规定执行刑罚。总的来讲，不管是在立法、司法还是守法上，平等都应当且已经被当作一种原则加以遵循。具体到司法上，它也贯穿了定罪、量刑和行刑三大部分。

（三）罪责刑相适应原则

《刑法》第五条明文规定了罪责刑相适应原则，犯罪分子的社会危害性程度及应负刑事责任的大小，是决定刑法轻重的主要依据，重罪重罚、轻罪轻罚、无罪不罚、罪行相当、罚当其罪。

拓展阅读

拉拽公交车方向盘　危害公共安全获刑

2019年10月7日9时45分，王某某乘坐公交车，因未按下车提示铃致公交车过站，王某某未能下车。王某某遂以踢打、拉拽下客车门等方式要求司机俞某立即停车，司机俞某未停车。9时47分，当该车到达下一站后，王某某未下车，反走至驾驶室附近继续谩骂，并要求司机俞某将车辆折返驶回上一站点。9时51分，司机俞某启动车辆继续行驶10米左右，王某某即上前拉拽方向盘，造成车辆摇晃，后司机俞某紧急制动停车，王某某被乘客拉开。案发时，该公交车实际载客达10人以上。案发后，王某某在现场等候，后被依法传唤至公安机关。法院经审理后认为，被告人王某某在公共交通工具行驶过程中，以抢夺方向盘妨害安全驾驶的危险方法危害公共安全，尚未造成严重后果，其行为已构成以危险方法危害公共安全罪。其在实际载客10人以上公共交通工具上实施抢夺方向盘行为，依法应予从重处罚。鉴于被告人系初犯，行为尚未造成严重后果，结合其认罪悔罪表现依法对其适用缓刑，遂以危险方法危害公共安全罪判处被告人王某某有期徒刑3年，缓刑4年。

三、刑法的效力范围

刑法的效力范围即刑法的适用范围，是指刑法对什么人、在什么地域和在什么时间内有效的问题，具体包括刑法的空间效力和时间效力。这是国家行使刑事管辖权不可缺少的法律依据，它涉及国家主权、国际关系、对国家和公民利益的保护以及新旧法律如何适用等重大问题。我国《刑法》对此作了明确的规定。

（一）刑法的空间效力

刑法的空间效力就是指刑法在什么地域、对什么人有效，它是相对于时间效力而言的，解决的是对地和对人的效力问题。确定刑法的空间效力，主要是为了解决刑事管辖权的范围问题。《刑法》第六条规定，凡在中华人民共和国领域内犯罪的，除法律有特别规定的以外，都适用本法。我国刑法的空间效力见表 3-1。

表 3-1　　我国刑法的空间效力

<table>
<tr><td rowspan="6">属地管辖原则</td><td>适用对象</td><td colspan="3">针对发生在我国境内的犯罪</td></tr>
<tr><td rowspan="2">空间区域</td><td>领域范围</td><td colspan="2">1. 领陆包括一国国境以内的陆地及其地下层
2. 领水包括内水、领海及其地下层，内水又包括内河、内湖、内海以及同外国之间界水的一部分
3. 领空是包括领陆和领水之上的空间</td></tr>
<tr><td>延伸领域</td><td>1. 在中国航行（飞行）在别国或公海上的船舶（航空器）
2. 我国驻外大使馆或领事馆</td><td>注意：这种延伸意义上的领域不包括火车、汽车。如隶属中国某边境城市旅游公司的长途汽车在从中国进入 A 国境内之后，因争抢座位，B 国的汤姆一怒之下杀死了 C 国的杰瑞，对汤姆的杀人行为则不适用中国刑法</td></tr>
<tr><td>适用情形</td><td colspan="2">1. 犯罪行为发生地在我国，包括实行行为、教唆行为、帮助行为、预备行为
2. 犯罪结果发生地在我国，包括实害结果与危险结果</td><td>共同犯罪行为或结果的一部分发生在我国境内，我国就有管辖权</td></tr>
<tr><td>属地管辖的例外</td><td colspan="2">1. 享有外交特权的外国人通过外交途径解决，通常是宣布为不受欢迎的人，由派出国召回
2. 发生在港澳台地区的犯罪适用港澳台地区的法律
3. 少数民族地区适用补充或者变通规定而不适用刑法典的部分条文，也是刑法适用的例外
4. 特别法有规定的依特别法的规定</td><td>一般包括外交代表、大使、公使、代办和外交职员以及他们的配偶、未成年子女等
民族自治地方可以由自治区或省的人民代表大会根据当地民族的政治、经济、文化特点和刑法规定的基本原则制定变通或者补充的规定，对刑法作适当变通
新刑法实施后，国家立法机关制定的特别刑法的规定，按“特别法”优于“普通法”的原则处理</td></tr>
</table>

续表

<table>
<tr><td rowspan="2">属人管辖原则</td><td>适用对象</td><td colspan="2">针对发生在我国境内的犯罪</td></tr>
<tr><td>适用情形</td><td>1. 中国公民在国外实施犯罪，原则上适用我国法律
2. 中华人民共和国国家工作人员和军人在中华人民共和国领域外犯本法规定之罪的，适用我国刑法</td><td>中华人民共和国公民在中华人民共和国领域外犯本法规定之罪的，按刑法规定的最高刑为 3 年以下有期徒刑的，可以不予追究（当然也可以追究）</td></tr>
<tr><td rowspan="2">保护管辖原则</td><td>适用对象</td><td colspan="2">针对外国人在境外实施的危害国家或者公民利益的犯罪</td></tr>
<tr><td>适用条件</td><td>1. 外国人在中华人民共和国领域外对中华人民共和国国家或者公民犯罪，可以适用本法，但是按照犯罪地的法律不受处罚的除外
2. 依照我国刑法规定行为人的行为是重罪，法定最低刑为 3 年以上有期徒刑的
3. 行为地法律也认为是犯罪（双重犯罪原则）</td><td>在满足 3 个条件的基础上，我国刑法可以追究犯罪的外国人的刑事责任，该原则也被称为“有限制的保护管辖原则”</td></tr>
<tr><td rowspan="2">普遍管辖原则</td><td>适用对象</td><td colspan="2">针对外国人在国外实施的国际犯罪</td></tr>
<tr><td>适用条件</td><td>1. 危害人类共同利益，例如对战争犯罪、海盗、贩奴等
2. 我国缔结或者参加了相关国际公约
3. 我国刑法也认定为犯罪
4. 罪犯出现在我国境内</td><td>注意：国际条约必须转化为我国刑法适用，定罪量刑的根据是我国刑法</td></tr>
<tr><td>对外国刑事判决的消极承认</td><td>适用范围</td><td colspan="2">凡在中华人民共和国领域外犯罪，依照本法应当负刑事责任的，虽然经过外国审判，仍然可以依照本法追究，但是在外国已经受过刑罚处罚的，可以免除或者减轻处罚</td></tr>
</table>

拓展阅读

外籍学生贩卖毒品获刑

外籍学生艾某某于2016年到中国留学，系上海某知名大学学生。为支付学费及生活费，艾某某开始寻求勤工俭学的机会，但因交友不慎，错误地选择了从事毒品买卖。2017年4月24日，购毒人陶某某与艾某某联系后，双方商定以700元的价格向艾某某购买甲基苯丙胺1克，由艾某某送至某快捷酒店内进行交易。次日0时许，艾某某携带毒品至交易地点后被公安机关抓获，并缴获随身携带的毒品，经称重计1.33克。由于艾某某系外籍人士，援助辩护律师通过翻译人员就其身份、案件性质等向其做了释法工作。根据我国《刑法》第六条规定，凡在中华人民共和国领域内犯罪的，除法律有特别规定的以外，都适用本法；第三百四十七条规定，走私、贩卖、运输、制造毒品，无论数量多少，都应当追究刑事责任，予以刑事处罚。同时就起诉书指控的犯罪行为向艾某某进行核实，并告知其相关诉讼权利义务。另告知，艾某某若如实供述自己犯罪事实的，认罪悔罪，法院可以从轻处罚。经过援助辩护律师的释明后，艾某某知道自己贩卖毒品是犯罪行为并感到十分懊悔，不仅触犯了中国法律，而且也影响了自己将来的求学、就业、前途等。法院经审理，以犯贩卖毒品罪判处艾某某有期徒刑6个月，并处罚金人民币1 000千元，驱逐出境。

（二）刑法的时间效力

刑法的时间效力，是指刑法的生效时间、失效时间以及对刑法生效前所发生的行为是否具有溯及既往的效力。

我国刑法的生效时间一般有两种方式：一是从公布之日起生效；二是公布之后经过一段时间生效。刑法的失效时间一般也有两种方式：一是国家立法机关明确宣布某些法律失效；二是自然失效，即新法施行后替代了同类旧法，或者由于原来特殊的立法条件消失而自行废止。

刑法的溯及力是指新的刑事法律生效后，对它生效前未经审判或者判决尚未确定的行为是否适用的问题。如果适用就有溯及力；如果不适用，就没有溯及力。对此，各国刑法中出现了从旧、从新、从新兼从轻、从旧兼从轻等不同原则。我国刑法采取从旧兼从轻原则，《刑法》第十二条第一款规定，中华人民共和国成立以后本法施行以前的行为，如果当时的法律不认为是犯罪的，适用当时的法律；如果当时的法律认为是犯罪的，按照本法总则第四章第八节的规定应当追诉的，按照当时的法律追究刑事责任，但是如果本法不认为是犯罪或者处刑较轻的，适用本法。

第二节　犯罪与刑罚

一、犯罪及其构成要件

（一）什么是犯罪

在现实生活中，人们常常将违法与犯罪相提并论，很多人将两者混为一谈，实际上，违法与犯罪既有联系又有区别。违法范畴比较广泛，在我国，凡是违反宪法和法律法规、承担一定法律责任的行为都是违法行为。违法行为可以分为三类：行政违法、民事违法和刑事违法。只有违反了刑事法律，应当受到刑事惩罚，才构成犯罪。

犯罪是具有社会危害性、触犯刑法的应当依法受到刑罚处罚的行为，我国《刑法》第十三条明确规定，一切危害国家主权、领土完整和安全，分裂国家、颠覆人民民主专政的政权和推翻社会主义制度，破坏社会秩序和经济秩序，侵犯国有财产或者劳动群众集体所有的财产，侵犯公民私人所有的财产，侵犯公民的人身权利、民主权利和其他权利，以及其他危害社会的行为，依照法律应当受刑罚处罚的，都是犯罪，但是情节显著轻微危害不大的，不认为是犯罪。

（二）犯罪构成

犯罪构成是按照刑法的规定，决定某一具体行为的社会危害及其程度，而为该行为构成犯罪所需的一切主观要件和客观要件的总和。犯罪构成包括犯罪客体、犯罪的客观方面、犯罪主体和犯罪的主观方面。

1. 犯罪客体

犯罪客体是指我国刑法所保护的，为犯罪行为所危害的社会关系。犯罪客体是行为构成犯罪的必备要件之一。某种行为，如果没有或者不可能危害任何一种刑法所保护的社会关系，那就不可能构成犯罪。被犯罪所侵害的、受我国刑法所保护的社会关系包括：国家主权、领土完整，人民民主专政制度，社会公共安全，社会主义经济基础，公民的人身权利、民主权利和其他权利，社会主义的社会秩序，公私财产的合法权利，国家工作人员职务的廉洁性，国家机关的正常管理活动，国家国防利益等。

犯罪行为由于危害某一社会形态下人们的生命安全、财产安全、社会秩序，动摇和危害社会的基本形态和人们之间的基本关系，从而使该社会的社会关系受到危害。刑法作为惩处犯罪的最有力武器，通过处罚犯罪体现了对社会关系的保护。从犯罪客体入手，有助于划分犯罪的类型，建立刑法分则的科学体系；有助于确定犯罪的性质，分清此罪与彼罪的界限；有助于评估犯罪行为的社会危害程度，正确地裁量刑罚。

2. 犯罪的客观方面

犯罪的客观方面是指刑法规定的构成犯罪的客观外在表现。它包括危害行为、危害结果、刑法因果关系以及犯罪的时间、地点、方法等。

犯罪行为多种多样，但概括起来有两种：作为和不作为。作为是指犯罪人用积极的行动所实施的，为我国刑法所禁止的行为；不作为是指有实施某种行为义务的人，消极地不实施这种行为而造成严重后果的。不作为的特征在于行为是通过消极的形式表现出来的，但并非一切消极的不作为都属于犯罪。例如，甲到湖中游泳，见乙也在游泳。乙突然腿抽筋，向唯一在场的甲呼救。甲未予理睬，乙溺亡，甲不构成不作为犯罪。

不作为犯罪的成立条件包括：（1）有义务，行为人负有实施特定积极行为的具有法律性质的义务，不包括道德上的义务；（2）必须是针对特定人的义务；（3）有可能，行为人能够履行特定的义务；（4）有危害，行为人不履行特定义务，造成或可能造成危害社会的结果。

知识链接

不作为犯罪义务的来源

1. 法律上的义务。乐某长期吸毒，多次将2个不满3岁的女儿留在无人照看的家中。某天，乐某又将2个未成年孩子锁在主卧室内，仅给孩子们留了少量的面包等食物和一壶水后，就锁上大门离去。两月后，两个孩子的遗体被发现。乐某在负有抚养义务、具备抚养能力的情况下，不履行抚养义务，放任被害人死亡，构成故意杀人罪。

2. 职务或业务上的义务。如值班的医生、值勤的消防员等，其积极的作为是职务上、职责上的要求，是工作、岗位性质所决定的。

3. 法律行为引起的义务。如当事人有履行生效的法律文书的义务，如果当事人有能力履行而不履行生效的判决、裁定，就构成拒不执行判决、裁定罪。典型的不作为犯罪有常见的遗弃罪，拒不执行判决、裁定罪等。

4. 先前的行为产生的义务。甲与乙到水库游泳，甲为显示泳技，将不善游泳的乙拉到深水区教其游泳。乙忽然沉没，甲有点害怕，忙游上岸，乙溺亡。甲构成不作为犯罪。

刑法上的因果关系，指危害行为与危害结果之间存在的引起与被引起的客观联系。行为人只对自己的危害行为造成的危害结果承担刑事责任。当危害结果发生后，查明这一结果是由何人实施的行为所引起，对于解决刑事责任问题具有重要意义，因果关系是行为人承担刑事责任的客观基础。例如，甲将被害人衣服点燃，被害人跳河灭火而溺亡，甲的行为与被害人死亡具有因果关系；乙在被害人住宅放火，被害人为救婴儿冲入宅内被烧死，乙的行为与被害人死亡具有因果关系；丙在高速路将被害人推下车，被害人被后面车辆轧死，丙的行为与被害人死亡具有因果关系；丁毁坏被害人面容，被害人感觉无法见人而自杀，则丁的行为与被害人死亡不具有因果关系。

犯罪的时间、地点、方法是任何犯罪都必须具有的客观事实，多数情况下他们对是否构成犯罪没有影响。但是，在少数情况下，刑法将一定的时间、地点、方法规定为构成犯罪的必要条件，犯罪的时间、地点、方法往往反映犯罪行为本身社会危害程度的轻重大小，因而对正确量刑有重要意义。例如，“入户抢劫”在抢劫罪基本犯罪行为中增添了“入户”这个具体要件，从而确定了比基本抢劫罪更重的法定刑（处 10 年以上有期徒刑、无期徒刑或者死刑），“入户抢劫罪”属于典型的地点加重犯罪。

3. 犯罪主体

犯罪主体是指实施危害社会的行为，依法应当负刑事责任的自然人和单位。

自然人犯罪主体是指具有刑事责任能力，实施危害社会的行为，并依法应负刑事责任的自然人，是我国刑法中最基本的、具有普遍意义的犯罪主体。自然人的犯罪主体必须达到刑事责任年龄，具备刑事责任能力。

刑事责任年龄是指法律所规定的行为人对自己的行为负刑事责任所必须达到的年龄，我国《刑法》规定：（1）已满 16 周岁的人犯罪，应当负刑事责任。（2）已满 14 周岁不满 16 周岁的人，犯故意杀人、故意伤害致人重伤或者死亡、强奸、抢劫、贩卖毒品、放火、爆炸、投放危险物质罪的，应当负刑事责任。（3）已满 12 周岁不满 14 周岁的人，犯故意杀人、故意伤害罪，致人死亡或者以特别残忍手段致人重伤造成严重残疾，情节恶劣，经最高人民检察院核准追诉的，应当负刑事责任。（4）对依照前三款规定追究刑事责任的不满 18 周岁的人，应当从轻或者减轻处罚。（5）因不满 16 周岁不予刑事处罚的，责令其父母或者其他监护人加以管教；在必要的时候，依法进行专门矫治教育。

法条速递

第一条　本解释所称未成年人刑事案件，是指被告人实施被指控的犯罪时已满 14 周岁不满 18 周岁的案件。

第二条　刑法第十七条规定的“周岁”，按照公历的年、月、日计算，从周岁生日的第二天起算。

第三条　审理未成年人刑事案件，应当查明被告人实施被指控的犯罪时的年龄。裁判文书中应当写明被告人出生的年、月、日。

第四条　对于没有充分证据证明被告人实施被指控的犯罪时已经达到法定刑事责任年龄且确实无法查明的，应当推定其没有达到相应法定刑事责任年龄。

相关证据足以证明被告人实施被指控的犯罪时已经达到法定刑事责任年龄，但是无法准确查明被告人具体出生日期的，应当认定其达到相应法定刑事责任年龄。

——节选自《最高人民法院关于审理未成年人刑事案件具体应用法律若干问题的解释》(法释〔2006〕1 号)

刑事责任能力，是行为人对自己行为的性质意义及其后果的辨认能力和控制能力。辨认能力是行为人对自己的行为在刑法上的性质、意义和后果的分辨认识能力；控制能力是行为人按照自己的意志支配自己行为的能力。一般而言，行为人达到一定的年龄，其对社会的道义准则、法律规范、公民要求具有起码的常识，并且对自己的行为具有理解、决定和控制的能力，从而具有刑事责任能力。这种刑事责任能力是一切犯罪和承担刑事责任的条件，有刑事责任能力的行为人才能成为犯罪人，无刑事责任能力的人不能成为犯罪人。

我国刑法对下列特殊状态的人是否承担刑事责任作了特别规定：(1) 精神病人在不能辨认或者控制自己行为的时候造成危害结果，经法定程序鉴定确认的，不负刑事责任，但是应当责令他的家属或者监护人严加看管和医疗，在必要的时候，由政府强制医疗；(2) 间歇性的精神病人在精神正常的时候犯罪，应当负刑事责任；(3) 尚未完全丧失辨认或者控制自己行为能力的精神病人犯罪的，应当负刑事责任，但是可以从轻或者减轻处罚；(4) 醉酒的人犯罪，应当负刑事责任；(5) 又聋又哑的人或者盲人犯罪，可以从轻、减轻或者免除处罚。

单位实施了危害社会的犯罪行为，依法应负刑事责任。单位犯罪主体主要包括公司、企业事业单位、机关团体单位等。我国刑法规定，单位犯罪主体承担刑事责任的方式主要是“双罚制”，即单位犯罪的，对单位判处罚金，并对其直接负责的主管人员和其他直接责任人员判处刑罚。

4. 犯罪的主观方面

犯罪的主观方面是指犯罪主体对其实施的犯罪行为及其危害结果所持的心理态度，包括犯罪故意、犯罪过失、犯罪目的和意外事件等因素。

（1）犯罪故意。犯罪故意是指行为人明知自己的行为会发生危害社会的结果，并且希望或者放任这种结果发生的一种心理态度。例如，甲以非法占有财物为目的窃取军人的手提包后，发现该手提包中有一支手枪。甲没有非法占有枪支的犯罪故意，故不成立盗窃枪支罪，只构成普通盗窃罪。它包括两类：一是直接故意，即行为人明知自己的行为会发生危害社会的后果，并且希望这种结果发生的心理态度；二是间接故意，即行为人明知自己的行为很可能会发生危害社会的结果，并且放任这种结果发生的心理态度。

想一想

下列哪一行为构成故意犯罪？

A. 某人欲跳楼自杀，围观者大喊“怎么还不跳”，某人跳楼而亡

B. 司机急于回家，行驶时闯红灯，把马路上的行人撞死

C. 做客的朋友在家中吸毒，主人装作没看见

围观者与他人的死亡之间并不存在刑法因果关系。司机急于回家，行驶时闯红灯，把马路上的行人撞死，属于过失犯罪，构成交通肇事罪。吸毒行为发生的场合是在行为人自己家中，主人对场所具有支配管理地位，有阻止场所内危险发生的义务，其不履行该义务，构成不作为的故意犯罪。

（2）犯罪过失。犯罪过失是指行为人应当预见自己的行为可能发生危害社会的结果，因为疏忽大意而没有预见，或者已经预见而轻信能够避免发生这种结果的一种心理态度。犯罪过失也分为两种：一是疏忽大意的过失，即行为人应当预见自己的行为可能发生危害社会的结果，因为疏忽大意，而没有预见这种结果的心理态度；二是过于自信的过失，即行为人已经预见自己的行为可能发生危害社会的结果，但轻信能够避免以致发生这种结果的心理态度。

（3）犯罪目的。犯罪目的是指行为人希望通过实施犯罪行为达到某种结果的心理态度。犯罪目的只存在于直接故意犯罪当中，在某些犯罪中，特定的犯罪目的是构成犯罪的必要条件，如盗窃罪是以非法占有财物为目的。犯罪目的反映行为人主观恶性程度，不仅

影响定罪，还影响量刑。

（4）意外事件。我国刑法规定，虽然行为在客观上造成了损害结果，但是不是出于故意或者过失，而是由于不能抗拒或者不能预见的原因而引起的，不是犯罪，主要体现为意外事件。所谓不能抗拒，是指行为人遇到无法控制的外来力量，如洪水、地震等自然灾害；所谓不能预见的原因，是指行为人对可能造成的危害结果没有预见也不可能预见的各种原因。

（三）排除犯罪事由

在现实中，有些行为虽然在客观上造成一定的损害结果，表面上符合某些犯罪的客观要件，但无社会危害性，这种排除社会危害性的行为主要有正当防卫和紧急避险。

1. 正当防卫

我国《刑法》第二十条规定，为了使国家、公共利益、本人或者他人的人身、财产和其他权利免受正在进行的不法侵害，而采取的制止不法侵害的行为，对不法侵害人造成损害的，属于正当防卫，不负刑事责任。

想一想

2018 年 8 月，刘某龙醉酒驾驶宝马轿车，行至一路口时，向右强行闯入非机动车道，与正常骑自行车的于某某险些碰擦。同行人员刘某某先下车与于某某发生争执，经另一同行人员劝解返回车辆时，刘某龙突然下车，上前推搡、踢打于某某。虽经其他人劝架，刘某龙仍持续追打，后返回宝马轿车取出一把管制砍刀，连续用刀击打于某某颈部、腰部、腿部。击打中砍刀甩脱，于某某抢到砍刀，并在争夺中捅刺刘某龙腹部、臀部，砍击右胸、左肩、左肘，刺砍过程持续 7 秒。刘某龙受伤后跑向宝马轿车，于某某继续追砍 2 刀均未砍中，其中 1 刀砍中汽车（经勘查，汽车左后窗下沿有 7 厘米长刀痕）。刘某龙跑向宝马轿车东北侧，于某某返回宝马轿车，将车内刘某龙手机取出放入自己口袋。民警到达现场后，于某某将手机和砍刀主动交给出警民警（于某某称，拿走刘某龙手机是为了防止对方打电话召集人员报复）。刘某龙逃离后，倒在距宝马轿车东北侧 30 余米处的绿化带内，后经送医抢救无效于当日死亡。经法医鉴定并结合视频监控认定，在 7 秒时间内，刘某龙连续被刺砍 5 刀，其中，第 1 刀为左腹部刺戳伤，致腹部大静脉、肠管、肠系膜破裂；其余 4 刀依次造成左臀部、右胸部并右上臂、左肩部、左肘部共5处开放性创口及3处骨折，死因为失血性休克。在上述案例中，于某某是否构成正当防卫呢？

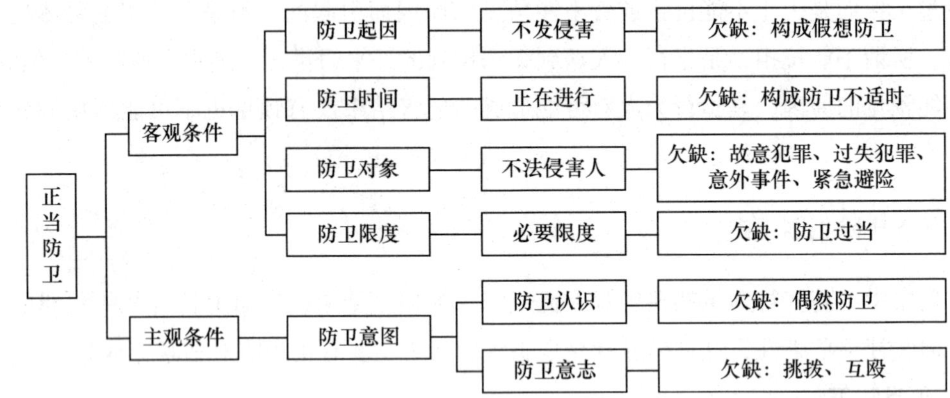

正当防卫是法律赋予公民的一项合法权利，但是，行使这项权利有严格的条件限制，主要包括5个条件，这5个条件只有同时具备才能成立正当防卫。

第一，存在现实的不法侵害，这是正当防卫的起因条件。正当防卫的起因是存在具有社会危害性和侵害紧迫性的不法侵害行为。在本案中，刘某龙交通违章在先，徒手攻击无过错方于某某，继而持刀连续击打，其行为已经严重危及于某某人身安全，其不法侵害应认定为“行凶”。

第二，不法侵害正在进行，这是正当防卫的时间条件。本案中，在同车人员与于某某争执基本平息的情况下，刘某龙醉酒滋事，先是下车对于某某拳打脚踢，后又返回车内取出砍刀，对于某某连续数次击打，不法侵害不断升级。刘某龙砍刀甩落在地后，又上前抢刀。刘某龙被致伤后，仍没有放弃侵害的迹象。于某某的人身安全一直处在刘某龙的暴力威胁之中。

不法侵害行为已经结束，包括侵害人被制服、自动停止侵害、逃离现场、已经造成损害后并且不可能造成更严重的损害后果。在不法侵害行为结束后进行防卫属事后防卫。在财产犯罪中，行为虽然已经结束，现场还来得及挽回损失的（因为财产还没有完全脱离控制），应当认为不法侵害尚未结束，可以实行正当防卫。

第三，具有防卫意图，这是正当防卫的主观条件。防卫人主观上必须出于正当防卫的目的，即为了国家、公共利益、本人或者他人的人身、财产或其他权利免受正在进行的不法侵害。如果不是出于上述目的，则是相互侵害的非法行为，若是为了保护非法利益而实施的防卫则不能成立正当防卫。本案中，于某某夺刀后，7秒内捅刺、砍中刘某龙的5刀，与追赶时甩击、砍击的两刀（未击中），尽管时间上有间隔、空间上有距离，但这是一个连续行为。另外，于某某停止追击，返回宝马轿车搜寻刘某龙手机的目的是防止对方纠集人员报复，保护自己的人身安全，符合正当防卫的意图。

第四，防卫行为针对的是不法侵害人，这是正当防卫的对象条件。正当防卫不能及于第三者，本案中于某某的防卫行为，仅仅针对不法侵害人刘某龙，符合正当防卫的对象条件。

第五，防卫没有明显超过必要的限度，没有造成重大伤害，是正当防卫的限度条件。如不符合限度条件，则可能构成防卫过当。正当防卫超过必要限度，造成重大伤害的，应当负刑事责任，但应当减轻或免除处罚。《刑法》第二十条第三款规定，对正在进行行凶、杀人、抢劫、强奸、绑架以及其他严重危及人身安全的暴力犯罪，采取防卫行为，造成不法侵害人伤亡的，不属于防卫过当，不负刑事责任。于某某的行为属于正当防卫，不负刑事责任，公安机关依法撤销于某某案件。

2. 紧急避险

我国《刑法》第二十一条规定，为了使国家、公共利益、本人或者他人的人身、财产和其他权利免受正在发生的危险，不得已采取的紧急避险行为，造成损害的，不负刑事责任。

与正当防卫一样，紧急避险也必须同时满足五个方面的条件：

第一，必须基于正当的避险意图，保护国家公共利益、本人或者他人的人身、财产和其他权利。

第二，必须是合法利益受到危险的威胁，没有危险的发生不能实施紧急避险。

第三，危险必须是正在发生的，既不是过去也不是未来的，更不是行为人主观推测或臆想的。

第四，必须是无其他方法可以排除危险，由于紧急避险是损害一种合法利益来保护另一种合法利益，因此，只有在不得已的情况下才能实施，在有其他方法能够避免危险时就不容许采取紧急避险，否则造成损害就应当负责任。

第五，紧急避险行为不能超过必要的限度，具体来讲，就是造成的伤害要比所避免的伤害小。

（四）故意犯罪形态

故意犯罪形态是指故意犯罪在其发生、发展和完成的过程中的各个阶段，因主客观原因而停止下来的各种犯罪形态。一般说来，一个完整的犯罪过程，要经由一个从犯意形成、犯罪预备、着手实行到完成犯罪的发展过程。

在实践中，经常会出现这样的情况：有的犯罪分子为了犯罪而准备了工具或制造了条件，却由于意志以外的原因而未能着手实行犯罪；有的犯罪分子着手实行犯罪以后，却由于本人意志以外的原因而未能使犯罪得逞；有的犯罪分子在犯罪过程中，出于各种原因而自动停止犯罪或者主动采取措施有效避免犯罪结果发生。这些不同的情况就使犯罪在不同的阶段停顿下来而呈现出不同的形态。这就是犯罪的既遂、预备、未遂和中止形态。

1. 犯罪既遂

犯罪既遂是犯罪的完成形态，即凡符合特定犯罪构成全部要件的，即为既遂，否则为犯罪未遂。是否成立犯罪既遂，取决于犯罪实行行为是否具备刑法分则规定的特定犯罪的全部犯罪构成要件，而不完全取决于是否发生了实际的犯罪结果或者是否达到了行为人预期的犯罪目的。只要犯罪行为完全具备犯罪构成要件，即便没有发生具体的犯罪结果或者没有实现行为人预期的犯罪目的，也构成犯罪既遂。例如，破坏交通工具罪以行为人破坏火车、汽车、电车、船只、航空器，足以使这些交通工具发生倾覆、毁坏的危险，为犯罪构成的基本要件。只要行为人实施了足以使这些交通工具发生倾覆、毁坏的现实危险的破坏行为，即便没有实际发生交通工具倾覆、毁坏的实际结果，仍然应当以破坏交通工具罪的既遂论处。

但是，如果刑法分则规定的特定犯罪的犯罪构成要件包括了特定的犯罪结果或犯罪目的，在此情况下，判断既遂未遂的时候，就应当考虑犯罪实行行为是否发生了法定的犯罪结果或实现了特定的犯罪目的。例如，故意杀人罪以被害人死亡为法定的犯罪结果，判断故意杀人行为是否既遂，除了考察故意杀人行为是否已经完成以外，还应当考虑被害人死亡这一法定危害结果是否发生。行为人虽然实施完毕杀人行为，但没有导致被害人死亡的结果发生的，则为未遂。

2. 犯罪预备

《刑法》第二十二条第一款规定，为了犯罪，准备工具、创造条件的，是犯罪预备。这是我国刑法对犯罪预备行为的主客观特征的描述。但犯罪预备作为故意犯罪的一种停止形态，不是指为了犯罪准备工具创造条件的行为，而是指行为人已经实施犯罪的预备行为，由于行为人意志以外的原因而未能着手实行犯罪的犯罪停止形态。

犯罪预备具有下列特征：

（1）行为人已经实施犯罪预备行为。即必须实施了我国刑法所规定的为了犯罪准备工具、创造条件的行为。包括准备犯罪工具、调查犯罪场所和被害人行踪、出发前往犯罪现场或者诱骗被害人赶赴犯罪现场、追踪被害人或者守候被害人到来、排除实施犯罪的障碍、拟订实施犯罪的计划以及其他犯罪预备行为等。犯罪预备行为又不同于犯意表示。所谓犯意表示是指具有犯罪意图的人通过一定的形式单纯地将自己的犯罪意图表露出来的外部活动。只有犯意表示，没有为实施犯罪准备工具、创造条件的，不能成立犯罪预备行为。

（2）犯罪预备行为必须在着手实行犯罪前停顿下来。所谓着手实行犯罪，是指开始实施特定犯罪构成要件中的客观方面的行为。犯罪预备作为一种停止形态只能出现在犯罪预备过程中，犯罪行为必须在犯罪预备过程中、着手实行犯罪以前停顿下来，才能构成犯罪预备。如果已经进入着手实行犯罪阶段而由于行为人意志以外的原因停止下来的，则成立犯罪未遂。

（3）犯罪预备行为停顿在犯罪预备阶段必须是由于行为人意志以外的原因。所谓行为人意志以外的原因，是指不受行为人意志控制的足以制止行为人犯罪意图、迫使其不得不停止犯罪预备行为、不再继续实行犯罪的各种主客观因素。犯罪预备行为由于行为人意志以外的原因而被迫停止，是犯罪预备形态区别于犯罪预备阶段的犯罪中止的基本特征。

3. 犯罪未遂

《刑法》第二十三条第一款规定，已经着手实行犯罪，由于犯罪分子意志以外的原因而未得逞的，是犯罪未遂。根据这一规定，犯罪未遂是指已经着手实行犯罪，由于行为人意志以外的原因而没有得逞所呈现的犯罪停止形态。犯罪未遂具有下列特征：

（1）已经着手实行犯罪。所谓已经着手实行犯罪，是指行为人已经开始实施刑法分则规定的某种具体犯罪行为。是否已经着手实行犯罪，是区分犯罪未遂和犯罪预备的基本标志。认定是否着手实施犯罪，必须结合个案的具体特点予以具体分析。例如，同样是故意杀人行为，有的可能采取投毒杀人的方法，有的可能采取持刀砍杀的方法，有的可能采取枪击的方法。在投毒杀人的情况下，行为人准备毒药的行为是犯罪预备行为，只有当行为人开始将毒药投入被害人可能服用的饮食或饮料中时，才能认定杀人行为已经着手进行。

（2）犯罪没有得逞。这是犯罪未遂的又一基本特征，也是区分犯罪未遂和犯罪既遂的重要标志。在结果犯中，法定危害结果的出现是犯罪既遂的基本标志，如果没有出现这种法定的危害结果（如故意杀人罪中的被害人死亡结果），则认为犯罪没有得逞。在危险犯中，法定的危险状态的形成是犯罪既遂的基本标志，如果犯罪行为还没有造成这样的危险状态出现（如破坏交通工具罪中交通工具发生倾覆、毁坏的危险），则认为犯罪没有得逞。在行为犯中，法定的犯罪行为的完成是犯罪既遂的基本标志，如果行为人尚未完成法定的犯罪行为（如脱逃罪中越狱逃跑并摆脱监管机关和监管人员的实际监控的行为），则认为犯罪没有得逞。因此，不能将犯罪没有得逞简单地等同于行为人没有达到犯罪目的或者没有发生实际危害结果。

（3）犯罪没有得逞是由于犯罪分子意志以外的原因。这是犯罪未遂的又一重要特征，是犯罪未遂区别于犯罪中止的基本标志。所谓“意志以外的原因”，从性质上讲，是指违背犯罪分子主观愿望和意图的主客观原因。出于犯罪分子本人的意愿而主动停止犯罪的，不能认为是犯罪未遂。根据司法实践，犯罪分子意志以外的原因包括以下三个方面的原因：

一是行为人以外的客观原因，如遭遇被害人的强烈反抗、遭遇第三人的制止、被害人的有效逃避、自然力的破坏、犯罪的时间、地点不适于犯罪、遇到难以克服的物质障碍等。

二是行为人自身的客观原因，如行为人的智能低下、犯罪技术拙劣、犯罪时突发疾病，使犯罪难以继续。

三是行为人主观认识错误，如对犯罪对象的认识错误、对犯罪工具的认识错误、对犯罪因果关系的认识错误、对犯罪时周围环境的认识错误等。

4. 犯罪中止

我国《刑法》第二十四条第一款规定，在犯罪过程中，自动放弃犯罪或者自动有效地防止犯罪结果发生的，是犯罪中止。根据这一规定，犯罪中止是指在犯罪过程中，行为人自动放弃犯罪或者自动有效地防止犯罪结果发生，因而未完成犯罪的一种犯罪停止形态。具有下列特征：

（1）必须是在犯罪预备或者犯罪实行过程中放弃犯罪。这是成立犯罪中止的前提条件。这一特征表明，在从开始实施犯罪预备行为到犯罪实行行为结束前的全部过程中，行为人都可以中止犯罪。但是，如果犯罪行为已经完成并达到既遂状态，则不能成立犯罪中止。

（2）必须是自动放弃犯罪。这是犯罪中止的实质性条件，也是犯罪中止区别于犯罪预备和犯罪未遂的基本特征。所谓自动放弃犯罪，是指行为人出于自己的意志，而放弃了自认为可以继续实施和完成的犯罪。

首先，认定自动放弃犯罪，必须要求行为人主观上认为当时有能力和条件继续实施并完成犯罪，并在此主观认识前提下自动放弃犯罪，不论客观上犯罪是否能够继续实施，均不影响对行为人自动放弃犯罪的认定。如果行为人在“即使我能，我亦不愿”的心态下停止犯罪，则为中止；如果行为人在“即使我愿，我亦不能”的心态下停止犯罪的，则为未遂。

例如，甲因父仇欲重伤乙，将乙推倒在地举刀便砍，乙慌忙抵挡喊着说：“是丙逼我把你父亲推下粪池的，不信去问丁。”甲信以为真，遂松开乙，乙趁机逃走，则甲成立故意伤害罪中止。甲在实施犯罪过程中虽然遇到意志以外的障碍，但该障碍并不足以将其行为停止下来，甲完全可以继续实施伤害行为，但甲松开了乙，这种行为应认定为甲出于自己内心的考虑放弃犯罪，故成立犯罪中止。

其次，认定行为人自动放弃犯罪，还必须要求确实是出于行为人本人的意志而自动放弃犯罪，而不是出于行为人意志以外的主客观原因而被迫停止犯罪。至于行为人出于自己的意志而放弃犯罪的动机是什么，则不影响犯罪中止的认定。

例如，故意杀人案件的犯罪中止，可以是行为人出于良心发现或恻隐之心而停止犯罪，也可以是因被害人的苦苦哀求而放弃杀人，甚至也可以是因害怕法律的严惩而中止犯罪。

最后，行为是否在客观上已经被他人所发现，与自愿中止的认定没有必然关系。关键点仍然在于行为人的主观判断。如果行为人认为其行为已经被人发现，或者相信行为必定被人发现，而在主观上认为必须停止犯罪的，或行为人受骗，主观上误认为已无犯罪的好处可得因而停止犯罪的，为未遂。

例如，行为人在行窃时突然听到脚步声走近，误认为事主返家，担心被抓而停止犯罪的；行为人抢劫时因被害人骗其口袋里没钱而信以为真，因而没有强行搜身的，均为未遂。

（3）必须是彻底放弃犯罪。所谓彻底放弃犯罪，是指行为人彻底打消了继续完成犯罪的念头，彻底放弃继续实施并完成犯罪行为。彻底放弃犯罪要求犯罪中止应当是彻底的、无条件的，而不是因条件、时机不成熟或者环境不利而暂时中断犯罪。犯罪中止不是苛求行为人保证从此以后再不犯任何罪行，而只是要求行为人彻底放弃预备实施或正在实施的特定犯罪行为。

（4）自动有效地防止犯罪结果发生。即行为人实施犯罪行为后，犯罪结果出现前，自动采取措施有效地避免犯罪结果发生，而使犯罪未完成。这种形态的犯罪中止，必须发生在犯罪行为实行完毕、犯罪结果出现以前，并且具有放弃犯罪的自动性和彻底性及防止犯罪结果发生的有效性。如果行为人虽然采取了各种挽救措施，但是未能有效防止法定犯罪结果发生的，如投毒杀人案件，行为人在实施完投毒行为，被害人已经中毒的情况下，采取积极的抢救措施。如果挽救了被害人的生命，即使受害人身体受损，仍成立犯罪中止；如果虽然采取了抢救措施，但被害人仍然不治而亡的，则构成故意杀人罪的犯罪既遂。

? 想一想

下列哪些选项不构成犯罪中止？

A. 甲收买1名儿童打算日后卖出。次日，看到拐卖儿童犯罪分子被判处死刑的新闻，偷偷将儿童送回家

B. 乙使用暴力绑架被害人后，被害人反复向乙求情，乙释放了被害人

C. 丙加入某恐怖组织并参与了一次恐怖活动，后经家人规劝退出该组织

D. 丁为国家工作人员，挪用公款3万元用于孩子学费，4个月后主动归还

根据《刑法》第二百四十条第二款规定，拐卖妇女、儿童的，只要行为人以出卖为目的，实施了拐骗、绑架、收买、贩卖、接送、中转妇女、儿童的行为之一的，就成立拐卖妇女、儿童罪的既遂。甲以出卖为目的收买儿童的行为，已经成立了拐卖儿童罪的既遂，他事后将儿童送回家的行为属于犯罪后的悔改表现，可以在量刑上有所体现，但不能成立犯罪中止。乙使用暴力将被害人绑架的行为，已经侵犯了被害人的人身自由权，该绑架行为已经完成，成立犯罪既遂。后经被害人反复求情将其释放的行为属于犯罪后的悔改表现，

可以在量刑上有所体现，但不能成立犯罪中止。丙加入了恐怖组织，且参与了一次恐怖活动，已经成立参加恐怖组织罪的既遂，其后的退出行为可以在量刑上有所体现，但不能成立犯罪中止。挪用公款罪的既遂标准之一，即为挪用公款数额较大，超过 3 个月未还，丁的行为已经构成了挪用公款罪的既遂，不能成立犯罪中止。

（五）共同犯罪

什么是共同犯罪？我国《刑法》第二十五条第一款规定，共同犯罪是指二人以上共同故意犯罪。共同犯罪简称共犯，它是单独犯罪的对称，但往往比单独犯罪具有更大的社会危害性。

1. 构成共同犯罪的条件

构成共同犯罪必须具备下列条件：

（1）共同犯罪的主体条件。共同犯罪主体必须两人以上，无论是两个以上的自然人或者单位，或者一方是自然人另一方是单位的，均可以构成共同犯罪。

（2）共同犯罪的客观条件。犯罪的客观方面必须具有共同的犯罪行为。共同犯罪行为是几个共同犯罪人的行为都指向同一目标，彼此联系，相互配合，结合成一个有机的犯罪活动整体，共同产生犯罪的结果。各共同犯罪人的行为与发生的犯罪结果都具有因果联系。共同犯罪行为既可以表现为共同的作为，也可以表现为共同的不作为，还可以表现为作为与不作为的结合。

（3）共同犯罪的主观条件。共同犯罪的成立主观上必须是两个以上的行为人具有共同犯罪故意。共同犯罪故意是指各行为人通过意思联络，明知自己是与他人配合共同实施犯罪，并且明知共同的犯罪行为会发生某种危害社会的结果，而希望或者放任这种危害结果发生的心理态度。

因此，二人以上共同过失犯罪不构成共同犯罪。二人共同实施危害社会的行为，一人是故意的，一人是过失的，也不构成共同犯罪，如看守所值班武警甲擅离职守，在押的犯罪嫌疑人乙趁机逃走，但刚跑到监狱外的树林即被抓回。甲主观上是过失，乙是故意，不成立共同犯罪。二人以上实施犯罪时，故意内容不同的不构成共同犯罪，譬如，一人是杀人的故意，一人是盗窃的故意，不成立共犯。二人以上同时或先后实施某种犯罪故意，主观上缺乏犯意联系的，不构成共同犯罪。超出共同犯罪故意范围的不构成共同犯罪，如乙为吴某入户盗窃望风，但吴某入户后实施抢劫行为，乙是盗窃罪的共犯，却不是抢劫罪的共犯。

2. 共同犯罪人

我国《刑法》根据各个共同犯罪人在犯罪中所处的地位和作用，把共同犯罪人分为主犯、从犯、胁从犯和教唆犯，并对这四种人规定了不同的刑事责任。

（1）主犯。凡组织、领导犯罪集团进行犯罪活动或者在共同犯罪中起主要作用的，是主犯。主犯主要包括两种：一是组织、领导犯罪集团进行犯罪活动的犯罪分子，即犯罪集团的首要分子；二是在共同犯罪中起主要作用的犯罪分子，包括犯罪集团的骨干分子、聚众犯罪中的首要分子和一般共同犯罪中起主要作用的犯罪分子。主犯是共同犯罪中危险性最大的犯罪分子，应对共同犯罪负主要责任。我国《刑法》规定，对组织、领导犯罪集团的首要分子，按照犯罪集团所犯的全部罪行处罚。对于其他主犯，应当按照其所参与的或者组织、指挥的全部罪行处罚。

知识链接

严惩利用未成年人实施黑恶势力犯罪

2020年4月，最高人民法院、最高人民检察院、公安部、司法部联合发布《关于依法严惩利用未成年人实施黑恶势力犯罪的意见》（以下简称《意见》）。《意见》中明确利用未成年人实施黑恶势力犯罪从重处罚。

《意见》明确“利用未成年人实施黑恶势力犯罪”的五种行为。五种行为包括：（1）胁迫、教唆未成年人参加黑社会性质组织、恶势力犯罪集团、恶势力，或者实施黑恶势力违法犯罪活动的；（2）拉拢、引诱、欺骗未成年人参加黑社会性质组织、恶势力犯罪集团、恶势力，或者实施黑恶势力违法犯罪活动的；（3）招募、吸收、介绍未成年人参加黑社会性质组织、恶势力犯罪集团、恶势力，或者实施黑恶势力违法犯罪活动的；（4）雇佣未成年人实施黑恶势力违法犯罪活动的；（5）其他利用未成年人实施黑恶势力犯罪的情形。

《意见》明确利用未成年人实施黑恶势力犯罪应当从重处罚的九种情形，包括：（1）组织、指挥未成年人实施故意杀人、故意伤害致人重伤或者死亡、强奸、绑架、抢劫等严重暴力犯罪的；（2）向未成年人传授实施黑恶势力犯罪的方法、技能、经验的；（3）利用未达到刑事责任年龄的未成年人实施黑恶势力犯罪的；（4）为逃避法律追究，让未成年人自首、做虚假供述顶罪的；（5）利用留守儿童、在校学生实施犯罪的；（6）利用多人或者多次利用未成年人实施犯罪的；（7）针对未成年人实施违法犯罪的；（8）对未成年人负有监护、教育、照料等特殊职责的人员利用未成年人实施黑恶势力违法犯罪活动的；（9）其他利用未成年人违法犯罪应当从重处罚的情形。

《意见》明确对利用未成年人实施犯罪的黑恶势力首要分子、骨干成员、纠集者、主犯和直接利用者五类人员从重处罚。《意见》规定，黑社会性质组织、恶势力犯罪集团利用未成年人实施犯罪，对犯罪集团首要分子，按照集团所犯的全部罪行，从重处罚。对犯罪集团的骨干成员，按照其组织、指挥的犯罪，从重处罚。恶势力利用未成年人实施犯罪的，对起组织、策划、指挥作用的纠集者，恶势力共同犯罪中罪责严重的主犯，从重处罚。黑社会性质组织、恶势力犯罪集团、恶势力成员直接利用未成年人实施黑恶势力犯罪的，从重处罚。

此外，《意见》还进一步要求，利用未成年人参加黑恶势力，或者实施黑恶势力犯罪，虽然未成年人并没有加入黑恶势力，或者没有实际参与、实施黑恶势力违法犯罪活动，对黑恶势力的首要分子、骨干成员、纠集者、主犯和直接利用的成员，即便有自首、立功、坦白等从轻减轻情节的，一般也不予从轻或者减轻处罚。

（2）从犯。在共同犯罪中起次要作用或者辅助作用的，是从犯。从犯也包括两种：一是在共同犯罪中起次要作用的犯罪分子；二是在共同犯罪中起辅助作用的犯罪分子。由于从犯具有较小的社会危害性，我国《刑法》规定，对于从犯，应当从轻、减轻处罚或者免除处罚。

（3）胁从犯。被胁迫参加犯罪的人是胁从犯。胁从犯在他人威胁下不完全自愿的参加共同犯罪，并在共同犯罪中起着较小的作用，因此，我国《刑法》规定，对于被迫参加犯罪的，应当按照他的犯罪情节减轻或者免除处罚。

（4）教唆犯。教唆他人犯罪的人是教唆犯。构成教唆犯必须具备两个条件：一是行为人在主观上必须有教唆的故意。即教唆者明知自己的教唆行为会使他人产生犯罪意图，进而实施犯罪造成一定的危害结果，并希望或放任这种结果的发生。二是行为人在客观上必须有教唆行为。教唆的方式多种多样，如口头挑唆、行为示范、劝诱、怂恿、命令、强迫甚至收买。教唆的内容一般较具体，且教唆行为与被教唆人实施的犯罪行为间有因果关系。对于教唆犯的刑事责任，我国《刑法》规定，教唆他人犯罪的，应当按照他在共同犯罪中所起的作用处罚。教唆不满 18 周岁的人犯罪的，应当从重处罚。如果被教唆的人没有犯被教唆的罪，对于教唆犯可以从轻或者减轻处罚。

二、触犯刑法的后果——刑罚

刑罚是国家惩罚犯罪的最严厉的一种强制手段，它不仅可以剥夺被强制者的财产，而且可以剥夺其政治权利、人身自由，甚至剥夺生命。刑罚只适用于犯罪分子，只有人民法院才有权依法判处。

（一）刑罚的体系

1. 管制

管制是指对犯罪人不予关押，但限制其一定自由，由公安机关执行的刑罚方法。管制是我国特有的一种轻刑，只要刑法分则条文的法定刑中规定有管制的，人民法院根据案件的具体情况，认为属于犯罪尚不够判处有期徒刑或者其他主刑，以不予关押为宜的犯罪分子，都可以判处管制，限制其一定的人身自由。

对判处管制的犯罪分子不予关押，但会限制犯罪人的一定自由，这是管制区别于免予刑罚处罚之关键。根据《刑法》第三十九条规定，限制自由的内容包括：（1）遵守法律、行政法规，服从监督；（2）未经执行机关批准，不得行使言论、出版、集会、结社、游行、示威自由的权利；（3）按照执行机关规定报告自己的活动情况；（4）遵守执行机关关于会客的规定；（5）离开所居住的市、县或者迁居，应当报经执行机关批准。但是，对犯罪人的劳动报酬不得进行限制，即对于被判处管制的犯罪分子，在劳动中应当同工同酬。

2. 拘役

拘役是短期剥夺犯罪人自由，就近关押并实行教育劳动改造的刑罚方法。拘役主要适用于那些罪行较轻，但又必须短期剥夺其人身自由进行劳动改造的犯罪人。拘役对犯罪人人身自由予以短期剥夺，实行关押，并对有劳动能力的实行强制劳动改造，故其属于短期自由刑。在执行期间，被判处拘役的犯罪分子每月可以回家1~2天；参加劳动的，可以酌量发给报酬。

3. 有期徒刑

有期徒刑是指剥夺犯罪人一定期限的人身自由，并强制进行劳动和教育改造的刑罚方法。有期徒刑属于有期自由刑，刑罚幅度变化大，它是我国适用最广泛的刑罚方法，从较轻犯罪到较重犯罪，都可以由有期徒刑给予较合适的惩罚。我国《刑法》第四十六条规定，被判处有期徒刑的犯罪分子，凡有劳动能力的，都应当参加劳动，接受教育和改造。此处劳动改造是强制性的，除丧失劳动能力的以外，都必须参加劳动。从这一意义上讲，我国刑法中的有期徒刑不同于某些西方国家刑法中单纯剥夺犯罪人人身自由的监禁刑。

4. 无期徒刑

无期徒刑是剥夺犯罪人终身自由，实行强迫劳动和教育改造的刑罚方法。无期徒刑没有刑期限制，需要剥夺犯罪分子终身人身自由，因而它是自由刑中最为严厉的刑罚方法。作为一种严厉性仅次于死刑的刑罚，无期徒刑只适用于严重的犯罪。无期徒刑不可能孤立地适用，被判处无期徒刑的犯罪分子，应当附加剥夺政治权利终身。

5. 死刑

死刑是剥夺犯罪人生命的刑罚方法。它是一种最古老的刑罚，是人类阶级社会刑罚史上最重要的刑种。由于死刑的内容是剥夺犯罪人的生命，故又被称为生命刑；由于死刑是刑罚体系中最严厉的刑罚方法，故被称为极刑。《刑法》第四十八条规定，死刑只适用于罪行极其严重的犯罪分子。这实际上是规定了严格的死刑适用条件。另外《刑法》第四十九条规定，犯罪的时候不满 18 周岁的人和审判的时候怀孕的妇女，不适用死刑；审判的时候已满 75 周岁的人，不适用死刑，但以特别残忍手段致人死亡的除外。这为死刑的适用对象作出了限制。所谓不适用死刑，是指不能判处死刑，而不能理解为可以判处死刑，但暂时不执行，待犯罪分子年满 18 周岁或怀孕妇女分娩后再执行死刑。“不适用死刑”既包括不能判处死刑立即执行，也包括不能判处死刑缓期 2 年执行。所谓“审判的时候怀孕的妇女”，是指在人民法院审判的时候，被告人是怀孕的妇女。对于怀孕的妇女，无论是羁押期间还是受审期间，都不应当为了要判处死刑而给其进行人工流产。死刑除依法由最高人民法院判决的以外，都应当报请最高人民法院核准，这是对死刑的程序作出了限制。

《刑法》第四十八条规定，对于应当判处死刑的犯罪分子，如果不是必须立即执行的，可以判处死刑同时宣告缓期 2 年执行。这就是我国刑法中的死刑缓期执行制度。死缓制度对于应当判处死刑的犯罪人，又在是否实际执行的环节上留了一线生机，只要不是必须立即执行的，均可适用死刑缓期执行的规定。根据司法实践，适用死缓的对象通常是指犯罪后自首、立功或有其他法定从轻情节的；在共同犯罪中罪行不是最严重的；因被害人的过错导致被告人激愤犯罪或者有其他表明容易改造的情节的；有令人怜悯的情节的；有其他应当留有余地的情况。由于死缓不是独立刑种，只是死刑的一种执行方法，故判处死缓会出现不同结局：其一，在死刑缓期执行期间，没有故意犯罪的，2 年期满以后，减为无期徒刑；其二，在死刑缓期执行期间，有重大立功表现的，2 年期满以后，减为 15 年以上 20 年以下有期徒刑；其三，在死刑缓期执行期间，故意犯罪的，由最高人民法院核准，执行死刑。

6. 罚金

罚金是指人民法院判处犯罪分子向国家缴纳一定数额金钱的一种刑罚，罚金主要适用于财产类犯罪。

7. 剥夺政治权利

剥夺政治权利是指剥夺犯罪分子参加国家管理和政治活动的权利的一种刑罚。

8. 没收财产

没收财产是指人民法院判处将犯罪分子个人所有财产的一部分或全部强制无偿地收归国有的一种刑罚。在判处没收财产的时候不得没收属于犯罪分子家属所有和应有的财产，没收全部财产的，应当对犯罪分子个人及其扶养的家属保留必要的生活费用。

我国刑罚执行主体分工明确。享有行刑权的司法机关依法将生效的刑事裁判对犯罪分子确定的刑罚付诸实施，公安机关负责管制、拘役、1 年以下有期徒刑、剥夺政治权利、缓刑的执行；人民法院负责罚金、没收财产、死刑立即执行的执行；监狱负责有期徒刑、无期徒刑、死刑缓期的执行。

（二）刑罚的裁量

刑罚的裁量即量刑。量刑是指人民法院依据刑事法律，对于构成犯罪的行为人，确定是否判处刑罚，判处何种刑罚以及是否适用某种刑罚的刑事司法活动。对犯罪分子决定刑罚，应当根据犯罪事实、性质、情节和对社会的危害程度，依照刑法的有关规定予以判处。具体的量刑制度包括累犯、自首和立功、数罪并罚、缓刑等。

1. 累犯

累犯是指因犯罪而受过一定的刑罚处罚，在刑罚执行完毕或者赦免以后，在法定期限内又犯一定之罪的情况。对于累犯，应当从重处罚，但过失犯罪除外。

2. 自首和立功

自首是指犯罪分子犯罪以后自动投案，如实供述自己的罪行的行为，或者被采取强制措施的犯罪嫌疑人、被告人和正在服刑的犯罪分子，如实供述司法机关还未掌握的本人其他罪行的行为。对于自首的犯罪分子，可以从轻或者减轻处罚，其中犯罪较轻的可以免除处罚。立功是指犯罪分子揭发他人的犯罪行为，查证属实或者提供重要线索从而得以侦破其他案件等行为。立功分为一般立功和重大立功，有一般立功表现，可以从轻或减轻处罚；有重大立功表现的，可以减轻或免除处罚。

? 想一想

下列哪些选项不构成协助司法机关抓捕其他犯罪嫌疑人的立功行为？

A. 甲是唯一知晓同案犯裴某手机号的人，其主动供述裴某手机号，侦查机关据此采用技术侦查手段将裴某抓获

B. 乙因购买境外人士赵某的海洛因被抓获后，按司法机关要求向赵某发短信“报平安”，并表示还要购买毒品，约赵某见面交易，赵某因此未离境，等待乙时被抓获

C. 丙被抓获后，通过律师转告其父想办法协助司法机关抓捕同案犯，丙父最终找到同案犯藏匿地点，协助侦查机关将其抓获

D. 丁被抓获后，向侦查机关提供同案犯的体貌特征，同案犯由此被抓获

我国法律规定，犯罪分子具有下列行为之一，使司法机关抓获其他犯罪嫌疑人的，属于“协助司法机关抓捕其他犯罪嫌疑人”：（1）按照司法机关的安排，以打电话、发信息等方式将其他犯罪嫌疑人（包括同案犯）约至指定地点的；（2）按照司法机关的安排，当场指认、辨认其他犯罪嫌疑人（包括同案犯）的；（3）带领侦查人员抓获其他犯罪嫌疑人（包括同案犯）的；（4）提供司法机关尚未掌握的其他案件犯罪嫌疑人的联络方式、藏匿地址的（不包括同案犯），等等。

犯罪分子亲友为使犯罪分子“立功”，向司法机关提供他人犯罪线索、协助抓捕犯罪嫌疑人的，不能认定为犯罪分子有立功表现。犯罪分子提供同案犯姓名、住址、体貌特征等基本情况，或者提供犯罪前、犯罪中掌握、使用的同案犯联络方式、藏匿地址，司法机关据此抓捕同案犯的，不能认定为协助司法机关抓捕同案犯。因此，仅有乙符合上述条件，甲、丙、丁均不能认定为“协助司法机关抓捕其他犯罪嫌疑人”。

3. 数罪并罚

数罪并罚是指人民法院对于一人犯数罪，分别定罪量刑，并根据法定原则和方法，决定应当执行的刑罚。

4. 缓刑

缓刑是指人民法院对于判处拘役、3 年以下有期徒刑的犯罪分子，根据其犯罪情节及悔罪表现，认为暂缓执行原判处刑罚，确实不致再危害社会的，规定一定的考验期，暂缓其刑罚的执行，在考验期内，如果符合法定条件，原判刑罚就不再执行的一种制度。

（三）刑罚执行奖励制度

减刑和假释是我国法定的刑罚执行过程中对积极改造罪犯的奖励性措施。

1. 减刑

减刑是指判处管制、拘役、有期徒刑、无期徒刑的犯罪分子，在刑罚期间，如果确有悔改或立功表现，可以减轻其原判刑罚的制度。它是刑罚执行的一种奖励措施。

2. 假释

假释是指被判处有期徒刑或无期徒刑的犯罪分子，在执行一定刑罚后，因其确有悔改表现，不致再危害社会，而附条件地将其提前释放的一种刑罚执行制度。适用假释必须具备下列条件：第一，必须是被判处有期徒刑或者无期徒刑的犯罪分子，但是累犯以及因故意杀人、抢劫、强奸、绑架、爆炸等暴力性犯罪被判处 10 年以上有期徒刑、无期徒刑的犯罪分子不得假释；第二，必须是认真遵守监规，接受教育改造，确有悔改表现，假释后不致再危害社会的犯罪分子；第三，必须是已经执行了一定的期限刑罚的犯罪分子，被判处有期徒刑的执行原判刑罚 1/2 以上，被判处无期徒刑的实际执行刑罚 13 年以上才可以适用假释。

（四）刑罚消灭

刑罚消灭是指由于法定的或事实的原因，致使代表国家的司法机关不能对犯罪分子行使具体的刑罚权。只有当行为人的行为构成犯罪，才存在刑罚消灭的问题。刑罚消灭必须基于一定的事由，主要有：超过追诉时效的；经特赦令免除刑罚的；告诉才处理的犯罪没有告诉或者撤回告诉的；犯罪嫌疑人、被告人死亡的；刑罚执行完毕、缓刑考验期满、假释考验期满；其他法定事由。

追诉时效是指刑法规定的追究犯罪分子的刑事责任的有效期限，在这个期限内，司法机关有权追究犯罪分子的刑事责任，超过了这个期限，司法机关就不能再追究其刑事责任。一般来讲，犯罪经过下列期限不再追诉：（1）法定最高刑为不满 5 年有期徒刑的，经过 5 年；（2）法定最高刑为 5 年以上不满 10 年有期徒刑的，经过 10 年；（3）法定最高刑为 10 年以上有期徒刑的，经过 15 年；（4）法定最高刑为无期徒刑、死刑的，经过 20 年。如果 20 年以后认为必须追诉的，须报请最高人民检察院核准。

当然，在人民检察院、公安机关、国家安全机关立案侦查或者在人民法院受理案件以后，逃避侦查或者审判的，不受追诉期限的限制。被害人在追诉期限内提出控告，人民法院、人民检察院、公安机关应当立案而不予立案的，不受追诉期限的限制。

另外，追诉期限从犯罪之日起计算，犯罪行为有连续或者继续状态的，从犯罪行为终了之日起计算。在追诉期限以内又犯罪的，前罪追诉的期限从犯后罪之日起计算。

第三节　常见的具体犯罪种类

我国刑法分则按犯罪客体不同，分为十大类：危害国家安全罪，危害公共安全罪，破坏社会主义经济秩序罪，侵犯公民人身权利、民主权利罪，侵犯财产罪，妨害社会管理秩序罪，危害国防利益罪，贪污贿赂罪，渎职罪，军人违反职责罪。

一、危害国家安全罪

危害国家安全罪是指故意危害国家主权、危害领土完整和安全、分裂国家、颠覆人民民主专政的政权和推翻社会主义制度的行为。危害中华人民共和国国家安全的犯罪行为，是我国刑法中规定的危害性最大的一类犯罪，因此，刑法分则第一章就对危害国家安全罪进行了规定。构成危害国家安全罪，必须具备以下特征：

（1）这类犯罪所危害的是中华人民共和国国家的安全。国家安全包括国家的主权以及现行的政治制度、社会制度和领土完整。就具体内容而言，国家安全是指国家的独立、主权和领土完整不受侵犯，国家的政治制度和社会制度不受颠覆，国家的统一和民族团结不受破坏，国家的经济发展、科学进步、文化繁荣不受侵害，对外政治、经济、科技、文化等平等互利的交往和交流不受干涉和阻碍，国家秘密不被窃取，国家机构不被渗透，国家工作人员不被策反等。

（2）这类犯罪客观上必须是实施了危害中华人民共和国的行为，阴谋推翻人民民主政权和社会主义制度的行为，是侵害国家和人民根本利益、危害国家安全的严重犯罪行为。

（3）这类犯罪主体是危害国家安全的中国公民、外国籍人及无国籍人，也可以是境内外机构、组织或个人，其中背叛国家罪、投敌叛变罪、叛逃罪等的犯罪主体只能是中国公民。

（4）这类犯罪的主观方面是故意。即明知自己的行为会危害国家安全，并且希望或放任这种结果发生，出于何种动机，不影响本罪的构成。

危害国家安全罪，主要有背叛国家罪，分裂国家罪，为境外窃取、刺探、收买、非法提供国家秘密、情报罪，间谍罪等。

二、危害公共安全罪

危害公共安全罪是指故意或者过失地实施危害多数人的生命健康和重大公私财产安全的行为。构成危害公共安全罪必须具备以下特征：

（1）危害公共安全罪侵犯的是社会的公共安全，即不特定多数人的生命、健康和重大公私财产的安全。

（2）客观上实施了危害公共安全的行为。所谓危害公共安全的行为，既包括已经造成实际的危害后果的，也包括虽未造成实际的危害后果，却足以危害不特定多数人的生命健康和重大公私财产安全的，如放火、决水、爆炸犯罪等。

（3）危害公共安全罪的主体，多数是一般主体，即不要求以特殊身份作为要件主体。

（4）危害公共安全罪，既有故意也有过失犯罪，如放火罪是故意犯罪，而失火罪是过失犯罪。

想一想

下列危害公共安全罪的行为分别构成何罪？

A. 甲持有大量毒害性物质，乙持有大量放射性物质，甲用部分毒害性物质与乙交换了部分放射性物质

B. 吸毒者张三用毒害性物质与贩毒者李四交换毒品

C. 依法配备公务用枪的小王，将枪赠与他人

D. S父去世前告诉S“咱家院墙内埋着5支枪”，S回答“知道了”，但此后S什么也没做

对于非法买卖危险物质罪中的“买卖”，不仅包括获取金钱，也包括获取其他物质性利益。甲和乙相互交换危险物质，这一交换行为使甲、乙均获得了物质性利益，均构成非法买卖危险物质罪。

贩卖毒品，是指明知是毒品而非法销售或者以贩卖为目的非法收买毒品的行为。在这里，出卖人交付毒品既可能是获取金钱，也可能是获取其他物质利益。李四向张三提供毒品以换取毒害性物质，张三向李四提供毒害性物质以换取毒品，张三与李四的行为属于非法买卖危险物质，构成非法买卖危险物质罪。另外，因为李四具有贩卖毒品的故意与客观行为，所以李四又构成贩卖毒品罪，择一重罪处罚。

根据《刑法》第一百二十八条规定，依法配备公务用枪的人员，非法出租、出借枪支的，依照规定处罚。据此可知，依法配备公务用枪的小王将枪支赠与他人，可以将赠与枪支行为视同为出借枪支，因此小王成立非法出借枪支罪。《最高人民法院关于审理非法制造、买卖、运输枪支、弹药、爆炸物等刑事案件具体应用法律若干问题的解释》第八条规定，以及《刑法》第一百二十八条第一款规定的“非法持有”是指不符合配备、配置枪支、弹药条件的人员，违反枪支管理法律、法规的规定，擅自持有枪支、弹药的行为。S在其父告知其院墙内埋有枪支时具有上缴的义务，S因不具备持有枪支的资格而非法持有5支枪，构成非法持有枪支罪。

随着现代交通越发发达，交通安全犯罪的发生率日益增多。根据我国《刑法》和《道路交通安全法》规定，危害公共安全的道路交通犯罪行为有3个，分别是交通肇事罪、危险驾驶罪和以危险方法危害公共安全罪。

根据《刑法》规定，违反交通运输管理法规，因而发生重大事故，致人重伤、死亡或者使公私财产遭受重大损失的，构成交通肇事罪。该罪的特点有：一是犯罪主体为一般主体，不仅包括驾驶人，还包括乘客、行人等所有交通参与者。二是法律设定了三个量刑幅度对逃逸行为加重处罚，一般交通肇事罪处3年以下有期徒刑或者拘役；交通肇事后逃逸或者有其他特别恶劣情节的，处3年以上7年以下有期徒刑；因逃逸致人死亡的，处7年以上有期徒刑。

根据《刑法》规定，在道路上驾驶机动车追逐竞驶，情节恶劣的；或者在道路上醉酒驾驶机动车的；从事校车业务或者旅客运输，严重超过额定乘员载客，或者严重超过规定时速行驶的；违反危险化学品安全管理规定运输危险化学品，危及公共安全的，构成危险驾驶罪。该罪的特点有：一是犯罪客观方面包括两种行为，在道路上驾驶机动车追逐竞驶

情节恶劣的，以及在道路上醉酒驾驶机动车的；二是法定最高刑为拘役，是我国《刑法》唯一一个法定最高刑为拘役的罪名。

拓展阅读

危险驾驶罪共同犯罪

2019年某日凌晨，王某酒后驾驶一辆小客车，途中又将此车交由无机动车驾驶证且醉酒后乘坐该车的程某驾驶，程某驾驶该车与路边停放的一辆小客车相撞，导致两车损毁严重。事故发生后，执勤民警立即赶赴现场，对现场进行勘察。经调查，发现程某有酒后驾车的嫌疑，于是对涉嫌酒后驾驶的程某发进行酒精呼气测试，其结果为每百毫升116毫克，达到醉酒标准，涉嫌危险驾驶罪。经询问，得知其驾驶小客车车辆所有人王某在明知程某醉酒情况下，将机动车辆交由程某驾驶，两人的行为已触犯《刑法》第一百三十三条之一之规定，涉嫌危险驾驶罪。在法律规定中，以下情形可以认定为危险驾驶罪共同犯罪：一是在饮酒过程中，行为人明知驾驶人必须驾车出行，仍极力劝酒或胁迫、刺激其饮酒，且饮酒后不给其找代驾的行为；二是行为人明知驾驶人饮酒，教唆、胁迫或命令驾驶人驾驶机动车的行为；三是车辆所有人明知借车人已经醉酒且要求驾驶机动车时，仍将车辆出借给借用人的行为。

根据《刑法》第一百一十四条、第一百一十五条规定的危险方法危害公共安全罪，是指故意以放火、决水、爆炸以及投放危险物质或者以其他危险方法，足以危害公共安全的犯罪行为。在道路交通领域，醉酒驾车造成特别重大伤亡的，客观上具有与放火、决水等行为相当的危险性、破坏性，故认定为以危险方法危害公共安全罪。

《最高人民法院关于依法妥善审理高空抛物、坠物案件的意见》（最高人民法院法〔2019〕25号），明确要求将高空抛物按照《刑法》以危险方法危害公共安全罪、过失以危险方法危害公共安全罪、过失致人死亡、重伤罪，以及故意杀人罪、故意伤害罪、重大责任事故罪等规定依法审理。

拓展阅读

为泄私愤高空抛酒瓶、菜刀，没伤人也判3年！

2018年，杨某因退还租房押金问题，与房东王某产生纠纷。随后，杨某为泄私愤，站在出租屋4楼阳台处，不顾他人安危，将啤酒瓶、床板、菜刀等物品扔至楼下马路，导致群众围观并阻断交通。民警到场劝解后，被告人杨某继续往楼下扔床垫、餐具等物品，并与民警对峙。直至当晚11时许，民警破门进入将杨某抓获。杨某为发泄私愤将菜刀、啤酒瓶等具有杀伤力的物品从4楼扔下，是以暴力危险方法危害公共安全，尚未造成严重后果，其行为涉嫌以危险方法危害公共安全罪。法院经审理，以危险方法危害公共安全罪判处被告人杨某有期徒刑三年。

近年来，有关高空抛物伤人、甚至致死的案件屡见报端。当行为人把手中的物件从高处往下抛时，一旦威胁到社会公共安全，即使没有造成人员伤亡也可能面临刑事处罚，切莫一时冲动害人害己。

三、破坏社会主义经济秩序罪

破坏社会主义经济秩序罪，是指违反国家市场经济秩序管理法规，干扰国家对市场经济的管理活动，破坏社会主义市场经济秩序，使社会经济遭受严重损害的行为。构成本罪的特征表现为：

（1）本类犯罪侵害的是国家正常的经济管理活动和社会主义市场经济秩序，这是此罪区别于其他罪的本质特征。所谓经济管理活动包括国家在财政、金融、外贸、工业、农业、林业等各个方面的管理活动。国家对这些方面的管理，一般都有相应的法规，违反了这些法规，就是损害了这些法规所调整的社会关系和社会秩序，破坏了社会主义市场经济秩序。

（2）在犯罪客观方面，表现为实施了违反经济管理法规，破坏国家经济管理活动的行为，但并非所有违反经济管理法规的行为都构成犯罪，只有当这种行为达到一定程度时才构成犯罪。

（3）在此类犯罪中，犯罪主体有的为一般主体，有的只能是特殊主体，例如，偷税、抗税罪的主体，只能是具有纳税义务的人员。

（4）在犯罪主观方面，绝大多数为故意，且一般以营利为目的，过失犯罪只占极少数，如签订、履行合同失职被骗罪。

想一想

下列行为是否构成破坏社会主义市场经济秩序罪，若构成，构成何罪？

A. 采用运输方式将大量假币运到国外的

B. 以暴力、胁迫手段强迫他人借贷，情节严重的

C. 未经批准，擅自发行、销售彩票的

D. 为项目筹集资金，向亲戚宣称有高息理财产品，以委托理财方式吸收10名亲戚300万元资金的

根据《刑法》第一百五十一条规定，走私伪造的货币，成立走私假币罪。行为人采用运输方式将大量假币运到国外，违反海关法律、法规，逃避海关监督管理，这种非法运输、携带、邮寄假币进出境的行为应当以走私假币罪定罪量刑。

《最高人民检察院关于强迫借贷行为适用法律问题的批复》规定，以暴力、胁迫手段强迫他人借贷，属于刑法第二百二十六第二项规定的“强迫他人提供或者接受服务”，情节严重的，以强迫交易罪追究刑事责任；同时构成故意伤害罪等其他犯罪的，依照处罚较重的规定定罪处罚。以非法占有为目的，以借贷为名采用暴力、胁迫手段获取他人财物，符合刑法第二百六十三条或者第二百七十四条规定的，以抢劫罪或者敲诈勒索罪追究刑事责任。

《最高人民法院、最高人民检察院关于办理赌博刑事案件具体应用法律若干问题的解释》规定，未经国家批准擅自发行、销售彩票，构成犯罪的，依照刑法第二百二十五条的规定，以非法经营罪定罪处罚。

《最高人民法院关于审理非法集资刑事案件具体应用法律若干问题的解释》第一条规定，未向社会公开宣传，在亲友或者单位内部针对特定对象吸收资金的，不属于非法吸收或者变相吸收公众存款。据此可知，向亲戚吸收资金的，因为对象是特定的，不认为是针对不特定公众，因此不构成非法吸收公众存款罪。

四、侵犯公民人身权利、民主权利罪

侵犯公民人身权利、民主权利罪是指故意或者过失地侵犯公民人身和其他与人身直接

有关的权利，以及非法剥夺或者妨碍公民自由行使依法享有的管理国家事务和参加政治活动权利的行为。本类犯罪具有如下特征：

（1）犯罪侵犯的客体是公民的人身权利、民主权利和其他权利。公民的人身权利，是指我国法律所保护的与公民人身不可分离的权利，它包括公民的生命权、健康权、自由权、人格权和名誉权等。公民的民主权利，是指公民所享有的管理国家和参加正常的社会活动的权利，主要包括选举权和被选举权、控告权、申诉权、批评权、检举权等。其他权利是指与公民人身有关的权利，包括婚姻家庭方面的有关权利，如婚姻自由权、家庭婚姻关系不受侵犯的权利。

（2）犯罪在客观方面表现为各种非法侵犯人身权利、其他与人身直接有关的权利以及民主权利的行为。在方式上，“侵犯”包括剥夺、限制、损害、破坏、阻碍等行为；在表现形式上，多数犯罪只能是作为，如强奸罪，强制猥亵、侮辱妇女罪，绑架罪，拐卖妇女、儿童罪，侮辱罪，破坏选举罪等。少数几种犯罪，既可表现为作为，也可表现为不作为，如故意杀人罪、故意伤害罪、非法拘禁罪等。

拓展阅读

依法严惩“套路贷”

张某纠集李某、任某、陈某、郜某、王某等11人，设立组建“财富公司”，在江苏省某市区进行非法放贷活动，还以喷油漆、扔油瓶、半夜上门滋扰等“软暴力”手段非法讨要债务。在放贷过程中，该组织成员引诱、纠集褚某、朱某、姚某、王某、顾某等在校学生，利用同学、朋友关系诱骗其他未成年学生签订虚高借款合同，在借款中随意扣减“服务费、中介费、认家费”等，并逼迫未成年少女拍摄裸照担保债务。部分未成年被害人被迫逃离居住地躲债，造成辍学等不良后果。该组织通过“套路贷”，多次实施敲诈勒索、寻衅滋事、非法拘禁犯罪，违法所得共计人民币166 000元，造成恶劣的社会影响。法院经审理认为，被告人张某纠集褚某、李某等11人，共同实施多起寻衅滋事、敲诈勒索、非法拘禁等违法犯罪活动，扰乱社会秩序，造成较为恶劣的社会影响，应当认定为恶势力犯罪集团。据此，以敲诈勒索罪、寻衅滋事罪、非法拘禁罪，数罪并罚，依法判处被告人张某有期徒刑9年6个月，并处罚金人民币18万元，对其他恶势力犯罪集团成员亦判处了相应刑罚。

张某等人利用未成年人涉世未深、社会经验不足、自我保护能力弱、容易相信同学朋友等特点，以未成年人为主要对象实施“套路贷”犯罪，并利用监护人护子心切、为减小影响容易选择息事宁人做法的心理，通过实施纠缠滋扰等“软暴力”行为，对相关未成年人及其家庭成员进行精神压制，造成严重心理恐慌，从而逼迫被害人支付款项，不仅严重破坏正常教育教学秩序，更给未成年人及其家庭造成巨大伤害。

（3）犯罪的主体多数只能是自然人，少数既可以是自然人，也可以是单位。在以自然人为主体的犯罪中，多数为一般主体，少数为特殊主体。

（4）犯罪在主观方面，除了过失致人死亡罪和过失致人重伤罪由过失构成外，其他罪均由故意构成，包括直接故意和间接故意。

五、侵犯财产罪

侵犯财产罪是指以非法占有为目的，攫取公私财物或者故意毁坏公私财物，以及破坏生产经营的行为。本类犯罪具有如下构成特征：

（1）犯罪侵犯的客体是刑法所保护的公私财产所有权。财产所有权是指所有人依法对自己的财产享有占有、使用、收益、处分的权利，包括占有、使用、收益和处分四项权能。最核心的是处分权，即按照所有人自己的意志对财产进行自由处分的权利。一般来说，对任何一种权能的侵犯，都是对所有权不同程度的侵犯，而对处分权的侵犯，则是对所有权整体最严重的侵犯，也是绝大部分侵犯财产罪最本质的特征。侵犯财产罪的对象是公私财物所有权的物质表现，即公共财物和公民私人所有的财产。

（2）犯罪在客观方面表现为将他人的财产非法据为己有，或者损坏他人财产，破坏生产经营的行为。根据刑法规定，侵犯财产的行为，概括起来主要有以下客观表现：其一，采用各种非法方法和手段，将他人控制下的财物转移到行为人的控制之下，并据为己有，如抢劫、抢夺、盗窃、诈骗等犯罪；其二，将已持有的他人财物，应当退还而拒不退还，非法据为己有，如侵占罪；其三，擅自动用自己经手、管理的财物，如挪用资金罪、挪用特定款物罪；其四，毁坏公私财物，使财物的价值全部或部分丧失的，如故意毁坏财物罪、破坏生产经营罪。大多数侵犯财产罪只能以作为的方式实施，而不可能以不作为的方式实施。但是，侵占罪表现为不作为，即应当退还或交出而拒不退还或交出。

（3）犯罪的主体多为一般主体，即年满 16 周岁、具有刑事责任能力的自然人。但是已满 14 周岁不满 16 周岁的人犯抢劫罪的，应当负刑事责任。少数几种犯罪，如职务侵占罪、挪用资金罪、挪用特定款物罪的主体为特殊主体。

（4）本类犯罪在主观方面出自故意。犯罪目的具体表现为三种情况：第一种（占多数）以非法占有为目的，即以将公私财物非法转为己有或者第三者不法所有为目的，包括抢劫罪、盗窃罪、诈骗罪等；第二种以非法暂时使用为目的，并非意图转归己有，如挪用资金罪、挪用特定款物罪；第三种以毁坏财物为目的，即行为人不想占有该财物，而是要毁灭该财物，或者损害其价值。

拓展阅读

徐某某被电信诈骗案

陈某某等人先后在江西、广西、海南、山东等多地设立诈骗窝点，购买手机、手机卡、无线上网卡等作案工具，以发放助学金、购房补贴的名义拨打电话实施诈骗。8 月 19 日晚，陈某某等人以发放贫困学生助学金为名，诈骗学生徐某某 9 900 元钱。徐某某发现自己被骗后，与父亲一起去派出所报警，回家途中身体出现不适入医院抢救，8 月 21 日抢救无效死亡。

公安机关出具的死亡原因分析报告认为，徐某某应系被诈骗后出现忧伤、焦虑、情绪压抑等不良精神和心理因素的情况下发生心源性休克，行心肺复苏后继发多器官功能衰竭而死亡。

8 月 26 日，徐某某遭电信诈骗后猝死一案成功告破，主要犯罪嫌疑人被抓获归案，对于其他犯罪嫌疑人，公安部发布了 A 级通缉令。

近年来，电信诈骗犯罪案件高发，行骗手段花样百出，从前几年的“猜猜我是谁”和虚构车祸、手术、欠费、绑架等初级行骗方式，到冒充 QQ、微信好友，冒充老板，冒充公检法身份，直至复制银行卡盗刷、软件侵入钓鱼行骗、金融内幕交易、利用二维码等高级行骗手段，让人防不胜防。

2016 年 12 月 19 日，最高人民法院、最高人民检察院、公安部发布的《关于办理电信网络诈骗等刑事案件适用法律若干问题的意见》规定，电信网络诈骗犯罪数额达到相应标准后，具有十项情形之一的，酌情予以从重处罚，包括：诈骗致人自杀、死亡或者精神失常；犯罪手段恶劣的，如利用“钓鱼网站”“木马”程序链接等进行诈骗的；以社会弱势群体为诈骗对象的，如诈骗残疾人、老年人、学生、重病患者等；诈骗特定款物的，如诈骗扶贫、救济、优抚款物；犯罪分子主观恶性较深的，如有诈骗前科又诈骗的，等等。特别是一些犯罪分子肆无忌惮，冒充司法机关等国家机关工作人员诈骗，不仅容易使人上当进而骗得巨额钱财，而且严重损害国家机关的形象和权威，必须严厉惩处。

六、妨害社会管理秩序罪

妨害社会管理秩序罪是指妨害国家机关对社会的管理活动，破坏社会秩序，情节严重的行为。本类犯罪具有如下构成特征：

（1）犯罪侵犯的客体是社会管理秩序，即国家机关依法对社会进行管理而形成的正常社会秩序。社会秩序是一个含义非常广泛的概念。它包括生产秩序、工作秩序、教学科研秩序和人民群众的生活秩序等。从本质上讲，一切犯罪都是对社会管理秩序的侵害。但是，由于刑法对侵害或者破坏国家安全、社会公共安全、市场经济、人身权利、家庭婚姻、公私财产、国防与军事利益，以及国家机关正常活动等社会秩序的行为列入了刑法分则的其他章节，故本类犯罪所侵犯的客体是国家对社会的日常管理活动和秩序，换言之，是刑法分则其他各章规定之罪所侵犯的同类客体以外的国家对社会的日常管理活动与秩序。

（2）本类犯罪在客观方面，表现为妨害国家机关对社会的管理活动、破坏社会秩序，情节严重的行为。由于国家对社会的管理活动多种多样，社会管理秩序的范围广泛，因此，妨害社会管理秩序的犯罪行为的具体内容与表现形式也是多种多样。这些行为可以分为以下九类：扰乱公共秩序；妨害司法；妨害国（边）境管理；妨害文物管理；危害公共卫生；破坏环境资源保护；走私、贩卖、运输、制造毒品；组织、强迫、引诱、容留、介绍卖淫；制作、贩卖、传播淫秽物品。其中，绝大多数行为表现为作为，少数行为表现为不作为。本类犯罪多为法定犯罪，犯罪的构成以违反国家机关对各种社会关系进行管理所依据的法律、法规为前提。这里的法律、法规，主要是指具有较强的行业或部门针对性的社会管理性规范文件，如我国《出境入境管理法》《环境保护法》《麻醉药品和精神药品管理条例》等。一般而言，违反国家对社会生活的管理法规就必然会妨害国家机关对社会生活的管理活动，但并非所有违法的行为都构成犯罪，而只有那些妨害国家机关对社会生活的管理活动情节严重或者造成严重危害后果的，才构成犯罪。

（3）本类犯罪中的多数犯罪主体是自然人，但单位也可以成为部分犯罪的主体，例如，破坏环境资源保护罪中的所有犯罪，制作、贩卖、传播淫秽物品罪中的全部犯罪，以及其他某些节中的部分犯罪；还有个别犯罪的主体仅限于单位，如非法出售、私赠文物藏品罪。就自然人犯罪主体而言，多数是一般主体，但也有少数是特殊主体，如脱逃罪的主体只能是依法被关押的罪犯、被告人和犯罪嫌疑人，医疗事故罪的主体只能是医务人员。在单位犯罪中，多数犯罪为一般主体，但个别犯罪则为特殊主体，如非法出售、私赠文物藏品罪的主体只能是国有博物馆、图书馆等特定单位。

（4）本类犯罪在主观方面，除少数犯罪以外，多数犯罪都是由故意构成，即行为人明知自己的行为会发生妨害国家对社会的管理活动和社会管理秩序的危害结果，而希望或放任这种结果的发生。在故意犯罪中，有少数犯罪还要求行为人出于特定的犯罪目的。如赌博罪，要求行为人以营利为目的；制作、复制、出版、贩卖、传播淫秽物品牟利罪，要求行为人以牟利为目的。

拓展阅读

谎报儿子失联也是编造虚假警情

2018 年 11 月 30 日，11 岁的男孩黄某乙放学后没有像往常一样回家，下落不明。接下来数天时间，警方和社会热心人士开展全城接力找人。一直到 12 月 5 日凌晨 1 点，黄某乙被找到。当天下午 3 点，警方发布警情续报：男孩母亲陈某因与在外经商的丈夫存在感情纠纷，为测试其丈夫对其及其儿子是否关心、重视，蓄意策划制造了该起虚假警情。在社会各界积极参与网络转发及查找期间，陈某两次转移藏匿黄某乙的地点，并假装配合搜寻，直至公安机关将黄某乙找回。其间，市公安局共出动警力 600 余人次，镇政府、多家社会公益组织及社会各界人士积极参与寻找黄某乙，黄某乙走失的消息经全国多家媒体报道，引起社会广泛关注。随后，人民检察院依法以编造、故意传播虚假信息罪，对陈某提起公诉。法院经审理认为，被告人陈某编造虚假警情，在信息网络及其他媒体上传播，其行为已构成编造、故意传播虚假信息罪。鉴于陈某系初犯，到案后能如实供述自己的罪行，依法予以从轻处罚。但考虑到其因一己之私，损害社会诚信和良知，损耗社会公共资源，严重扰乱社会秩序，对其不适用缓刑，遂以编造、故意传播虚假信息罪，一审判处陈某有期徒刑 1 年 3 个月。

网络已经成为被广泛应用的信息传播介质，在微信、微博等网络社交平台虚假信息屡见不鲜的情况下，2013 年 9 月，最高人民法院、最高人民检察院发布的《关于办理利用信息网络实施诽谤等刑事案件适用法律若干问题的解释》规定：利用信息网络诽谤他人，同一诽谤信息实际被点击、浏览次数达到 5 000 次以上，或者被转发次数达到 500 次以上的，应当被认定为刑法第二百四十六条第一款规定的“情节严重”，可构成诽谤罪。同时，《刑法》第二百九十一条规定，编造虚假的险情、疫情、灾情、警情，在信息网络或其他媒体上传播，或者明知是上述虚假信息，故意在信息网络或其他媒体上传播，严重扰乱社会秩序的，处3年以下有期徒刑、拘役或者管制；造成严重后果的，处3年以上7年以下有期徒刑。《治安管理处罚法》第二十五条中有明确规定，散布谣言，谎报险情、疫情、警情或者以其他方法故意扰乱公共秩序的，处5日以上10日以下拘留，可以并处500元以下罚款。

明确的法律规定能有效地规范人们的行为，我国相关司法解释中具体量化了入罪标准。将刑罚设置在3~7年，也体现了刑法量刑的罪行均衡原则，做到罚当其罪。也是向人们敲响法律的警钟，不可放任自己的行为。青年学生在遇到险情、疫情、灾情、警情等敏感信息时，可以通过相关部门或媒体的官方渠道进行确认，切记不要以讹传讹。

七、危害国防利益罪

危害国防利益罪是指违反国防管理法规，危害国防利益，依照法律应当受刑罚处罚的行为。本类犯罪具有如下构成特征：

（1）本类犯罪侵犯的客体是我国的国防利益。国防利益，是指为防备和抵抗外来侵略，制止武装颠覆，保卫国家的主权、统一、领土完整和安全所进行的军事活动，以及与军事有关的政治、经济、外交、科技、教育等方面活动的利益。它包括国防资产、国防建设方面的利益、国防管理秩序、武装力量建设、作战和军事行动方面的利益等。危害国防利益罪侵害的对象包括武装部队，军人，军用武器装备，军事设施，军事通信，军事禁区和军事管理区，兵员，部队的公文、证件、印章，武装部队专用标志等。

（2）本类犯罪在客观方面表现为违反国防法规、危害国防利益的行为。危害国防利益的行为具体内容表现为妨害军队作战和军事行动、破坏国防建设、危害国防管理秩序和拒绝或逃避履行国防义务等四个方面。就危害国防利益罪的客观方面的行为方式来说，有的表现为作为，有的表现为不作为。有的犯罪无论战时还是平时都能构成，有的则只能在战时才构成。根据刑法规定，战时是指国家宣布进入战争状态、部队受领作战任务或者遭敌突然袭击时。部队执行戒严任务或者处置突发性暴力事件时，以战时论。

（3）本类犯罪主体多数为一般主体，只有个别犯罪的主体是特殊主体，如战时拒绝、逃避征召，军事训练罪的主体仅限于预备役人员。多数犯罪只能由自然人实施；少数犯罪既可由自然人实施，也可由单位实施，如故意提供不合格武器装备、军事设施罪，非法生产、买卖军用标志罪。还有一种犯罪则只能由单位实施，即战时拒绝、故意延误军事订货罪。

（4）本类犯罪在主观方面一般出于故意，只有过失提供不合格武器装备、军事设施罪主观方面属于过失，其他犯罪的主观方面均为故意。

八、贪污贿赂罪

贪污贿赂罪是指国家工作人员利用职务上的便利，贪污、挪用、私分公共财物，索取、收受贿赂，破坏公务行为的廉洁性，或者以国家机关、国有单位为对象进行贿赂，收买公务行为的犯罪的总称。本类犯罪具有如下构成特征：

（1）犯罪侵犯的客体主要是国家工作人员公务行为的廉洁性，多数犯罪同时也侵犯了公共财产或者国有资产的所有权，少数犯罪如贿赂犯罪则属于典型的权钱交易型犯罪，行为人在中饱私囊、亵渎公务行为的廉洁性的同时，也间接侵犯了公共财产或者他人财产所有权。本类犯罪的本质在于以公权谋取私利，具有渎职性犯罪与贪利性犯罪的双重特点。

（2）本类犯罪在客观方面一般表现为国家工作人员利用职务上的便利，实施贪污、挪用、私分公共财物或者国有资产，收受或者索取贿赂，牟取非法利益，亵渎公务的行为。少数犯罪如行贿罪、介绍贿赂罪，虽然非国家工作人员利用职务之便实施，但是以国家工作人员的公务行为为收买对象，与国家工作人员实施的受贿罪具有对合性或者关联性。本类犯罪在行为形态上多数由作为构成，个别犯罪如隐瞒境外存款罪则由不作为构成，另有个别犯罪如巨额财产来源不明罪则属于持有型犯罪。本类犯罪属于结果犯，只有当行为人实际牟取了非法经济利益，并且数额达到一定标准时，才构成犯罪。

（3）多数犯罪的主体是特殊主体，如贪污罪、受贿罪、挪用公款罪、巨额财产来源不明罪、隐瞒境外存款罪、私分国有资产罪、私分罚没财物罪等，必须是国家工作人员。少数与受贿具有对向性或者关键性的犯罪主体则是一般主体，如行贿罪、对单位行贿罪和介绍贿赂罪即是。大多数犯罪只能由自然人实施，但少数犯罪则只能由单位实施，行贿罪则既可以由自然人实施，也可以由单位实施。

（4）本类犯罪在主观方面只能由直接故意构成，行为人一般具有明确的犯罪目的，过失不能构成本罪。

根据《刑法》分则第八章的规定，贪污贿赂罪包括以下具体罪名：贪污罪、挪用公款罪、受贿罪、单位受贿罪、利用影响力受贿罪、行贿罪、对有影响力的人行贿罪、对单位行贿罪、介绍贿赂罪、单位行贿罪、巨额财产来源不明罪、隐瞒境外存款罪、私分国有资产罪、私分罚没财物罪。

九、渎职罪

渎职罪是指国家机关工作人员滥用职权、玩忽职守、徇私舞弊，妨害国家机关的正常活动，致使国家和人民利益遭受重大损失的行为。本类犯罪有如下构成特征：

（1）本类犯罪侵犯的客体是国家机关的正常活动。由于本类犯罪的犯罪主体是国家机关工作人员，其滥用职权、玩忽职守、徇私舞弊的行为，不仅必然妨碍国家机关的正常管理活动，使国家机关的形象和威信受到损害，而且将严重损害国家和人民的利益。

（2）犯罪在客观方面上表现为滥用职权、玩忽职守、徇私舞弊的行为。在表现形式上，既可以是作为，如徇私枉法罪；也可以是不作为，如失职造成珍贵文物损毁、流失罪。无论是作为还是不作为，都必须与职务活动或公务活动相联系。如果行为人的犯罪行为与其职务和公务活动无关，不能构成本类犯罪。

根据刑法的规定，本类罪中的多数犯罪都必须具有严重情节或者造成严重后果，否则不能以犯罪论处。前者如泄露国家秘密罪，后者如玩忽职守罪。例如，李某用刀子将高某扎伤，派出所民警王某接警后，把高某带至派出所，在取证中不认真履行职责，没有认真寻找加害人，事后也不及时对该案调查取证。致使李某未能得到及时处理至今在逃，在社会上造成恶劣影响。王某的行为构成玩忽职守罪。

（3）本类犯罪的主体为特殊主体，即只能是国家机关工作人员。但有个别犯罪的主体也可以是非国家机关工作人员，如泄露国家秘密罪。

（4）本类犯罪在主观方面既可以是故意，也可以是过失。

拓展阅读

20 岁的王某主动向三亚市国家安全局举报，怀疑自己在不知不觉中被人“策反”，很可能被人利用已经成了“间谍”。原来，在过去的两个多月里，他通过互联网找工作，接触到了一个叫“芯姐”的网友，对方自称在某军事杂志做学术研究。“芯姐”在一个军港附近给他租住了房屋，还给他提供了一份“环境走访类”的兼职，要他观察记录附近军港的船只情况。王某看了大量的案例之后，感觉自己的行为可能已经危害到国家安全，甚至已经做了违法的活动，他感到很害怕、很恐惧。王某意识到了问题的严重性，更意识到了作为一个公民维护国家安全的法律责任，于是，他立即向国家安全机关主动说明情况。根据《反间谍法》规定，王某有自首表现，可以从轻、减轻或者免予处罚。对法律的知晓，让王某悬崖勒马。

十、军人违反职责罪

军人违反职责罪是指中国人民解放军、中国人民武装警察部队的现役军人、战时预备役人员以及其他军内在编职工违反职责，危害国家军事利益，依照法律应当受刑罚处罚的行为。本类犯罪具有如下构成特征：

（1）本类犯罪侵犯的是国家的军事利益。所谓军事利益，是指国家的军事设施、军事装备、国防建设、武装斗争、军事后勤供给、军事技术研究等方面的利益。军事利益是直接关系着国家安危和人民幸福的利益，是国家的最基本的利益；如果国家的军事利益受到侵害，就是国家本身受到威胁，则根本无法实现国家和人民的其他利益，所以，应当受到国家法律的保护。

（2）本类犯罪在客观方面表现为行为人实施了违反军人职责、危害国家军事利益的行为。所谓违反军人职责，是指行为人不遵守国家有关军事法规命令、条例等所确定的具体职责。这些职责有些是针对每个军人的、普遍性的职责，如《兵役法》第七条规定，现役军人必须遵守军队的命令和条例，忠于职守，随时为保卫祖国而战斗。所谓危害国家军事利益，是指行为人违反军人职责的行为导致了对国家军事利益的侵害。军人违反职责的行为，既可以表现为作为，也可以表现为不作为。前者如逃离部队罪、阻碍执行军事职务罪；后者如遗弃伤病军人罪、玩忽军事职守罪。也有的犯罪既可以由作为构成，也可以由不作为构成，如战时违抗命令罪，战时拒绝、逃避征召、军事训练罪。法定的时间、地点是本类犯罪中某些犯罪构成的必要客观条件，如“战时”“战场”是某些犯罪构成必须具备的因素。

（3）本类犯罪的主体为特殊主体，即军人。具体而言包括下列三类：第一，中国人民解放军和中国人民武装警察部队现役军人，包括中国人民解放军的现役军官、文职干部、士兵及具有军籍的学员和中国人民武装警察部队的现役警官、文职干部、士兵及具有军籍的学员。中国人民武装警察部队是我国武装力量的一部分，也采取兵役制，武警部队的官兵在服役期间享有军籍，履行军职。现役军人从公民被兵役机关正式批准入伍之日起始，至其为部队批准退役、退休、离休或被除名、开除之日为止。在军人服役期间犯军职罪而在退役、离役之后才发现的，在没有超过追诉时效的情况下，仍应按本类犯罪处理。第二，战时预备役人员，是指执行军事任务的预备役人员。根据《兵役法》的规定，预备役人员在战时拒绝、逃避征召或者军事训练，情节严重的，也可成为本类犯罪的主体。第三，其他军内在编职工，主要是指执行军事任务的其他军内人员。

（4）本类犯罪的主观方面主要为故意犯罪，少数可以由过失构成，有些犯罪还要求特定的目的，如战时自伤罪，必须以逃避作战义务为目的。

第四节　青少年犯罪的现状与预防

青少年是国家的未来、民族的希望，是未来国家的建设者和主力军。正确认识和预防青少年犯罪问题，研究减少青少年犯罪的途径和方法，不仅关系到青少年健康成长，也关系着国家的稳定和社会的长治久安。

一、青少年犯罪的现状和特点

近年来，青少年违法犯罪率呈不断上升趋势，而犯罪年龄却呈不断低龄化。无论是在一些发达的资本主义国家还是发展中国家，大多面临着青少年犯罪迅速增多、犯罪率日益攀升的严重状况。在世界范围内青少年犯罪已被列为继吸毒贩毒、环境污染之后的第三大公害。一份来自中国预防青少年犯罪研究会的统计数据显示：未成年犯罪总量持续增长，且全国判处未成年人犯罪占刑事犯罪比率逐年攀升，青少年犯罪类型呈扩展式发展。

最高人民检察院公诉部门的相关调研报告也表明：未成年人犯罪案件呈现犯罪年龄趋于低龄化、文化程度较低、外来未成年人所占比重较高、所犯罪名比较集中、犯罪手段呈成人化暴力化倾向、共同犯罪居多等特点。

概括而言，青少年犯罪的特点主要有：

（1）从犯罪主体来看。一是犯罪年龄呈集中性和阶段性分布，16 岁以下所占比重逐年提升，而 16~18 岁的青少年犯罪率始终居高不下，未成年人犯罪呈现低龄化趋势；二是性别分布上以男性为主，但部分地区女性青少年违法犯罪比例有所上升；三是文化程度普遍不高；四是身份比较集中，主要集中在城市闲散青少年、进城务工青年、学生等群体。

（2）从犯罪行为来看。一是团伙性明显，这是源于青少年主观独立性较弱，有渴望友情、乐于群聚、向往集体的心理需求；二是盲目性、冲动性、暴力性、模仿性和偶发性突出，这是源于青少年情绪的冲动和不稳定，且兴趣爱好广泛，情感丰富，常对许多人、事物和社会事件产生情绪反应；三是智能性趋向，这是源于青少年文化程度的普遍提高和信息渠道的不断丰富，青少年犯罪行为开始由低级、简单、随意向高级、高智能发展，利用计算机、互联网等科技手段进行的青少年犯罪开始显现。

（3）从犯罪类型来看。一是从较为单一的犯罪类型向成人化犯罪类型发展；二是随着犯罪动机、犯罪目的日益多样化，形成了犯罪类型的多样化。

二、青少年所涉违法犯罪的种类

有关专家对青少年犯罪进行分类排序，排在前 5 位的青少年犯罪依次是故意伤害、聚众斗殴、寻衅滋事、抢劫、盗窃，这种排序在一段时间内相当稳定。

（一）故意伤害

故意伤害是指故意伤害他人身体的行为。故意伤害严重的情形构成故意伤害罪，故意伤害罪是侵犯公民人身权利中最常见的一种犯罪。我国《刑法》规定，故意伤害他人身体的，处3年以下有期徒刑、拘役或者管制。故意伤害他人，致人重伤的，处3年以上10年以下有期徒刑；致人死亡或者以特别残忍手段致人重伤造成严重残疾的，处10年以上有期徒刑、无期徒刑或者死刑。

故意杀人是指故意非法剥夺他人生命的行为。公民的生命权不容任何人剥夺和侵犯，故意杀人行为主观恶性程度深，社会危害性大，因此我国对故意杀人行为的制裁很严厉，我国《刑法》第二百三十二条规定，故意杀人的，处死刑、无期徒刑或者10年以上有期徒刑；情节较轻的，处3年以上10年以下有期徒刑。

我国《刑法》关于刑事责任年龄的规定：已满16周岁的人犯罪，应当负刑事责任。

已满14周岁不满16周岁的人，犯故意杀人、故意伤害致人重伤或者死亡、强奸、抢劫、贩卖毒品、放火、爆炸、投放危险物质罪的，应当负刑事责任。

已满12周岁不满14周岁的人，犯故意杀人、故意伤害罪，致人死亡或者以特别残忍手段致人重伤造成严重残疾，情节恶劣，经最高人民检察院核准追诉的，应当负刑事责任。

对依照前3款规定追究刑事责任的不满18周岁的人，应当从轻或者减轻处罚。

因不满16周岁不予刑事处罚的，责令其父母或者其他监护人加以管教；在必要的时候，依法进行专门矫治教育。

（二）聚众斗殴

聚众斗殴是指纠集众人成帮结伙地互相进行殴斗，破坏公共秩序的行为。这种斗殴通常是不法团伙之间大规模地打群架，往往有一定的准备，带有匕首、棍棒等凶器，极易造成一方或者双方人身伤亡，甚至造成周围无辜群众的伤亡或者财产损失。我国《刑法》第二百九十二条规定，聚众斗殴的，对首要分子和其他积极参加的，处3年以下有期徒刑、拘役或者管制；有下列情形之一的，对首要分子和其他积极参加的，处3年以上10年以下有期徒刑：（1）多次聚众斗殴的；（2）聚众斗殴人数多，规模大，社会影响恶劣的；（3）在公共场所或者交通要道聚众斗殴，造成社会秩序严重混乱的；（4）持械聚众斗殴的。聚众斗殴，致人重伤、死亡的，依照本法第二百三十四条、第二百三十二条的规定定罪处罚。其中“多次聚众斗殴的”，一般是指聚众斗殴3次或者3次以上的；“聚众斗殴人数多，规模大，社会影响恶劣的”，主要是指流氓团伙大规模打群架，在群众中造成很坏影响的。“在公共场所或者交通要道聚众斗殴，造成社会秩序严重混乱的”，是指在人群聚集的场所中或者车辆、行人频繁通行的道路上聚众斗殴，造成公共场所秩序和交通秩序严重混乱的。“持械聚众斗殴的”，主要是指参加聚众斗殴的人员使用棍棒、刀具以及各种枪支武器进行斗殴的。本条第 2 款是关于聚众斗殴致人重伤、死亡应当如何处刑的规定。这里规定的“致人重伤、死亡”，是指聚众斗殴，将参加聚众斗殴的人员或者周围群众打死或者打成重伤。“依照本法第二百三十四条、第二百三十二条的规定定罪处罚”，是指聚众斗殴致人重伤的，依照本法第二百三十四条关于故意伤害罪的规定定罪处刑；致人死亡的，依照本法第二百三十二条关于故意杀人罪的规定定罪处刑。

拓展阅读

未成年人聚众斗殴终获刑

尹某在某酒吧遗失手机，酒吧服务员饶某捡到手机并使用多日。尹某知晓后，便联系饶某协商退还手机以及赔偿事宜。饶某将手机退还给了尹某，并答应赔偿尹某 500 元钱。后尹某多次要求饶某支付 500 元赔偿金未果。

尹某和好友刘某（在校生）在酒吧门口拦住饶某、迟某等人，要求饶某支付 500 元赔偿金，遭到饶某拒绝，双方发生口角。刘某于是打电话给正在另一个酒吧门口的同学小繁，要其前来帮忙打架。随后，同学小繁手持棒球棍，并纠集他人赶到酒吧门口，对饶某、迟某等人进行殴打，造成一人轻伤、一人轻微伤。

法院审理后认为，尹某等五名被告人的行为均已构成聚众斗殴罪。被告人刘某等作案时已满 16 周岁未满 18 周岁，依法应当从轻或者减轻处罚。法院判决被告人小繁有期徒刑一年十个月，缓刑二年；被告人刘某有期徒刑一年四个月，缓刑二年。

小繁等人在公共场所肆意挑衅、无事生非、争强斗狠、随意殴打他人，不考虑后果，盲目讲朋友间的义气，平时法律意识淡薄，最终被判刑入狱，悔恨终身。

（三）寻衅滋事

寻衅滋事，是指肆意挑衅，随意殴打、骚扰他人或者任意毁损、占有公私财物，或者在公共场所起哄闹事，是一种严重破坏社会秩序的行为。寻衅滋事犯罪侵犯的客体是公共秩序。所谓公共秩序包括公共场所秩序和生活中人们应当遵守的共同准则。寻衅滋事犯罪多发生在公共场所（也有一些发生在偏僻隐蔽的地方），常常给公民的人身、人格或公私财产造成损害，但是寻衅滋事罪一般侵犯的并不是特定的人身、人格或公私财产，而主要是指向公共秩序。

我国《刑法》第二百九十三条规定，有下列寻衅滋事行为之一，破坏社会秩序的，处5年以下有期徒刑、拘役或者管制：（1）随意殴打他人，情节恶劣的；（2）追逐、拦截、辱骂、恐吓他人，情节恶劣的；（3）强拿硬要或者任意损毁、占用公私财物，情节严重的；（4）在公共场所起哄闹事，造成公共场所秩序严重混乱的。纠集他人多次实施前款行为，严重破坏社会秩序的，处5年以上10年以下有期徒刑，可以并处罚金。

寻衅滋事的客观行为方式具体有：

（1）随意殴打他人，情节恶劣的。随意殴打他人，是指出于耍威风、取乐等不健康动机，无故、无理殴打相识或者素不相识的人。这里“情节恶劣的”，是指随意殴打他人手段残忍的、多次随意殴打他人的、造成被殴打人自杀等严重后果的等。

（2）追逐、拦截、辱骂、恐吓他人，情节恶劣的。追逐、拦截、辱骂、恐吓他人，是指出于取乐、寻求精神刺激等不健康动机，无故无理追赶、拦截、侮辱、谩骂、恐吓他人，此多表现为追逐、拦截、辱骂妇女。这里“情节恶劣的”，主要是指经常性追逐、拦截、辱骂、恐吓他人的，造成恶劣影响或者激起民愤的，造成其他后果的，等等。需要指出的是，如果使用暴力、胁迫或者其他方法强制猥亵或者侮辱妇女的，则构成强制猥亵、侮辱罪。

（3）强拿硬要或者任意损毁、占用公私财物，情节严重的。强拿硬要或者任意损毁、占有公私财物，是指以蛮不讲理的流氓手段，强行索要市场、商店的商品以及他人的财物，或者随心所欲损坏、毁灭、占用公私财物。这里“情节严重的”，是指强拿硬要或者任意损毁、占用的公私财物数量大的，造成恶劣影响的，多次强拿硬要或者任意损毁、占用公私财物的，造成公私财物受到严重损失的，等等。

（4）在公共场所起哄闹事，造成公共场所秩序严重混乱的。在公共场所起哄闹事，是指出于取乐、寻求精神刺激等不健康动机，在公共场所无事生非，制造事端。扰乱公共场所秩序造成公共场所秩序严重混乱的，是指公共场所正常的秩序受到破坏，引起群众惊慌、逃离等严重混乱局面的。

行为人只要有上述四种情形中的任意一种，就构成寻衅滋事罪。但在审判实践中，行为人往往既“强拿硬要”，又“随意殴打他人”，或者先“追逐、拦截、辱骂他人”，后“任意损毁、占用公私财物”。行为人为满足其寻求精神刺激、开心取乐的动机一般会实施多个行为，这时只以本罪一罪认定。

寻衅滋事罪的主体为一般主体，凡已满16周岁具有刑事责任能力的自然人均能成为本罪的主体。行为人只要实施了寻衅滋事的行为，此罪名既可由单个人实施，也可由结伙聚众形式实施。

拓展阅读

在校生如何成为“女霸王”？

在校生付某从初中开始，无心读书，逃课、抽烟、喝酒、打架成了家常便饭。后结识了退学生陈某。每当付某遇上“麻烦”时，陈某总能帮她找人搞定。靠着陈某的支持，付某准备在学校开辟自己的地盘。之后，两人成为学校出名的“霸王花”。

一天，付某和陈某与同学宋某、李某、赵某一起逃课在寝室聊天，商量教训平时看不顺眼的孙某。她们一起到了孙某的寝室，对其进行长时间的辱骂和殴打。最后，付某还勒令孙某找同学借钱500元赔偿“打人打坏了的”指甲和衣服，拿到钱后才善罢甘休，带人离开了寝室。

后检察机关以涉嫌寻衅滋事罪对付某等人提起公诉。法院经审理认为，付某等人无视法律，结伙随意殴打他人，情节恶劣，行为已构成寻衅滋事罪。由于付某认罪态度较好，积极赔偿被害人的经济损失，且获得被害人谅解，故对已成年的付某酌情从轻处罚，判处其有期徒刑1年。另几名被告人因尚未成年，分别被法院判处有期徒刑8个月。

事发后，个别家长认为“都是孩子打架，赔钱就能了事”。更有一些未成年人认为，自己违法不需要承担任何责任。事实上，即使是发生在未成年人间的纠纷，如果侵害了他人的合法权益，逾越了法律的边界，未成年人及其监护人都要承担相应的法律责任。而情节严重，达到犯罪程度的，可能还要承担刑事责任，付出失去自由的代价。家长也要增强法制意识，加强对孩子的管教，让孩子明确认识到个人言行必须遵守基本的法律边界和行为底线，引导孩子明是非、守规矩，做到珍爱生命、尊重他人，养成遵规守法、团结友善的良好行为习惯，从源头上预防学校欺凌和暴力行为发生。

（四）抢劫

抢劫罪是以非法占有为目的，对财物的所有人、保管人当场使用暴力、胁迫或其他方法，强行将公私财物抢走的行为。所谓暴力，是指行为人对被害人的身体实行打击或者强制。抢劫罪的暴力，是指对被害人的身体施以打击或强制，借以排除被害人的反抗，从而劫取他人财物的行为。这里的其他方法，是指行为人实施暴力、胁迫方法以外的其他使被害人不知反抗或不能反抗的方法。凡年满14周岁并具有刑事责任能力的自然人，均可以构成抢劫罪的主体。

已满18周岁的人犯抢劫罪，不论行为方式、劫取财物数额的多少，除依照《刑法》第十三条的规定“情节显著轻微危害不大的行为，不认为是犯罪”的情况外，只要符合抢劫罪的构成要件即构成抢劫罪，法定刑即在3年以上量刑。因抢劫罪在司法实践中属于易发、常发、易构成型犯罪，随着经济的发展，未成年人受各类负面影响较大，《最高人民法院关于审理未成年人刑事案件具体应用法律若干问题的解释》中第七条规定了未成年人犯抢劫罪的例外情况，即“已满14周岁不满16周岁的人使用轻微暴力或者威胁，强行索要其他未成年人随身携带的生活、学习用品或者钱财数量不大，且未造成被害人轻微伤以上或者不敢正常到校学习、生活等危害后果的，不认为是犯罪”。

最高人民法院作出的该司法解释，主要是考虑到14~16周岁未成年人多数还处于九年义务教育阶段，也处于青春叛逆期，更具有很强的可塑性，他们之间基于同学之间的偶尔恶作剧式的强索少量财物行为，由于情节显著轻微，属于同学之间的玩闹，也不会产生造成同学轻微伤以上或者不敢正常到校学习、生活等危害后果，所以尚不构成犯罪，如果对此类轻微行为进行刑罚处罚，对未成年人的惩罚过于严苛，对他们的成长是不利的。

然而，在实际生活中，确有一部分14~16周岁本应处于义务教育阶段在校学习的学生，由于厌学、经常旷课迟到、不遵守课堂纪律或长期上网等各种原因而过早地辍学。辍学后便成天无所事事，沉迷网吧或混迹社会，拉帮结伙对其他未成年人实施抢劫行为，造成被抢未成年人心理阴影、影响学习，被抢学生家长需要长期接送孩子上下学，学生和家长对学校管理秩序不信任等不良影响。虽然要本着对未成年人“教育为主，惩罚为辅”的司法理念，尽量体现对未成年人犯罪从轻、减轻或免除处罚的刑法思想，但对此类行为应依法予以打击，体现法律公平的同时，彰显正义。

拓展阅读

无知少年组织抢劫团伙作案

4月12日，某县公安局通过缜密侦查，摧毁了一个由6名青少年组成的抢劫团伙，该团伙成员年龄最大的16岁，最小的不满14岁。其中，15岁的主要犯罪嫌疑人张某在审讯中声称：“你们最多关我24小时，还能把我咋样！”

4月8日上午，该县公安局刑侦大队接到一中学生报警，称其前一天晚上在城郊一网吧上网时，被人强行从网吧后门架走，对方掐住其脖子，抢走其一部手机和100元现金。

正当警方紧锣密鼓开展侦破工作时，9日上午又接到报警。一初中生报警称，8日21时许，其在放学回家途中被几人架至一小区院内，随后遭到殴打，并被抢走一部手机和400元现金。

12日凌晨，民警将正在某网吧上网的刘某、严某、乐某、张某等6名犯罪嫌疑人抓获。经过审讯，6名犯罪嫌疑人不仅对上述两起抢劫案供认不讳，还交代出在该县城关、水坪镇盗窃作案3起的犯罪事实。

据了解，该团伙中几个年纪较大的成员，都有殴打他人和寻衅滋事前科，因作案时未满16周岁，均未受到处罚。于是，15岁的主要犯罪嫌疑人张某自以为此次犯案仍然会不了了之，在审讯中态度嚣张，声称民警不能把他怎么样。

根据我国《刑法》规定，已满16周岁的人犯罪，应当负刑事责任。已满14周岁不满16周岁的人，犯故意杀人、故意伤害致人重伤或者死亡、强奸、抢劫、贩卖毒品、放火、爆炸、投放危险物质罪的，应当负刑事责任。不满18周岁的人犯罪，可从轻或者减轻处罚。

张某涉嫌抢劫，且是累犯，其未满16周岁，符合减轻处罚的条件，但这并不意味着张某可以不负刑事责任。刘某、严某、乐某、张某等犯罪嫌疑人因涉嫌抢劫被刑事拘留，并将面临刑事处罚。

（五）盗窃

盗窃，是未成年人犯罪活动中比较常见的犯罪类型。经济越发展，物质文化生活越丰富，未成年人的物质需求和欲望一旦失去控制和约束，便很容易转化为犯罪。我国《刑法》规定，盗窃公私财物，数额较大的，或者多次盗窃、入户盗窃、携带凶器盗窃、扒窃的，处3年以下有期徒刑、拘役或者管制，并处或者单处罚金；数额巨大或者有其他严重情节的，处3年以上10年以下有期徒刑，并处罚金；数额特别巨大或者有其他特别严重情节的，处10年以上有期徒刑或者无期徒刑，并处罚金或者没收财产。

盗窃罪为一般主体。按照《刑法》规定，已满16周岁并具有刑事责任能力的人犯盗窃罪的，应当负刑事责任。刑法将盗窃罪追究刑事责任的年龄规定为已满16周岁，故在这之前的盗窃行为，无论数额多大均不应定罪。如果未成年人在满16周岁前后，均实施盗窃行为，也仅应对其年满16周岁后的行为追究刑事责任，不应把年满16周岁以前实施的行为一并作为犯罪追究。

同时，对于未成年人多次盗窃，依法追究刑事责任时，其16周岁以前实施的盗窃行为不应计入“多次”。

在对未成年人具体量刑时，要根据其犯罪性质、情节，充分考虑未成年人犯罪的动机、目的、犯罪时的年龄，是否初犯、偶犯或者惯犯，在共同犯罪中的地位和作用，犯罪后有无悔改表现，个人一贯表现等情况，决定对其适用从轻处罚还是减轻处罚，以及从轻处罚或者减轻处罚的幅度，使判处的刑罚有利于未成年罪犯的改过自新及健康成长。

已满 16 周岁不满 18 周岁的人犯盗窃罪，依法应当从轻或者减轻处罚。依法从轻处罚的，应当在法定刑范围内判处相对较轻的刑种或者相对较短的刑期；依法减轻处罚的，应当在法定刑以下判处刑罚；刑法规定有数个量刑幅度的，应当在法定量刑幅度的下一个量刑幅度内判处刑罚。

《最高人民法院法关于审理未成年人刑事案件具体应用法律若干问题的解释》和《关于贯彻宽严相济刑事政策的若干意见》对此均作了进一步规定。

未成年人盗窃罪“情节显著轻微危害不大”的司法认定。《最高人民法院关于审理未成年人刑事案件具体应用法律若干问题的解释》第九条第一款规定，已满 16 周岁不满 18 周岁的人实施盗窃行为未超过 3 次，盗窃数额虽已达到“数额较大”标准，但案发后能如实供述全部盗窃事实并积极退赃，且具有下列情形之一的，可以认定为“情节显著轻微危害不大”，不认为是犯罪：（1）又聋又哑的人或者盲人；（2）在共同盗窃中起次要或者辅助作用，或者被胁迫；（3）具有其他轻微情节的。

未成年人盗窃未遂或中止的认定。《最高人民法院关于审理未成年人刑事案件具体应用法律若干问题的解释》规定，已满 16 周岁不满 18 周岁的人盗窃未遂或者中止的，可不认为是犯罪。该款从教育、挽救未成年罪犯的角度出发作了上述规定，此处对盗窃数额未做要求。未成年人入户盗窃、携带凶器盗窃或扒窃未遂、中止的，一般也可不认为是犯罪。需要强调的是，该款规定指一般情况下不认为是犯罪，但没有完全排除极个别情况下，根据具体案件情况追究其刑事责任的可能性。

未成年人盗窃家庭或亲属财物的司法认定。《最高人民法院关于审理未成年人刑事案件具体应用法律若干问题的解释》第九条第三款规定，已满 16 周岁不满 18 周岁的人盗窃自己家庭或者近亲属财物，或者盗窃其他亲属财物但其他亲属要求不予追究的，可不按犯罪处理。司法实践中，常常会遇到未成年人父母或者亲属强烈希望不追究未成年人的刑事责任的个案。这种情况下，即使未成年人行为符合盗窃罪构成要件，但考虑到我国传统的观念，并且这类发生在家庭内部的子女偷父母或者偷亲属财物的行为，具有一定的特殊性，社会危害性同一般盗窃犯罪相比也明显较小，因此，可不按犯罪论处。

近年来，因盗窃、破坏窨井盖等行为导致人员伤亡事故多发，严重危害公共安全和人民群众生命财产安全，社会反映强烈。最高人民法院、最高人民检察院、公安部根据《刑法》等法律规定，联合印发《关于办理涉窨井盖相关刑事案件的指导意见》，该意见提出了涉及盗窃井盖有关的刑事与治安12种处罚依据。

拓展阅读

偷井盖被判危害公共安全罪，不冤！

井盖虽小，却关乎社会公共安全和人民群众生命财产安全问题。青年杨某和王某想不劳而获，合计盗窃正在使用中的井盖“致富”。他们驾驶一辆伪造车辆的小客车，来到某小区的僻静处，王某留在车里，指使杨某下车去偷井盖。偷了井盖后，两人驾车到废品收购站卖钱。之后两人再次偷井盖时，遇一辆警车巡逻至此，两人赶紧开车逃跑。最终王某弃车逃跑，杨某被当场抓获。经鉴定，这些井盖都是正在使用中的排水井盖，价值共计7 000余元。在审理过程中，法院委托专业机构对杨某做了鉴定，发现他精神发育迟滞，只有限制刑事责任能力。归案后，杨某认罪态度不错。法院认为，杨某系初犯，作案时只有限制刑事责任能力，在共同犯罪中起辅助次要作用，因而对其减轻处罚，定性为以危险方法危害公共安全罪，判刑半年。

后来，王某被抓获归案。检察机关以上述罪名提起公诉。法院经审理认定，王某伙同他人盗窃道路上正在使用的井盖共计39个，已对不特定多数人的生命、健康和重大公私财产安全构成潜在危险，该行为已超出了侵犯公私财产所有权的范畴，定性为以危险方法危害公共安全罪，判刑3年。

三、青少年犯罪原因与预防

法治印记

犯罪记录的存在必然会对被记录人的工作、生活和学习产生很多有形的或无形的不利影响，并且容易形成“标签效应”，进而阻碍被记录人的改过自新，甚至会使这些人因回归社会无望而走向社会的对立面。因此，封存或消灭犯罪人员的犯罪记录已经成为现代法制发达国家的普遍做法。为深入贯彻落实党和国家对违法犯罪未成年人的“教育、感化、挽救”方针和“教育为主、惩罚为辅”原则，切实帮助失足青少年回归社会，根据未成年人的生理、心理特点，结合我国未成年人保护工作的实际，最高人民法院、最高人民检察院、公安部、国家安全部和司法部于2012年联合出台《关于建立犯罪人员犯罪记录制度的意见》规定：对于犯罪时不满18周岁，被判处有期徒刑5年以下刑罚的未成年人的犯罪记录，应当予以封存。

犯罪记录被封存后，不得向任何单位和个人提供，但司法机关为办案需要或有关单位根据国家规定进行查询的除外。依法进行查询的单位，应当对被封存的犯罪记录情况予以保密。

（一）青少年犯罪原因分析

青少年正处于生长发育阶段，心理上、生理上都尚未完全成熟，社会经验很少，缺乏对复杂事物的判断能力和鉴别能力，心理和情绪上的变化复杂，极不稳定。导致青少年犯罪的原因有如下几种：

1. 家庭生长环境

家庭是青少年生活和成长的第一课堂，家庭环境如何直接决定和影响着子女的健康成长和发展。一个人的社会化进程始于家庭，基本技能的掌握、生活目标的确定、生活方式的形成以及社会角色的培养，最初都是在家庭中形成的。家长的言传身教对孩子的健康成长至关重要，家庭结构失调、家长不良言行的熏染以及教育方法不当都极可能导致青少年违法犯罪。因此，家庭环境直接影响孩子人生观、价值观的健康形成。

2. 外界不良诱因

不少未成年人过去没有不良行为，但在外界强烈刺激的作用下，加上自身喜欢模仿、好奇心强、易受暗示等特点，会迅速产生犯罪动机。

（1）各种充斥着暴力、色情淫秽内容的音像制品及网络游戏对未成年人产生了不可忽视的腐蚀作用。

电影、电视常常生动地描绘暴力的画面，并且剧中的暴力被渲染成是一种可以被接受的行为，甚至反映了一种“英雄气概”，这些“暴力英雄”却从未因此受到法律或社会的制裁。由此，青少年自觉或不自觉地接受了暴力的价值观和行为规范，用于处理日常事务或人际关系。久而久之，一部分未成年人在性格上表现出极强的攻击性，并且残忍、好斗。遇事头脑简单，很容易把暴力作为解决问题的方式，最终导致暴力犯罪。

还有一部分影视、纪实作品为吸引观众，对黑社会性质、恶势力团伙犯罪信息进行大量报道，对犯罪动机、作案过程进行过分详细的描述。这给一些善于模仿的有犯罪意图的未成年人提供了模仿、学习的条件，他们不仅学会了作案手段，还学会了反侦察、反审讯的伎俩。

未成年人性器官开始发育、性机能逐步成熟，生理结构的明显变化引发了心理上的变化，好奇心增强，对自身的生理变化有着强烈的神秘感和好奇心，特别是对于与生理变化有关的信息有着更加浓厚的兴趣。媒体中的色情内容，正切合了未成年人的这些特征，满足了他们的生理和心理需要。一些未成年人由于自我控制能力差，抵挡不住诱惑，抑制不住生理和心理躁动，便产生尝试的念头，很可能诱发强奸等性犯罪的发生。

（2）未成年在他人的暗示下发生犯罪行为。

在少年团伙犯罪中，相互暗示现象经常存在。同龄人的相互交往在未成年人的社会化过程中起着十分重要的作用。极少数未成年人之所以走上违法犯罪道路，并恶性发展，与其未成年同龄群体的不良交往息息相关。团伙犯罪一直在未成年人犯罪中占有很高的比例。一些被家庭和学校排斥和抛弃的不良少年，由于相同的感受聚集起来，通过不健康的娱乐、游荡、交谈等方式形成不良交往的亚文化群体。他们通过密切的接触、相互观察和模仿，使得原有的错误的社会意识、不良的个性品质和行为习惯得到强化。

3. 自身心智不成熟的因素

由于青少年的心理结构不成熟、不稳定，社会阅历浅，对问题认识直观、肤浅、片面，使其在面对较为复杂的问题时，往往缺乏冷静的思考与正确的分析、判断，容易形成错误的念头，产生错误的结论，从而导致错误的行为。我国对未成年人性格研究的某些成果表明，未成年犯罪人的性格特征明显地反映出其不成熟或存在严重缺陷。

（二）青少年违法犯罪预防

1. 杜绝不良行为

不良行为是引发青少年犯罪的重要原因。从司法实践情况看，很少有青少年是突然做出犯罪行为的，一般有一个从违纪到违法再到犯罪的变化过程。有不良行为的青少年如果得不到及时的教育与纠正，很容易从实施不良行为逐步发展到实施违法犯罪行为。为了更加清楚地认识不良行为，《中华人民共和国预防未成年人犯罪法》（以下简称《预防未成年人犯罪法》）对未成年人不良行为的种类作了详细规定，同时规定了几种严重危害社会尚不够刑事处罚的违法行为。与不良行为一样，它们都是反社会的，其差别在于危害程度不同，《预防未成年人犯罪法》所规定的严重不良行为有：（1）结伙斗殴，追逐、拦截他人，强拿硬要或者任意损毁、占用公私财物等寻衅滋事行为；（2）非法携带枪支、弹药或者弩、匕首等国家规定的管制器具；（3）殴打、辱骂、恐吓，或者故意伤害他人身体；（4）盗窃、哄抢、抢夺或者故意损毁公私财物；（5）传播淫秽的读物、音像制品或者信息等；（6）卖淫、嫖娼，或者进行淫秽表演；（7）吸食、注射毒品，或者向他人提供毒品；

（8）参与赌博赌资较大；（9）其他严重危害社会的行为。

这几种行为均是“严重危害社会，尚不够刑事处罚的违法行为”。所以“尚不够刑事处罚”主要包括两个方面的内容：一是由于未成年人年龄较小，达不到刑法规定应当承担刑事责任的年龄，对于这些人的违法行为，不能认为是犯罪；二是有的虽然已达到刑事责任年龄，但其行为的危害性尚达不到刑事处罚的程度或者不属于刑法处罚的范围。

2. 培养良好的心理素质

青少年应注重保持心理健康，与亲人和同学建立良好的关系，始终保持积极向上的心态，要懂得情绪在保护心理健康中所起到的重要作用，并学会自我调节和控制情绪，无论遇到什么困难和挫折，都要以乐观的态度去面对。青少年也要学会理智，要善于理智地控制自己，对自己的种种要求和愿望，要符合社会道德和规范，不能苛求社会和他人满足自己的一切愿望。总之，青少年不仅要注重身体健康，更要注重心理健康，树立正确的人生观、价值观，使自己成为全面发展的有用人才。

3. 创造和谐的家庭环境

健康、和谐、融洽的家庭关系是青年学生健康发展的基础，缺少家庭温暖和爱护，未成年人会形成孤僻、偏激、仇恨、冷漠等不健康心理，这些消极因素将影响正常的学习和生活，甚至会诱发犯罪行为。父母在营造和谐的家庭环境中扮演着最为关键的角色，父母应改变传统的教育方式，营造一种民主平等的氛围，并善于与孩子交流和沟通。

4. 构建良好的校园文化氛围

学校不仅要给学生提供良好的学习条件，还应当营造良好的文化氛围，校园文化应该具有教育导向、感化激励等方面的功能。学校要精心组织校园文化活动，营造和谐校园环境，搭建交流平台，形成浓厚的学习氛围，帮助青年学生建立良好心态，树立正确的人生观和价值观，吸引学生积极参加校园活动，使他们在活动中发挥主观能动性，提高创新能力、沟通能力和实践动手能力，增强战胜挫折能力，帮助学生形成健全的人格和健康心理。

5. 加强法制教育与宣传

学校给学生的教育除了知识的传授，尤其不可忽视的是法制教育，学校应该开展具有针对性的法制宣传和教育活动，使青年学生了解法律基础理论基本知识和重要制度，有针对性地加强法律通识教育。同时，司法机关应帮助学校建立良好的校园环境，加强校内的司法宣传教育，由司法机关工作人员结合办案实践，对青年学生进行现实的法制教育，强化他们的法制观念，真正做到防患于未然。加强法制宣传和教育，是增强青年学生法律意识的保证，是端正学生法律态度和提高法律素养的基础，也是有效预防青少年违法犯罪的根本手段。

实践活动建议

实践项目：青年学生犯罪心理研讨

★ 活动设计

培养青年学生健康成长为合格的接班人，不仅关系到社会的长治久安，更关系到国家的未来、民族的兴衰。研究与解决青年学生犯罪心理问题，具有重要的现实意义。预防是减少犯罪的最佳途径，采取有效措施，注重青年学生犯罪心理研究，寻求最佳疏导方法，是做好青年学生思想政治教育工作的重要途径，也是预防青年学生违法犯罪的有效途径。

★ 具体流程

1. 案件准备与简介：教师简要介绍案例（10 分钟）

由教师宣示研讨主题——关于青年学生犯罪心理研讨，并且结合事先准备的演示文稿简要介绍各个案例，使同学们对于青年学生犯罪案例的基本情况有初步了解，引发其对当代青年学生犯罪心理进行探究和思考。

2. 学生讨论（5 分钟）

在小组内部讨论中，小组成员轮流对案件发表个人见解。具体讨论应主要包括：(1) 对青年学生犯罪案件性质的了解；(2) 对青年学生犯罪心理的探讨；(3) 对其犯罪原因的思考；(4) 对如何避免此类悲剧重演的建议等。

3. 学生发言（8 分钟）

抽取最具代表性的四位小组代表根据讨论结果进行发言。学生发言大致话题如下：(1) 社会文化价值观念的影响；(2) 家庭教育对青年学生心理的影响；(3) 学校教育的影响。

4. 总结（7 分钟）

结合犯罪心理研究，以总结陈词的形式引发同学们对于案例的深入深思，以达到活动目的。

★ 活动成果

个人完成心得体会一份，小组上交讨论记录一份。

第四章
生活中的行政法

一个公民，从出生时的户籍登记，到结婚时的结婚登记，到死亡时的死亡宣告，没有一项不是行政机关的管理内容。可以说，我们的生活无时无刻不处于政府的行政管理之中，在我们的一生中会和许多行政机关打交道。一出生，我们要办理户籍并获取身份证号，需要向公安派出所申请；我们创设公司，需要到工商行政管理部门登记；我们要成为公务员，需要参加人事部门组织的统一考试；我们要获得国家提供的社会福利，需要到社会保障部门办理社会保险……。我们的生活中有许多行政机关的影子，管理环境的环保部门、管理土地的国土资源部门、规划城市的规划部门，它们并不经常出现，却无时无刻不在影响着我们的生活。学生所在的学校，也与学生形成一种独特的行政法律关系。

我们如何按照行政法律法规处理这些与自己紧密相关的事务？行政法赋予了我们哪些权利？规定了行政机关怎样的义务？我们应当履行怎样的行政义务来配合行政机关的工作？我们又应该遵循何种程序监督行政机关的工作？学好行政法，对我们遵守社会管理秩序、有效参与社会管理以及保障自身合法权益都有积极的作用。

第一节　行政与行政法概述

一、什么是行政

在日常生活中，人们经常可以听到“行政机关”“依法行政”“行政部门”“行政人员”等一些说法。“行政”这个词我们很熟悉，但对它的具体含义却不一定了解。简单地说，行政是指对某类事物进行组织或管理的行为或活动，因此，行政总是和管理联系在一起的。

近代意义上的行政是国家权力分立的产物。行政最初是与立法、司法等国家权力相区别而言的，三者共同形成国家权力，由不同的机关来执掌。行政权就是各级行政机关执行法律、管理国家和社会公共事务的权力。

知识链接

我国国家机关在人民代表大会的领导下，各机关之间分工和协作。按照国家机关的分工，最高行政机关国务院、最高人民法院及最高人民检察院在全国人民代表大会的指导和监督下，运用法律赋予的权力管理国家和社会事务。

行政权的存在是维系良好的社会秩序所必需的，行政法的基本内容就是以规范行政权为核心展开的。行政法所研究的行政指的是公共行政，即国家行政机关或者法律法规授权行使行政职能的组织，对国家与公共事务进行组织、管理、决策和调控的活动。

二、什么是行政法

行政法是一个独立的法律部门，它与国家行政权力的发展紧密相连，规定着国家行政机关的组织、职责权限、活动原则、管理制度和工作程序，以此来调整国家各行政机关之间以及国家行政机关同其他国家机关、企事业单位、社会团体和公民之间的社会关系。

简言之，行政法是调整行政关系的法律规范的总称。行政法法律部门是我国社会主义法律体系中一个独立的、重要的组成部分，包括国家民政、治安、司法、军事、外事、财经、文教、卫生、科技、人事等各方面行政管理的法律法规。虽然我国先后制定了许多行政法律法规，但到目前为止，仍然没有一部统一的行政法典。世界各国大都未能制定出普遍适用于全部或绝大部分行政领域的统一完整的行政法典，有关行政管理的法规，只是散见于宪法、法律、法规、决议、命令和其他各种规范性文件之中，缺少系统的行政法规。我国主要的行政法律包括《中华人民共和国行政许可法》《中华人民共和国行政处罚法》《中华人民共和国治安管理处罚法》《中华人民共和国国家赔偿法》《中华人民共和国监察法》等。

行政法涉及的领域极其广泛，内容非常丰富、庞杂。我国行政法的基本原则总体上可

以概括为依法行政，具体可分为合法行政原则、合理行政原则、程序正当原则、高效便民原则、诚实守信原则、权责统一原则。

基本原则		
基本原则	合法行政	法律优先（法已规定不可违）；法律保留（法无规定不可为、法无授权即禁止）
	合理行政	公平公正对待；考虑相关因素；比例原则（含目的性、适当性、损害最小）
	程序正当	行政公开（知情权）；公众参与（参与权、表达权、监督权）；公务回避（实体程序回避）
	高效便民	行政效率（积极履行职责、及时履行职责）；便利当事人（减轻当事人程序负担）
	诚实守信	诚实（信息全面、真实、准确）；保护信赖利益（稳定、撤回补偿、撤销赔偿）
	权责统一	行政效能（赋予执法手段、保证政令有效）；行政责任（行政违法应承担法律责任）

1. 合法行政原则

合法行政原则是指行政权的配置、运行必须依据法律，符合法律，不得与法律相抵触。具体包括职权法定与越权无效；依据法律，法无明文规定不得为之；正当的法律程序等。

想一想

依法行政是法治国家对政府行政活动提出的基本要求，合法行政则是依法行政的根本。下列哪些做法违反合法行政原则？

A. 因蔬菜价格上涨、销路看好，某镇政府要求村民拔掉麦子改种蔬菜

B. 为解决残疾人就业难的问题，某市政府发布《促进残疾人就业指导意见》，对录用残疾人达一定数量的企业予以奖励

C. 孙某受他人胁迫而殴打他人致轻微伤，某公安局决定对孙某从轻处罚

D. 某市政府发布文件规定，外地物流公司到本地运输货物，应事前得到当地交通管理部门的准许，并缴纳道路特别通行费

合法行政原则是行政法的首要原则，其他原则可以理解为这一原则的延伸。我国的合法行政原则的基本要求是：没有法律、法规、规章的规定，行政机关不得作出影响公民、法人和其他组织合法权益或者增加公民、法人和其他组织义务的决定。“某镇政府要求村民拔掉麦子改种蔬菜”侵犯了农民的经营自主权。“市政府发布《促进残疾人就业指导意

见》”有利于促进残疾人就业，符合残疾人保障法等法律的规定，不违反合法行政原则的要求。治安管理处罚法规定，出于他人胁迫或者诱骗而违反治安管理的，减轻处罚或者不予处罚。据此可知，对于受胁迫而伤害他人的情况，法律明确规定应当“减轻处罚”或者“不予处罚”。公安局决定对孙某只是“从轻处罚”违反了治安管理处罚法的规定，违反合法行政原则的要求。行政许可法规定，地方性法规和省、自治区、直辖市人民政府规章设定的行政许可，不得限制其他地区的个人或者企业到本地区从事生产经营和提供服务，不得限制其他地区的商品进入本地区市场。据此可知，某市政府发布的文件中关于限制其他地区的个人或者企业到本地区从事生产经营和提供服务的内容违反合法行政原则的要求。

2. 合理行政原则

合理行政原则是指行政自由裁量权的运用在合法的范围内，还必须要合理，行政行为的内容要客观、适度、合乎理性。具体内容包括：行政行为应符合立法目的、行政行为须有合理动机、行政行为须考虑相关因素、平等适用法律规范、不违反客观规律、符合比例原则、信赖保护原则。例如，甲乙两人共同将丙打伤，公安机关经调查后认为两人责任相当，但由于甲与调查人员相熟，故公安机关决定对甲罚款 100 元，对乙拘留 10 天，公安机关的行为就属于违反了行政法中的合理行政原则。

3. 程序正当原则

程序正当原则是指行政机关作出影响行政相对人权益的行政行为，必须遵循正当法律程序，包括事先告知相对人，向相对人说明行为的根据、理由，听取相对人的陈述、申辩，事后为相对人提供相应的救济途径等。具体包含以下几层含义：

（1）行政公开。除涉及国家秘密、商业秘密和个人隐私外，行政机关实施行政管理应当公开，以实现公民的知情权。

（2）公众参与。行政机关作出重要规定和决定，尤其是作出对公民不利的决定时，应当听取公民的意见，公民的参与主要包括获得通知权、陈述权、抗辩权、申请权。

（3）回避。行政机关履行职责，与相对人存在利害关系的，应当回避。

4. 高效便民原则

高效便民原则是指行政机关应当积极、迅速、及时地履行其职责，实现其职能，严守时限规定，并不断降低行政成本。包含两层含义：

（1）行政效率。行政机关应当积极履行法定职责，禁止不作为或不完全作为，遵守法定时限，禁止不合理延迟。

（2）便利当事人。行政机关在行政活动中增加当事人的程序负担的，是行政侵权行为。

想一想

高效便民是行政管理的基本要求，是服务型政府的具体体现。下列哪些选项体现了这一要求？

A. 简化行政机关内部办理行政许可的流程

B. 非因法定事由并经法定程序，行政机关不得撤回和变更已生效的行政决定

C. 对办理行政许可的当事人提出的问题给予及时、耐心的答复

D. 对违法实施行政处罚给当事人造成损害的行政机关及其执法人员应当依法承担责任

简化行政机关内部办理行政许可的流程是行政效率原则的体现。对办理行政许可的当事人提出的问题给予及时、耐心的答复是便利当事人原则的体现，使行政活动中的当事人的负担得以减轻、疑惑得以解答，充分体现了服务型政府的核心要求。由于行政机关所作出的行为影响的是公民个人这个私主体与国家行政机关这个公主体之间的法律关系，所以就要求行政机关的行为不能朝令夕改，行政行为必须有法定事由及经过法定程序才能进行变更，是合法行政原则的体现。给当事人造成侵害的行政机关及其执法人员依法承担法律责任体现的是权责统一原则。

5. 诚实守信原则

诚实守信原则主要是指信赖利益保护原则。诚实，即行政机关公布的信息应当全面、准确、真实。信用，是指非因法定事由并经法定程序，行政机关不得撤销、变更已经生效的行政决定；若因国家利益、公共利益或者其他法定事由需要撤回或者变更行政决定的，应当依照法定权限和程序进行，并对行政相对人因此受到的信赖利益损失依法予以补偿。例如，省矿产部门向甲颁发了采矿许可证，有效期为10年，但之后政策发生变化，省矿产部门认为该许可证不适宜继续存续下去，遂撤回了该许可证，甲可以以撤回行为违反了信赖保护原则为由要求省矿产部门补偿。行政机关违反法定程序或非因法定事由违法撤销已经生效的行政决定，对行政相对人因此受到的财产损失应依法予以赔偿。

6. 权责统一原则

权责统一原则的基本要求是行政权力和法律责任的统一，即执法有保障、有权必有责、权力受监督、违法要追究、侵权须赔偿。行政机关依法履行管理职责，要有法律、法规赋予其相应的执法手段，保证政令有效；违法或者不当行使职权，应当依法承担法律责任。

想一想

权责一致是社会主义法治理念的要求，也是行政法的基本原则。下列哪些做法是权责一致的直接体现？

A. 某建设局发现所作出的行政决定违法后，主动纠正错误并赔偿当事人损失

B. 某镇政府定期向公众公开本镇公款接待费用情况

C. 某国土资源局局长因违规征地受到行政记过处分

D. 某政府召开座谈会听取群众对政府的意见

“某建设局发现所作出的行政决定违法后，主动纠正错误并赔偿当事人损失”属于权责一致中的行政责任原则的表现。“镇政府定期向公众公开本镇公款接待费用”是政务公开，实现公民知情权，属于程序正当原则中的行政公开原则的表现。“某国土资源局局长因违规征地受到行政记过处分”体现权责一致原则中的行政责任原则。“某政府召开座谈会听取群众对政府的意见”体现程序正当原则中的公众参与原则。

知识链接

行政应急性原则

在行政管理活动和行政法制体系中，行政应急性原则也被称为应急法治原则，它也是现代行政法的基本原则之一。行政应急性原则是指行政主体为保障重大公共利益和行政相对人根本利益，维护经济与社会秩序，保障社会稳定协调发展，在面临突发事件导致公共管理危机等紧急情况下，可实施行政应急措施，其中既包括具有行政行为法上已有具体规定的行为，也可包括一些没有具体法律规范依据的措施。按照现代行政法治的要求，加强公共应急法制建设，完善应急法律规范体系，必须把应对突发事件的公共应急系统纳入法治化轨道，在突发事件导致公共危机，政府动员社会资源应对危机时，应贯彻行政应急性原则，及时采取公共危机管理所需的各种行政应急措施，同时予以及时和充分的权利救济，更加稳健地维护我国经济社会发展和人权保障所需的法律秩序，确保公民权利（特别是基本权利）获得更有效的保护，公共权力（特别是行政权力）能够有效行使并受到有效制约，使二者能够兼顾、协调、持续地发展。

从抗击非典、汶川大地震救灾以及应对2020年新冠肺炎疫情，我国逐步建立健全了比较完整的应对突发事件的法律规范体系，建立健全了防范为主、常备急需、先行处置、尊重程序、及时报告、专业处置、比例协调、严格问责、注重宣教等法治原则和法律制度。依法应对突发事件是最基本的科学应对；依法行政、依法办事是尊重科学和科学管理的要求和体现。

三、行政法律关系

任何法律关系都是法律对一定社会关系进行调整的结果。行政法律关系，就是行政法调整人们行为过程中所形成的权利义务关系。

行政法律关系由主体、内容、客体三要素构成。行政法律关系的内容是行政法律关系主体相互之间的权利与义务，不同类型的行政法律关系主体之间的权利义务各不相同。行政法律关系客体是行政法律关系主体的权利和义务共同指向的对象，包括物、人身、行为和智力成果。

行政法律关系的主体包括行政主体、行政相对人和行政第三人。行政主体是行政权力的行使者，行政相对人则是行政权力的承受者、被管理者，行政第三人则是受到行政权力间接影响的一方。例如，某甲殴打某乙，公安机关对甲处以15天行政拘留。公安机关是这一事件中的行政主体，某甲是这一事件中的行政相对人，相对人直接出现在行政处罚决定书中，并受到行政处罚行为的直接影响，而某乙没有受行政处罚决定的直接影响，也不出现在行政处罚决定书中，但他显然与这一处罚决定有一定的利害关系，因此是行政第三人。

行政主体是具有行政权能，以自身名义运用行政权力，独立承担相应法律后果的社会组织。我国的行政主体包括作为职权行政主体的国家行政机关和作为授权行政主体的被授权组织。公务员和受委托组织则不是行政主体。

国家行政机关根据宪法和相关组织法规定设立，行使国家行政权，对国家各项行政事务进行管理。因此，行政机关是当然的行政主体，主要分为中央国家行政机关和地方国家行政机关。

被授权的组织依据有关法律、法规授权，依法行使特定行政职能的，可以作为行政主体。被授权组织包括六大类：基层群众性自治组织，即城市居民委员会和农村村民委员会；行业组织，如中华全国律师协会；社会团体，如工会、共青团、妇联、科协、侨联等；事业单位，如教育法就授权公立教学机构有权进行招生、对受教育者进行处分等；企业组织，如全国烟草总公司根据烟草专卖法享有一定的行政计划权等；行政机构，包括内设机构、派出机构和临时机构。

要注意的是，某组织具有行政主体资格，并不意味着这些组织永远都是行政主体，而需要通过该组织具体的法律行为来判断其在不同的法律关系中的法律地位。例如，某省公安厅具有行政主体资格，在扩建自己的办公大楼时，需要向国土部门、规划部门提出行政许可申请，这时该公安厅的地位就不是行政主体，而变成行政相对人；在购买办公家具时，需要签署购销合同，这里该公安厅也同样不是行政主体，而是民事活动当中与交易方地位平等的一方当事人。

想一想

行政主体并不限于行政机关。在下列单位中，哪些可能在行政法上具有行政主体资格？

A. 商标评审委员会

B. 中国银保监会的派出机构

C. 证券交易所

D. 中国人民大学

商标评审委员会属于根据专门法律设立的行政机关的内设机构，其法律根据为《中华人民共和国商标法》中“国务院工商行政管理部门设立商标评审委员会，负责处理商标争议事宜”的规定；根据我国法律规定，中国银保监会的派出机构在中国银保监会授权范围内依法履行监管职责；《中华人民共和国证券法》规定，国务院证券监督管理机构可以授权证券交易所依照法定条件和法定程序核准股票上市申请，证券交易所也可成为行政主体；中国人民大学是“国务院授权的高等学校”，其作为行政主体，有《中华人民共和国学位条例》第八条作为法规依据，“学士学位，由国务院授权的高等学校授予；硕士学位、博士学位，由国务院授权的高等学校和科学研究机构授予。”

四、行政行为与行政救济

行政机关管理国家和社会事务，必须通过实施一定的行为来进行，然而行政机关活动的领域非常广泛，活动内容异常庞杂，且种类繁多，有行政组织系统内部基于行政隶属关系、按照行政组织原则处理内部事务的行为，即内部行为；有行政机关以民事法律关系主体身份和当事人处于平等地位所进行的行为，即民事行为；有行政机关与权力机关以及政府的名义与其他国家机关之间的行为，即政治行为。这里的行政行为，仅指行政主体依法行使、运用行政权，对行政相对人所实施的具有法律效力的行为。

行政行为包括抽象行政行为和具体行政行为。行政主体针对不特定的相对人依法制定法规、规章和具有普遍约束力的决定、命令等规范性法律文件的行为是抽象行政行为，又称为行政立法。行政主体依法对具体事项或特定个人采取的行为是具体行政行为，主要包括行政许可、行政处罚、行政强制、行政奖励、行政裁决、行政征收、行政征用、行政给付、行政确认、行政合同等。

随着政府管理理念转变和法治政府建设的全面推进，人们将视角投向行政权合法行使的同时，也开始关注行政权的合理行使、文明行使。当国家行政权力不受控制和制约时，专职与腐败必然丛生，因而有必要设立行政救济制度。

行政救济是指行政相对人认为行政机关的行政行为造成自己合法权益的损害，请求行政主体审查，有权的行政主体依照法定程序审查后对违法或不当的行政行为给予补救的法律制度。行政救济是基于行政监督理论而产生的一种监督制度，其任务和目的是通过这种监督纠正违法或不当的行政行为，弥补行政相对人的损失，它是现代法治社会国家保护相对人合法权益不可或缺的一种制度，包括行政复议、行政申诉、信访、人事仲裁、行政诉讼等，其中最主要的救济途径就是行政复议和行政诉讼。

第二节 社会生活与治安管理处罚法

社会治安管理是与普通公民社会生活联系最密切的一项行政管理活动，其管理的主要目的是维护社会治安秩序，保障公共安全，保护公民、法人和其他组织的合法权益。治安管理是公安机关的主要职能之一，它的范围很广，包括户籍管理、公共秩序管理、公共安全管理、社会管理、交通安全管理、特种行业管理以及边防及出入境管理等。

学校不是一个自我封闭的系统，它是社会的一个组成部分。学校管理是整个社会管理和公共秩序的构成部分。根据我国相关法律法规规定，学校应当维护校园正常秩序，保障学生的正常学习和生活，学生应当自觉遵守公民道德规范，自觉遵守学校管理制度，创造和维护文明、整洁、优美、安全的学习和生活环境，学生不得有酗酒、打架斗殴、赌博、吸毒、传播、复制、贩卖非法书刊和音像制品等违反治安管理规定的行为，对违反治安管理规定受到处罚，性质恶劣的，学校可以给予开除学籍处分等。可见，治安管理也是学校管理的重要内容。在校学生应详细了解和掌握我国治安管理的主要规定，以维护自身的合法权益和公共安全与秩序。

治安管理处罚是公安机关根据治安管理法律、法规、规章的规定，对违反治安管理行为、尚不构成刑事处罚的公民、法人和其他组织实施的剥夺其人身自由、财产、名誉、资格或其他权利的一种行政处罚。治安管理处罚是一种行政处罚，治安管理处罚的主体是公安机关，治安管理处罚的对象是违反治安管理的行为，治安管理处罚的内容是剥夺实施违反治安管理行为的公民、法人和其他组织一定的权益。

《中华人民共和国治安管理处罚法》（以下简称《治安管理处罚法》）由第十届全国人民代表大会常务委员会第十七次会议于2005年8月28日通过，2012年10月26日修正公布。《治安管理处罚法》一方面规范引导社会成员的行为，使人人懂法守法，既实现自身的合法权益和自由，又不对他人的合法权益和自由造成侵害；另一方面规范指导公安机关和人民警察的执法行为，在有效惩治违法行为的同时，充分保障人权。该法是加强社会治安管理、维护公共生活秩序和构建社会主义和谐社会的重要法律保障。

一、《治安管理处罚法》的立法目的和基本原则

《治安管理处罚法》第一条规定，为维护社会治安秩序，保障公共安全，保护公民、法人和其他组织的合法权益，规范和保障公安机关及其人民警察依法履行治安管理职责，制定本法。本条明确了《治安管理处罚法》的立法目的。制定《治安管理处罚法》，对各种违反治安管理的行为设定相应的治安管理处罚，以“维护社会治安秩序，保障公共安全，保护公民、法人和其他组织的合法权益”，这既是我国法律制度的基本出发点，也是公安机关及其人民警察的重要职责，更是公共行政或者行政权力的使命。

“规范和保障公安机关及其人民警察依法履行治安管理职责”是《治安管理处罚法》增加的内容，过去的《治安管理处罚条例》没有这方面的规定。治安管理处罚作为一项重要的行政权力，是公安机关及其人民警察依法管理社会治安的一种重要手段。一方面，本法要对治安管理处罚的适用问题进行“规范”；另一方面，必须“保障”公安机关及其人民警察依法履行治安管理职责。

总的来讲，“保护公民、法人和其他组织的合法权益”是制定《治安管理处罚法》的核心目的。首先，在整部法律中，涉及公安机关的权力与公民、法人和其他组织的权益之间的关系，优先考虑的是保护公民、法人和其他组织的合法权益。其次，规定“规范和保障公安机关及其人民警察依法履行治安管理职责”，也为的是维护社会治安秩序和保障公共安全，以保障全体人民的工作秩序、生活秩序等，保障全体人民的合法权益。

治安管理处罚的基本原则是由《治安管理处罚法》规定，贯穿于治安管理处罚始终，设定和实施治安管理处罚时必须遵循的原则。

（一）法定原则

实施治安管理处罚必须有法律的明文规定，这包括三个方面的内容。一是处罚主体法定，即公安机关实施治安管理处罚，应当有法律的明确授权。《治安管理处罚法》第七条

规定，由公安机关负责治安管理工作。第九十一条规定，治安管理处罚由县级以上人民政府公安机关决定；其中警告、500元以下的罚款可以由公安派出所决定。二是违法行为法定，对违反治安管理行为人实施治安处罚必须有法律的明确规定，法律没有规定为违法行为的，不得实施处罚。三是处罚内容法定，实施治安处罚的种类和幅度必须由法律加以明确，以防止公安机关滥用职权。

（二）公开、公正原则

公开是指实施治安管理处罚的依据和被处罚当事人享有的权利应公布于众。行政案件的办理公开本身虽不能直接实现实体权利与义务的公正，却是公正的保障。公正是指“公平正直，没有偏私”，首先在实施治安管理处罚的过程中，应当平等地对待各方当事人，不以当事人的身份为实施处罚轻重的标准；其次，所给予的治安管理处罚与违反治安管理行为的社会危害程度相适应，要达到公正地实施治安管理处罚，就要正确行使自由裁量权。

（三）尊重和保障人权原则

《治安管理处罚法》第五条规定，实施治安管理处罚，应当公开、公正，尊重和保障人权，保护公民的人格尊严。这不仅是对我国宪法所确立的“国家尊重和保障人权”原则的继承，其深刻内涵在于国家在治安管理领域开始改变管理方式、转变思维，注重保障公民权利，通过唤醒公民的权利意识，使社会公众都愿意参与到社会治安管理过程中来，成为积极维护社会治安的主体，以真正达到构建社会主义和谐社会的目标。

（四）教育与处罚相结合原则

《治安管理处罚法》第五条第三款规定，办理治安案件应当坚持教育与处罚相结合的原则。这一原则的基本精神是指坚持处罚不是目的，而是一种手段，教育也是一种手段。通过处罚和教育，使其不再危害社会，预防和减少违法犯罪的发生。

二、违反治安管理的行为及处罚种类

根据《治安管理处罚法》的规定，违反治安管理的行为有四大类：扰乱公共秩序的行为，妨害公共安全的行为，侵犯人身权利、财产权利的行为，妨害社会管理的行为。

（一）扰乱公共秩序的行为

扰乱公共秩序的行为，是指行为人故意以各种方法扰乱不特定多数人的生产、工作、教学、科研及生活秩序，违反国家治安管理法律规范，造成了一定后果，但情节轻微，尚不够刑事处罚，应受到治安管理处罚的行为。

公共秩序的稳定，是公安机关实施治安管理的重要目的之一，违反治安管理规定扰乱公共秩序的行为有很多。(1) 扰乱机关、团体、企业、事业单位秩序，致使工作、生产、营业、医疗、教学、科研不能正常进行，尚未造成严重损失的；(2) 扰乱车站、港口、码头、机场、商场、公园、展览馆或者其他公共场所秩序的；(3) 扰乱公共汽车、电车、火车、船舶、航空器或者其他公共交通工具上的秩序的；(4) 扰乱文化体育等大型群众性活动秩序的行为；(5) 结伙斗殴的；(6) 追逐、拦截他人的；(7) 强拿硬要或者任意损毁、占用公私财物的；(8) 计算机类违法行为，包括：①违反国家规定，侵入计算机信息系统，造成危害的；②违反国家规定，对计算机信息系统功能进行删除、修改、增加、干扰，造成计算机信息系统不能正常运行的；③违反国家规定，对计算机信息系统中存储、处理、传输的数据和应用程序进行删除、修改、增加的；④故意制作、传播计算机病毒等破坏性程序，影响计算机信息系统正常运行的。

（二）妨害公共安全的行为

妨害公共安全的行为，主要是违反国家规定，制造、买卖、储存、运输、邮寄、携带、使用、提供、处置爆炸性、毒害性、放射性、腐蚀性物质或者传染病病原体等危险物质的行为，以及盗窃公共设施、毁损公共交通工具及其配套设施危害公共安全的行为，如非法携带管制刀具和危害铁路安全。

知识链接

为了保障公民的人身安全，防止不法分子利用刀具作为凶器进行犯罪活动，我国对部分刀具实行管制。我国的刀具管制始于 1983 年公安部发布的《对部分刀具实行管制的暂行规定》。按照该规定，管制刀具是指匕首、三棱刀、带有自锁装置的弹簧刀（跳刀）及其他相类似的单刃、双刃、三棱尖刀。管制刀具的佩带范围和生产、购销均有法定手续。

管制刀具包括：(1) 匕首、三棱刀、三棱刮刀、半圆刮刀、侵刀、扒皮刀、羊骨刀、猎刀、弹簧刀；(2) 刀体 8 厘米以上，带自锁装置或非折叠式的单刃、双刃尖刀；(3) 武术用刀（能开刃的）、剑等器械；(4) 少数民族用的藏刀、腰刀、靴刀；(5) 其他可能危害社会治安的刀具。

（三）侵犯人身权利、财产权利的行为

侵犯人身权利、财产权利的行为，主要指侵犯公民人身权利、财产权利但是尚未构成犯罪，只适用治安管理处罚进行规范的行为。主要包括：（1）组织、胁迫、诱骗不满16周岁的人或者残疾人进行恐怖、残忍表演的；（2）以暴力、威胁或者其他手段强迫他人劳动的；（3）非法限制他人人身自由、非法侵入他人住宅或者非法搜查他人身体的；（4）强行讨要的；（5）写恐吓信或者以其他方法威胁他人人身安全的；（6）公然侮辱他人或者捏造事实诽谤他人的；（7）捏造事实诬告陷害他人，企图使他人受到刑事追究或者受到治安管理处罚的；（8）对证人及其近亲属进行威胁、侮辱、殴打或者打击报复的；（9）多次发送淫秽、侮辱、恐吓或者其他信息，干扰他人正常生活的；（10）偷窥、偷拍、窃听、散布他人隐私的；（11）故意伤害他人身体的；（12）猥亵他人的，或者在公共场所故意裸露身体，情节恶劣的；（13）虐待行为，包括虐待家庭成员，被虐待人要求处理的，遗弃没有独立生活能力的被扶养人的；（14）强买强卖的；（15）煽动民族仇恨、民族歧视，或者在出版物、计算机信息网络中刊载民族歧视、侮辱内容的；（16）冒领、隐匿、毁弃、私自开拆或者非法检查他人邮件的；（17）盗窃、诈骗、哄抢、抢夺、敲诈勒索或者故意损毁公私财物的。

对于此类行为，青少年学生应当多了解，除了要禁止上述行为外，也要避免成为上述行为的受害人。

（四）妨害社会管理的行为

妨害社会管理的行为，通常是指违法行为人实施的妨害国家机关对社会进行公共管理的行为。主要包括：（1）违反关于社会生活噪声污染防治的法律规定，制造噪声干扰他人正常生活的行为。（2）不具备资格而擅自驾驶机动车的行为。例如，偷开他人机动车的；未取得驾驶证驾驶或者偷开他人航空器、机动船舶的。（3）饲养动物，干扰他人正常生活或者放任动物恐吓他人的行为。（4）涉黄行为。卖淫、嫖娼，在公共场所拉客招嫖，引诱、容留、介绍他人卖淫。（5）涉毒行为。①非法种植罂粟不满500株或者其他少量毒品原植物，非法买卖、运输、携带、持有少量未经灭活的罂粟等毒品原植物种子或者幼苗，非法运输、买卖、储存、使用少量罂粟壳的；②非法持有鸦片不满200克、海洛因或者甲基苯丙胺不满10克或者其他少量毒品，向他人提供毒品，吸食、注射毒品，胁迫、欺骗医务人员开具麻醉药品、精神药品的；③教唆、引诱、欺骗他人吸食、注射毒品的。

拓展阅读

狗吠扰民邻居起诉，狗主人被判赔 5 000 元

张某和李某为某小区同一栋楼不同楼层的业主。李某在自己家中饲养了一只狗，住在李某楼上的张某认为，狗吠的声音从楼下阳台传来，声音太大，严重影响了他的休息，导致他经常失眠，影响工作，因此他多次向小区的物业管理公司投诉。物业公司收到投诉后，多次到李某家中进行协商处理，并联系了居委会等协助处理。但张某认为，投诉后狗吠的噪声影响仍一直存在，没有得到任何改善，而物业公司也没有尽到应尽的物业服务和管理职责。投诉无果后，张某一怒之下把李某和物业公司告上了法庭，要求他们赔偿其精神损失费 3 万余元及医药费、误工费、打印费等费用 1 万余元，并要求李某立刻将狗送走。

被诉至法庭，物业公司表示十分无辜，其辩称，他们无权送走涉案狗，且他们已就张某投诉的问题上门沟通协调，并将问题汇报到居委会和行政执法部门，居委会和行政执法部门也已上门处理。同时他们一直在小区宣传提倡文明养狗，已履行合理的物业服务、管理职能。

法院经审理后认为，张某与物业公司之间是物业服务合同关系，接到张某的投诉后，物业公司积极进行沟通、协调，已尽到合理的物业服务、管理职责。张某的损失是由于噪声引起，行为人并不是物业公司，因此张某要求物业公司承担侵权责任不合理，法院不予支持。从张某多次向物业公司投诉及居委会等部门上门处理的情况来看，狗吠的噪声确实影响到张某。至于张某的损失，张某没有证据证明因狗吠的噪声产生了医疗费、误工费等损失，一审法院对上述费用均不予支持。同时法院认为，李某的狗长达 5 年产生噪声，影响张某生活，张某主张精神损害抚慰金有理，法院判定酌情支持 5 000 元。随后，李某不服一审法院的判决，提起了上诉。最终，中院作出终审判决，驳回上诉，维持原判。

随着生活水平的提高，在小区里饲养宠物的人越来越多，然而随之而来的叫声扰民、粪便污染等问题，却给邻居带来困扰，甚至会引发邻里矛盾。养动物是否扰民，完全取决于养动物的人。饲养宠物的人应与周围邻里保持良好沟通，并懂得换位思考，考虑周围人的感受，切不可只图自己方便，而给邻居带来生活上的麻烦。

据了解，噪声污染是环境污染的一种，通过损害人的听觉系统，进而影响大脑中枢神经，从而诱导和导致各种疾病，已与水污染、大气污染被公认为危害人类健

康的三大公害。依据我国《城市区域环境噪声标准》规定，以居住为主的区域，白天不能超过55分贝，夜间不能超过45分贝，而社会生活噪声的管辖、查处主体是公安机关。若狗吠超出这一标准，依照《治安管理处罚法》第五十八条，有关部门完全可予以警告；警告后不改的，处200元以上500元以下罚款。受害居民也可依照环境噪声污染防治法的规定，要求加害人排除危害；造成损失的，依法赔偿损失。

三、治安管理处罚的种类

治安管理处罚的种类由《治安管理处罚法》设定，分为主罚和附加罚。主罚包括警告、罚款、行政拘留和吊销公安机关发放的许可证；附加罚适用于违反治安管理的外国人，包括附加适用限期出境或者驱逐出境。

（一）警告

警告是指对违反治安管理行为人提出告诫，指出危害，促其警觉，使其不再重犯的治安管理处罚。警告是一种最轻的治安管理处罚，主要适用于初次实施比较轻微的违反治安管理行为，情节轻微、认错态度较好的人。

警告处罚具有两个特点：一是它充分体现了教育与处罚相结合原则。警告与批评教育从内容到形式都有许多相似之处，都要摆事实，讲道理，晓以利害，明确责任。可以说，警告是一种特殊的批评教育方法。但是，警告作为一种治安管理处罚，要比批评教育严厉得多。警告由公安机关决定，要制作处罚决定书，向违反治安管理行为人宣布并交给本人。公安机关对违反治安管理行为人决定警告，能使一些初次或者偶然轻微违反治安管理行为的人受到震动，知错思改，幡然悔悟。二是警告使用方便。它的实施，除了开具处罚决定书外，不需要任何设施和物质条件。对轻微的违反治安管理行为，公安民警可以当场作出警告决定，公安派出所也可以作出警告决定。

警告不同于《刑法》第三十七条规定的“训诫”。训诫是人民法院对于犯罪情节轻微不需要判处刑罚的犯罪分子，在判决免予刑事处罚的同时，根据案件的具体情况，以口头方式进行批评教育的一种非刑罚方法。

（二）罚款

罚款是指公安机关对违反治安管理行为人，依法强制其在一定的期限内向国家缴纳一定数额金钱的治安管理处罚。罚款的目的是使违反治安管理行为人在经济上受到损失，从而受到触动、教育，并改正错误，以后不再实施违反治安管理行为。《治安管理处罚法》

第三章在规定具体违反治安管理的行为和处罚时，对罚款的幅度分别作了规定，大致分为以下几个档次：（1）200 元以下；（2）500 元以下和 200 元以上 500 元以下；（3）1 000 元以下和 500 元以上 1 000 元以下；（4）2 000 元以下和 500 元以上 2 000 元以下；（5）3 000 元以下和 500 元以上 3 000 元以下；（6）5 000 元以下和 1 000 元以上 5 000 元以下。这样一来，就便于公安机关在决定罚款处罚时，根据每个具体违反治安管理行为的性质、情节、后果及违反治安管理行为人的态度等情况，分别适用不同的罚款档次，在法定幅度内，合理确定罚款数额。

这里的罚款与刑法规定的“罚金”不同。罚款是一种治安管理处罚，适用于违反治安管理、尚不构成犯罪的行政违法行为人，由公安机关决定；罚金则是一种刑罚，适用于已经构成犯罪的犯罪分子，由人民法院判决。

公安机关在适用罚款处罚时要注意两个问题：一是罚款要力求客观合理，符合错罚相当原则。要根据案件的性质、情节等具体情况，通盘考虑，客观分析，力求准确无误，合情合理。不得凭自己的情绪随意确定罚款数额，不得超越法律规定随意进行罚款，更不得以创收或者弥补经费不足为目的而滥施罚款。二是要严格履行罚款的法律手续。罚款手续是公安机关对被处罚人出具的结论性材料，也是公安机关实施罚款处罚、违反治安管理行为人受到罚款处罚的凭据。办案民警应当将处罚决定书和罚款收据交给被处罚人，不得给被处罚人打白条，也不得以扣押财物的文书替代，否则，很容易让被处罚人产生怀疑和误解，造成不良的社会效果。

（三）行政拘留

行政拘留是指公安机关对违反治安管理行为人，依法给予的暂时剥夺其人身自由的治安管理处罚。行政拘留主要适用于违反治安管理、情节严重的人。行政拘留的期限为 1 日以上 15 日以下，合并执行的最长期限不超过 20 日。

《治安管理处罚法》在规定具体违反治安管理行为和处罚时，对行政拘留的幅度分别作了规定，共分为三个档次：5 日以下；5 日以上 10 日以下；10 日以上 15 日以下。对每个治安案件的违反治安管理行为人如何确定行政拘留的具体期限，则要根据违反治安管理行为的性质、情节、后果等具体情况以及违反治安管理行为人的认错态度而定。

行政拘留是一种剥夺人身自由的最严厉的治安管理处罚，在适用时应当注意以下几点：一是行政拘留的适用对象不能随意扩大；二是行政拘留的期限不能随意延长；三是行政拘留的程序不能随意改变，对一般违反治安管理行为人决定行政拘留，应当经县级以上人民政府公安机关负责人批准。

同时，《治安管理处罚法》明确了不执行行政拘留的特殊群体的规定。《治安管理处罚法》第二十一条规定，违反治安管理行为人有下列情形之一，不执行行政拘留处罚：一是已满 14 周岁不满 16 周岁的；二是已满 16 周岁不满 18 周岁，初次违反治安管理的；三是 70 周岁以上的；四是怀孕或者哺乳自己不满 1 周岁婴儿的。

（四）吊销公安机关发放的许可证

吊销公安机关发放的许可证，是指公安机关依法收回违反治安管理行为人已获得的从事某项活动的权利或者资格的证书，从而禁止相对人从事某种特许权利或者资格的治安管理处罚。其目的在于取消被处罚人的一定资格和剥夺、限制某项特许权利。公安机关发放的许可证，即公安机关进行行政审批后，允许相对人从事某项活动的权利或者资格的证书，如公安机关发给典当行的特种行业许可证等。

（五）限期出境、驱逐出境

限期出境，是指公安机关对违反治安管理的外国人，限定其在一定期限内离开中华人民共和国国境的治安管理处罚。驱逐出境，是指公安机关对违反治安管理的外国人，强迫其离开中华人民共和国国境的治安管理处罚。

我国是一个独立的主权国家，在我国境内的外国人必须遵守我国的法律。外国人在我国境内违反治安管理的，除依法给予警告、罚款、行政拘留处罚外，如果公安机关认为其继续居留在我国境内，将对我国国家和人民利益产生危害的，就可以决定给予限期出境或者驱逐出境的治安管理处罚。驱逐出境比限期出境更为严厉。限期出境或者驱逐出境只能附加适用，不能独立适用。

《出境入境管理法》第八十一条规定，外国人从事与停留居留事由不相符的活动，或者有其他违反中国法律、法规规定的，不适宜在中国境内继续停留居留情形的，可以处限期出境。外国人违反本法规定，情节严重，尚不构成犯罪的，公安部可以驱逐出境。公安部的处罚决定为最终决定，被驱逐出境的外国人，自被驱逐出境之日起 10 年内不准入境。

? 想一想

某公安局以刘某引诱他人吸食毒品为由对其处以 15 日拘留，并处 3 000 元罚款的处罚。下列哪些说法是正确的？

A. 公安局在作出处罚决定前传唤刘某询问查证，询问查证时间最长不得超过 24 小时

B. 对刘某的处罚不应当适用听证程序

C. 如刘某为外国人，可以附加适用限期出境

《治安管理处罚法》规定，对违反治安管理行为人，公安机关传唤后应当及时询问查证，询问查证的时间不得超过 8 小时；情况复杂，依照本法规定可能适用行政拘留处罚的，询问查证的时间不得超过 24 小时。可见，公安局在作出处罚决定前传唤刘某询问查证，无论情况如何，询问查证时间最长不得超过 24 小时。公安机关作出吊销许可证以及处 2 000 元以上罚款的治安管理处罚决定前，应当告知违反治安管理行为人有权要求举行听证；违反治安管理行为人要求听证的，公安机关应当及时依法举行听证。刘某对 3 000 元罚款的处罚是可以要求听证的。对违反治安管理的外国人，《治安管理处罚法》规定，可以附加适用限期出境或者驱逐出境。

四、治安处罚程序

治安管理处罚程序由调查、决定和执行三部分组成。调查是关于治安管理机关查证违反治安管理案件过程的制度。治安管理机关调查活动的内容，主要包括对报案、控告、举报和投案的受理，对违反治安管理行为人的传唤和询问，对行为人、有关场所和物品的检查。调查活动应当遵守《治安管理处罚法》关于依法收集证据、保守秘密和回避的规定。决定是关于治安管理机关对违反治安管理案件作出处理结论过程的制度。这一制度的内容，主要包括决定机关管辖权、证据、当事人程序权利、决定的种类和形式、决定的送达、当场决定、结案期限和权利救济途径。执行是关于治安管理机关实施治安管理处罚决定过程的制度。《治安管理处罚法》规定了拘留和罚款处罚的执行。治安管理处罚程序流程见下页图。

五、未成年人违反治安管理的处理

一般来说，一个正常人生理上成长到一定时期时，大脑对自己的行为就具有一定的支配能力，同时对外界事物也具有了一定的认识能力，这时可以说自己的行为是代表了自己的意志，并且是受自己意志支配的。根据这种能力的有无，就产生了人们对自己的行为是否应当承担责任的问题。未成年人正处在独立意识和辨别是非的能力从无到有、从不完全到完全的发展时期，正确确定未成年人对自己违反治安管理行为开始负责和相对负责的年龄，既非常重要，也非常复杂。

根据未成年人的生理、心理发育和知识、社会生活阅历的发展状况，从对未成年人一贯坚持教育为主、处罚为辅的政策出发，就未成年人违反治安管理的处理规定了两种情况，即相对负法律责任和完全不负法律责任。

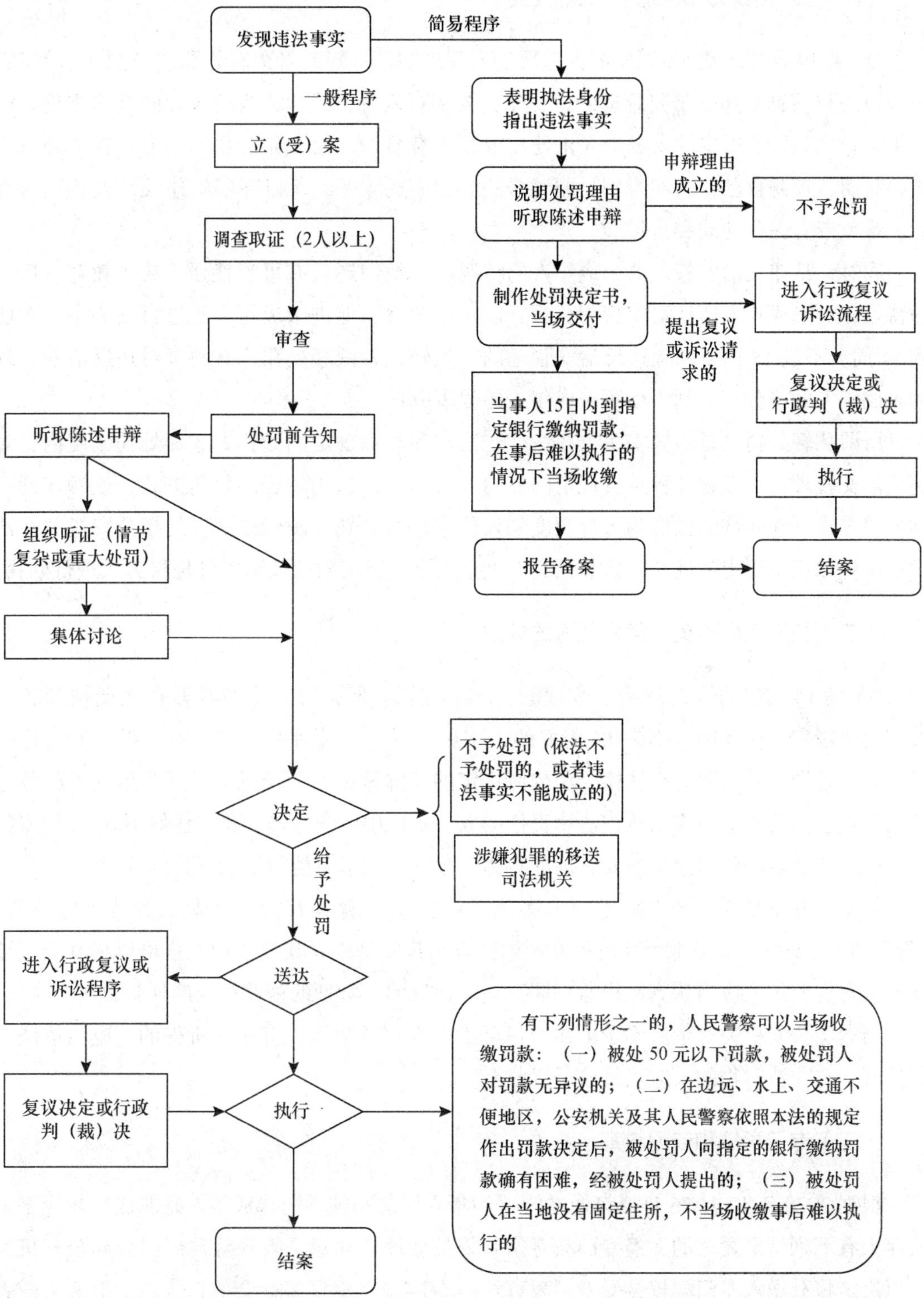
发现违法事实
简易程序
一般程序
表明执法身份
指出违法事实
立（受）案
说明处罚理由
听取陈述申辩
申辩理由
成立的
不予处罚
调查取证（2人以上）
制作处罚决定书，
当场交付
进入行政复议
诉讼流程
提出复议
或诉讼请
求的
审查
当事人15日内到指
定银行缴纳罚款，
在事后难以执行的
情况下当场收缴
复议决定或
行政判（裁）决
听取陈述申辩
处罚前告知
执行
组织听证（情节
复杂或重大处罚）
报告备案
结案
集体讨论
不予处罚（依法不
予处罚的，或者违
法事实不能成立的）
决定
涉嫌犯罪的移送
司法机关
给
予
处
罚
进入行政复议或
诉讼程序
送达
有下列情形之一的，人民警察可以当场收缴罚款：（一）被处50元以下罚款，被处罚人对罚款无异议的；（二）在边远、水上、交通不便地区，公安机关及其人民警察依照本法的规定作出罚款决定后，被处罚人向指定的银行缴纳罚款确有困难，经被处罚人提出的；（三）被处罚人在当地没有固定住所，不当场收缴事后难以执行的
复议决定或行政
判（裁）决
执行
结案

（一）关于相对负法律责任人的处理

“已满 14 周岁不满 18 周岁的人违反治安管理的，从轻或者减轻处罚。”这是《治安管理处罚法》贯彻对违反治安管理的青少年，要实行教育、感化、挽救方针的具体体现。已满 14 周岁不满 18 周岁的未成年人正处在成长发育阶段，由于年龄小，体力、智力处于不成熟时期，控制自己行为和辨别是非善恶的能力还比较差，所以在实施违反治安管理行为时，难免带有一些冲动和盲目。

同时，从违反治安管理的未成年人的情况看，他们还具有可塑性强，易于教育、矫治的特点。对未成年人违反治安管理行为，以注重教育、促进未成年人改过自新为主。对已满 14 周岁不满 18 周岁的人违反治安管理的，从轻或者减轻处罚，有利于对违反治安管理的未成年人的挽救，有利于保障未成年人的健康成长。

所谓从轻处罚，是指公安机关在法律、法规和规章规定的处罚方式和处罚幅度内，对违反治安管理行为人在几种符合规定的处罚方式内选择适用较轻的处罚方式，或者在同一种处罚方式下在允许的幅度内选择幅度的较低限进行处罚。减轻处罚，是指公安机关在法律、法规和规章规定的处罚方式和处罚幅度最低限以下，对违反治安管理行为人进行处罚。

（二）关于完全不负法律责任人的处理

“不满 14 周岁的人违反治安管理的，不予处罚，但是应当责令其监护人严加管教。”按照法律规定，在我国，不满 14 周岁的人实施违反治安管理行为的，不给予治安管理处罚。不予处罚，是指因具有法律、法规所规定的特殊事由，公安机关对某些形式上虽然违反治安管理但实质上不应当承担法律责任的人，不适用治安管理处罚。任何不满 14 周岁的人实施法律规定的任何违反治安管理的行为，公安机关都不能给予治安管理处罚。

但是，并不是说，该年龄段的人实施了违反治安管理行为，公安机关就可以不管。“管”，即公安机关应当责令其监护人严加管教，其父母或者其他监护人也可以将其送工读学校教育。监护人应当认真履行监护职责，对违反治安管理的被监护人严加管教。

当然，公安机关对依法不予处罚的违反治安管理行为人，有违法所得的，应当依法予以追缴；有非法财物的，应当依法予以收缴。

（三）专门学校和专门教育

根据 2020 年 12 月 26 日修订通过的《中华人民共和国预防未成年人犯罪法》规定，未成年人有下列情形之一的，经专门教育指导委员会评估同意，教育行政部门会同公安机关可以决定将其送入专门学校接受专门教育：（1）实施严重危害社会的行为，情节恶劣或者造成严重后果；（2）多次实施严重危害社会的行为；（3）拒不接受或者配合本法第四十一条规定的矫治教育措施；（4）法律、行政法规规定的其他情形。

法治印记

劳动教养制度的废除

2013年第十二届全国人民代表大会常务委员会第六次会议通过了《关于废止有关劳动教养法律规定的决定》，这意味着已实施50多年的劳动教养制度被依法废止。废止劳动教养制度是我国法制逐步完备的结果。近年来，随着我国处理违法犯罪的法律不断完善，对劳动教养适用的违法行为，依照现行法律，实体上基本都能予以相应处罚矫治，程序上更加严格规范。一是2007年公布的《中华人民共和国禁毒法》，将约占被劳教人员一半的吸毒成瘾人员实行社区戒毒和强制隔离戒毒，不再适用劳动教养。二是2006年施行的《治安管理处罚法》，对尚不够刑事处罚的违法行为规定了治安管理处罚措施。三是近年来陆续出台的刑法修正案，将入室盗窃、携带凶器盗窃、扒窃、多次敲诈勒索等直接侵害公民合法权益的严重违法行为规定为犯罪行为。对涉嫌犯罪的，由司法机关依照刑事诉讼法办理，确保程序正义；对需要予以治安管理处罚或者强制隔离戒毒的，由公安机关严格依照法定权限和程序办理，并赋予被处罚人或者被决定人依法申请行政复议或者提起行政诉讼的权利。同时，政法机关加强科技信息化手段运用，不断提升防范、打击违法犯罪活动的水平。

第三节　社会生活与道路交通安全法

道路交通安全问题是每个人在公共生活中都容易碰到的问题，直接影响每个人的人身和财产安全，随着汽车产业的飞速发展，道路交通安全问题也日益凸显。为了维护道路交通秩序，保护人们的人身和财产安全，国家制定了道路安全方面的法律法规。青少年要认真学习道路交通安全法律知识，不仅做到自己遵守交通法律规则，而且要积极宣传道路交通安全法律知识，促进全民交通安全意识和交通守法意识的增强。

一、道路交通安全法概述

《中华人民共和国道路交通安全法》（以下简称《道路交通安全法》）由第十届全国人

大常委会第五次会议于 2003 年 10 月 28 日通过，自 2004 年 5 月 1 日起施行。该法分别于 2007 年 12 月 29 日、2011 年 4 月 22 日进行了两次修正。内容包括总则，车辆和驾驶人、道路通行条件，道路通行规定，交通事故处理，执法监督，法律责任和附则，共 8 章 124 条。除此之外，有关道路交通安全的法律分散在宪法、刑法以及其他法律、法规中，主要包括《中华人民共和国道路交通安全法实施条例》《道路交通安全违法行为处理程序规定》《道路交通事故处理程序规定》《机动车驾驶证申领和使用规定》《机动车登记规定》等。

《道路交通安全法》的立法目的是维护道路交通秩序，预防和减少交通事故，保护人身安全，保护公民、法人和其他组织的财产安全及其他合法权益，提高通行效率。

二、道路通行规则

各行其道是行人、非机动车、机动车在道路通行时遵循的基本规则。根据道路条件和通行需要，道路划分为机动车道、非机动车道和人行道的，机动车、非机动车、行人实行分道通行。没有划分机动车道、非机动车道和人行道的，机动车在道路中间通行，非机动车和行人在道路两侧通行。道路划设专用车道的，在专用车道内，只准许规定的车辆通行，其他车辆不得进入专用车道内行驶。车辆、行人应当按照交通信号通行；遇有交通警察现场指挥时，应当按照交通警察的指挥通行；在没有交通信号的道路上，应当在确保安全、畅通的原则下通行。公安机关交通管理部门根据道路和交通流量的具体情况，可以对机动车、非机动车、行人采取疏导、限制通行、禁止通行等措施。遇有大型群众性活动、大范围施工等情况，需要采取限制交通的措施，或者作出与公众的道路交通活动直接有关的决定，应当提前向社会公告。

机动车在行驶过程中具有潜在危险，对其外界不特定的人和财产的安全都存在一定的威胁。因此，每一个社会成员都要严格遵守道路交通安全法的相关规定，以保障道路交通的安全和畅通。驾驶人在驾驶机动车辆时，要着重注意以下几个方面的事项：

机动车、非机动车，实行右侧通行。机动车上道路行驶，不得超过限速标志标明的最高时速。机动车通过交叉路口，应当按照交通信号灯、交通标志、交通标线或者交通警察的指挥通过；通过没有交通信号灯、交通标志、交通标线或者交通警察指挥的交叉路口时，应当减速慢行，并让行人和优先通行的车辆先行。驾驶非机动车在道路上行驶，应当遵守有关交通安全的规定，在非机动车道内行驶；在没有非机动车道的道路上，应当靠车行道的右侧行驶。机动车、非机动车均应在规定地点停放，不得妨碍其他车辆和行人通过。

《道路交通安全法》规定，行人应当在人行道内行走，没有人行道的靠路边行走。行人通过路口或者横过道路，应当走人行横道或者过街设施；通过有交通信号灯的人行横道，应当按照交通信号灯指示通行；通过没有交通信号灯、人行横道的路口，或者在没有过街设施的路段横过道路，应当在确认安全后通过。行人不得跨越、倚坐道路隔离设施，不得扒车、强行拦车或者实施妨碍道路交通安全的其他行为。学龄前儿童以及不能辨认或者不能控制自己行为的精神疾病患者、智力障碍者在道路上通行，应当由其监护人、监护人委托的人或者对其负有管理、保护职责的人带领。盲人在道路上通行，应当使用盲杖或者采取其他导盲手段，车辆应当避让盲人。行人通过铁路道口时，应当按照交通信号或者管理人员的指挥通行；没有交通信号和管理人员的，应当在确认无火车驶临后，迅速通过。乘车人不得携带易燃易爆等危险物品，不得向车外抛洒物品，不得有影响驾驶人安全驾驶的行为。

三、交通事故的处理

交通事故，是指车辆在道路上因过错或者意外造成的人身伤亡或者财产损失的事件。根据交通事故损害后果，道路交通事故分为轻微事故、一般事故、重大事故和特大事故四类。

（一）现场处理

在道路上发生交通事故，车辆驾驶人应当立即停车保护现场；造成人身伤亡的车辆驾驶人应当立即抢救受伤人员，报告执勤的交通警察，或者公安机关交通管理部门；未造成人身伤亡，当事人对事实及成因无争议的，可以即行撤离现场，自行协商处理赔偿事宜；不即行撤离现场的，应当迅速报告执勤的交通警察，或者公安机关交通管理部门；在道路上发生交通事故，仅造成轻微财产损失，并且基本事实清楚的，当事人应当先撤离现场再进行协商处理。

（二）道路交通事故责任认定

《道路交通安全法》在交通事故的处理上规定，机动车发生交通事故造成人身伤亡、财产损失的，由保险公司在机动车第三者责任强制保险责任限额范围内予以赔偿。不足的部分，按照下列规定承担赔偿责任：（1）机动车之间发生交通事故的，由有过错的一方承担责任；双方都有过错的，按照各自过错的比例分担责任。（2）机动车与非机动车驾驶人、行人之间发生交通事故的，非机动车驾驶人、行人没有过错的，由机动车一方承担责任；有证据证明非机动车驾驶人、行人有过错的，根据过错程度适当减轻机动车一方的赔偿责任；机动车一方没有过错的，承担不超过10%的责任。交通事故的损失是由非机动车驾驶人行人故意造成的，机动车一方不承担责任。

四、道路交通安全违法行为

（一）道路交通安全违法行为的概念及处罚

道路交通安全违法行为是指道路交通参与者违反道路交通安全法律、法规，扰乱道路交通安全秩序，妨碍道路交通安全和畅通，应当受到行政处罚的行为。

根据《道路交通安全法》，对违反道路交通安全违法行为，公安机关可以处以警告、罚款、暂扣或吊销机动车驾驶证、拘留。同时为了保障道路交通的安全与畅通，可以即时采取辅助性强制手段，包括扣留车辆，扣留机动车驾驶证，拖移机动车，收缴非法装置或者机动车牌证，检验酒精，检验国家管制的精神药品、麻醉药品含量，强制排除妨碍等。对于醉酒驾驶机车的，由公安机关交通管理部门约束至酒醒。

（二）道路交通安全违法行为的处理程序

道路交通安全违法行为处罚的程序有简易程序、一般程序之分。简易程序适用于对道路交通安全违法行为人处以警告或者 200 元以下罚款。适用简易程序，交通警察应当表明执法身份、履行告知义务、听取违法行为人的陈述和申辩、制作简易程序处罚决定书，简易程序处罚决定书由被处罚人签名、交通警察签名或盖章，以及将处罚决定书当场交付被处罚人。

一般程序是公安机关交通管理部门处理道路交通安全违法行为所遵循的步骤和方法。对违法行为人处以 200 元以上罚款、暂扣或者吊销机动车驾驶证的，应当适用一般程序。一般程序分为现场处理部分和非现场处理部分。一般程序通常包括告知或者调查、听取陈述申辩或询问、制作违法行为通知书或者行政处罚决定书、送达等程序。

第四节　学校与学生的行政法律关系

近年来，学校与学生之间的纠纷日益引起人们的关注，学校与学生的关系究竟如何？

一、学校的法律地位

学校是民事主体，在食宿、学校设施使用及一般买卖交易过程中，在学校侵犯学生人身权、财产权等合法权益的情况下，学校与学生处于平等法律地位，两者之间形成的是民事法律关系，所产生的纠纷，学生可提起民事诉讼。

同时，学校在现代社会中的定位是事业组织，它接受教育行政部门的领导与管理。在与教育行政机关的法律关系中，它是行政相对人。学校也是培养年轻一代健康成长的重要场所，其社会价值在于促进年轻一代的社会化，使其身心受到符合社会要求的影响。随着角色的变化，当学校管理学生时它能否成为行政主体呢?

我国的教育法明确了学校对学生的管理权力。《中华人民共和国教育法》（以下简称《教育法》）规定，学校有权组织实施教育教学活动；招收学生或者其他受教育者；对受教育者进行学籍管理，实施奖励或者处分；对受教育者颁发相应的学业证书。而《普通高等学校学生管理规定》等教育行政法规更是明确学校对学生从入学到毕业在校阶段的管理权限和管理制度。

因此，学校对学生的管理是经过相关的法律法规授权的，学校是享有行政权的法律、法规授权的组织。学校被授予的权利中有许多属于行政权力，如学校招生权，学籍管理、奖励、处分权，颁发学业学位证书权等。这些学校权利具有单方意志性、强制性，属于行政权力或公共管理权。

二、学校与学生之间的行政法律关系

学校是法律、法规授权的组织，具有行政主体资格，对学生享有行政管理权，两者之间的法律关系是行政法律关系，主要体现在学校对学生的学籍管理以及日常管理过程之中。学籍管理具体包括入学与注册、成绩考核、升级与留级、降级、休学、停学、复学与退学、学业证书与学位证书的发放与授予。它是学校对学生实施管理的主要内容，也是学校行政的重中之重。学籍管理的重要渠道是制度管理，即校方通过建立一套规范、严密、科学的规章制度来规范、教育每一个在校的学生。制度管理的特点在于它的权威性，任何个体在制度面前都是微不足道的，都处于服从的地位。这样一来，作为制度管理者的学校与作为被管理者的学生之间的关系，就是上与下不对等的行政关系。

除了学籍管理外，学校还必须通过教师具体的教育教学行为来对学生进行日常管理。日常管理是对学生日常行为进行管理，如作息时间制度等。

在我国司法实践中，基于学校对学生的管理行为而引发的纠纷，受诉人民法院以行政诉讼案件予以立案受理的主要有以下几种。

1. 因招生录取而引起的纠纷

根据我国《教育法》《高等教育法》的规定，学校享有招生录取权，在招生录取过程中，两者在法律上处于不对等地位，同时又不存在隶属关系，因此形成的法律关系是外部行政法律关系，对此所产生的争议，可以作为行政诉讼法受案的范围。

2. 因学校学生处分权而引起的纠纷

依据《教育法》以及《普通高等学校学生管理规定》，学校享有学生处分权，在学校行使该权利的过程中，学校与学生之间形成行政法律关系，该行政法律关系是否具有可诉性，取决于其是内部行政法律关系还是外部行政法律关系。

在学校行使学生处分权的5种方式中，前4种方式即警告、严重警告、记过、留校察看排除司法审查，原因在于具有学校学籍的学生与学校之间具有隶属关系，两者之间形成内部行政法律关系不具有可诉性。

开除学籍具有可诉性，理由在于这种处分直接导致学生失去学校学籍，改变学生与学校的隶属关系，使得学校与学生之间的行政法律关系由内部行政法律关系转化成外部行政法律关系，学生对上述开除学籍处分方式不服的，可以提起行政诉讼。

那么，对学校作出的退学决定，是否可以提起诉讼呢？教育属于社会公共资源，受教育权是公民的一项基本权利，学校作出退学决定，无疑会使学生丧失学籍资格，直接影响、限制和否定了其受教育权和学生身份权。学校对受教育者的受教育权和身份权的处理，系特殊的外部行政管理关系，不属于内部管理行为，故依法具有可诉性。

3. 因颁发学业证书与学位证书而引起的纠纷

在现实中，学业证书与学位证书的颁发对学生具有十分重要的意义，对其以后的工作、生活有重要的影响，将此类纠纷纳入司法审查的范围，有利于保护学生的权利，监督学校行政管理权的行使，有效防止学校滥用职权。

根据《教育法》《高等教育法》《学位条例》等法律法规的规定，学校具有学位证书与学业证书的颁发权，在此过程中，学校与学生形成的行政法律关系具有可诉性。

需要说明的是，学校的日常管理是学校根据自身情况自行制定学校规章制度，只是为了保障正常的教育教学秩序，学生对此有服从的义务，如学校的作息时间制度、服装的要求、宿舍管理规则等。这种日常管理是学校办学自主权的范围，学校与学生由此形成的行政法律关系是内部行政法律关系，学生不能通过外部途径予以救济。

实践活动建议

实践项目一：了解社区矫正制度

★ 活动设计

第十一届全国人大常委会第十九次会议审议通过的《刑法修正案（八）》，规定了“依法实行社区矫正”，标志着我国社区矫正法律制度的确立。我国的“社区矫正”，是指将符合社区矫正条件的罪犯置于社区内，由专门的国家机关，在相关社会团体和民间组织以及社会志愿者的协助下，在判决、裁定或决定确定的期限内，矫正其犯罪心理和行为恶习，并促进其顺利回归社会的非监禁刑罚执行活动。

了解社区矫正基本流程，掌握社区矫正基本法律制度，通过实际操演培养学生的口头表达能力、思辨能力、分析和判断事实的能力以及查找、运用法律的能力。

★ 实训内容

1. 社区矫正基本流程演练；
2. 社区矫正基本法律制度演练；
3. 社区矫正常用法律文件制作。

★ 实训要求

1. 对社区矫正阶段检察院、法院、社区角色及相关流程及法律规定进行调研，收集相关法律规定进行汇编，收集相关的案例及司法实践，根据老师提供的素材形成齐备的操作流程和法律文书。

2. 撰写一份实训报告（含会议记录、实训日志），字数要求在 1 000 字左右。

实践项目二：开展青少年维护网络安全宣讲活动

★ 活动设计

纷繁的网络空间以其媒体多样、数据开放、知识密集、信息丰富、查阅方便等优点，为青少年认知世界、开阔视野、学习知识提供了重要平台。但网络犹如一把双刃剑，其中一些不良内容也极易对学生造成伤害：部分学生上网浏览色情、暴力等不健康的内容，沉迷于内容低级、庸俗的网上聊天和网络游戏等。网络“无时差、零距离”的特点使得不良内容以前所未有的速度在全球扩散，网络不良内容甚至还会造成学生生理上的伤害，加强网络安全教育尤为紧迫。

★ 实践形式

各小组围绕主题准备讲稿和课件，收集资料，宣讲比赛。

★ 实践成果

个人完成实践日志或心得体会一份，小组完成实践活动总结一份、课件一份。

★ 参考主题

1. 网络与学生的性格

（1）迷恋角色扮演型网络游戏的青少年喜欢独处、敏感、倾向于抽象思维、警觉、不服从社会规范，容易孤独和抑郁。(2) 网络游戏使得青少年过早地成人化。(3) 网络游戏使青年荒废学业，坐享其成。（4）不是我不想走，实在是欲罢不能——自我控制力差。(5) 还我明亮的眼睛，还我健康的体魄——损害身体健康。(6) 虚拟世界中，我是谁，你又是谁？——欺骗、谎言。

2. 网络与学生的心理

（1）沉迷网络一般有两种：一是沉迷于网络聊天，二是沉迷于网络游戏。不管是哪种类型，或者两个都有，原因一般是在现实生活中的人际交往不顺利，多多少少有一些心理上的阴影，想在虚拟的世界中找到自己的位置，宣泄感情。(2) 对网络的迷恋会让一个人与现实生活脱节，特别是对学生来说，青年时代正是培养能力的时候，更不能过分迷恋网络，不能生活在虚拟世界中，要尽力摆脱网络的诱惑，过正常、健康、实际的生活。

3. 网络与学生的生活

（1）我们可以通过网络，收集学习中需要的资料，同时可以拓展知识面，拓宽视野，了解并参与讨论各种社会热点，关注世界，关注社会。(2) 做任何事都要有一定的度，如果对网络过于沉迷，就会影响学业，甚至玩物丧志，沉迷游戏等各种虚拟世界，无法自拔。这样的例子在我们周围并不少见。(3) 学习和网络是可以相辅相成的，关键在于自己的调节。(4) 目前主要的“学习氛围破坏者”就是手机、计算机、网络。有人因为沉迷网络而荒废了学业，有人因为身边人的沉迷而受到影响。

第五章 维护劳动权益，创造美好未来

在我国，劳动既是公民的权利，也是公民的义务。随着青年学生生理和心理的发展，独立性越来越强，他们在具备一定文化知识的基础上，具有了一定的劳动能力，于是提出走向社会、参加社会劳动的要求。但在这些社会活动中，侵害在校学生合法权益的事件屡有发生，更有甚者，还出现一些侵害学生人身权利的恶性案件。只有了解劳动者的权利和义务，我们才能够依法维护权益，履行义务，走进社会的广阔天地。

第一节　劳动法律关系的建立与保护

劳动法律关系是法律关系的重要组成部分，是公民在择业、就业过程中面临的最主要的法律关系。所谓劳动法律关系，主要是指劳动法律规范在调整劳动关系过程中形成的法律上的劳动权利和劳动义务关系。劳动法律关系是劳动关系在法律上的表现，青年学生一旦走上工作岗位，除了从事公务员和事业单位工作形成的是人事关系外，与用人单位形成的大多是劳动关系，属于我国劳动法律规范调整范围。

一、我国基本的劳动法律制度

劳动法是调整劳动关系以及与劳动关系密切联系的社会关系的法律规范的总称。劳动法主要调整劳动关系，同时也调整因劳动力管理、社会保险和福利、职工民主管理、劳动争议处理等产生的其他社会关系，进而建立和维护适应社会主义市场经济、促进经济发展与社会进步的劳动制度。

法治印记

我国劳动和社会保障工作由人力资源社会保障部主管，主要的劳动法律法规包括：

(1) 劳动法、劳动合同法、社会保险法、就业促进法、劳动争议调解仲裁法、工会法、职业病防治法等法律。

(2)《女职工劳动保护特别规定》《国务院关于职工工作时间的规定》《失业保险条例》《社会保险费征缴暂行条例》《全国年节及纪念日放假办法》《禁止使用童工规定》《工伤保险条例》《劳动保障监察条例》等行政法规。

(3)《国务院关于职工探亲待遇的规定》《国务院关于建立城镇职工基本医疗保险制度的决定》《国务院关于完善企业职工基本养老保险制度的决定》等行政法规性文件。

(4)《关于工资总额组成的规定》《劳动行政处罚听证程序规定》《劳动力市场管理规定》《就业服务和就业管理规定》《最低工资规定》《集体合同规定》《失业保险金申领发放办法》等部门规章。

(5)《最高人民法院关于审理劳动争议案件适用法律问题的解释》等司法解释以及若干地方政府规章。

想一想

下列哪些不是劳动法所涉及的劳动关系？

A. 乡镇企业与其职工之间的关系

B. 某家庭与其聘用的保姆之间的关系

C. 个体老板与其雇工之间的关系

D. 国家机关与实行劳动合同制的司机之间的关系

我国劳动法的适用范围包括：（1）在中华人民共和国境内的企业、个体经济组织和与之形成劳动关系的劳动者；（2）国家机关、事业组织、社会团体的工勤人员；（3）实行企业化管理的事业组织的非工勤人员；（4）其他通过劳动合同（包括聘用合同）与国家机关、事业组织、社会团体建立劳动关系的劳动者。劳动法不适用公务员和比照实行公务员制度的事业组织和社会团体的工作人员，以及非农场的农业劳动者、现役军人和家庭保姆等。因此，乡镇企业与职工、个体老板与雇工、国家机关与司机之间是劳动关系，而家庭与保姆之间则不属于劳动关系。

保护劳动者的合法权益是劳动法的立法目的所在，也是劳动法的主旨之一，《中华人民共和国劳动法》（以下简称《劳动法》）规定，劳动者的权利包括：平等就业和选择职业的权利，取得劳动报酬的权利，休息休假的权利，获得劳动安全卫生保护的权利，接受职业技能培训的权利，享受社会保险和福利的权利，提请劳动争议处理的权利，以及法律规定的其他权利。对劳动者的权利保护应当是平等和全面的，不论劳动者的民族、种族、性别、年龄、文化程度、财产状况、宗教信仰、职业等，其合法权益都应平等地受到劳动法的保护，不应有任何歧视或差异。

劳动者应当履行的义务包括：完成劳动任务，提高职业技能，执行劳动安全卫生规程，遵守劳动纪律和职业道德。

（一）工作时间和休息休假

劳动者有休息休假的权利。国家实行劳动者每日工作时间不超过 8 小时，平均每周工作时间不超过 40 小时的工时制度。《劳动法》第四十一条规定，用人单位由于生产经营需要，经与工会和劳动者协商后可以延长工作时间，一般每日不得超过 1 小时；因特殊原因需要延长工作时间的，在保障劳动者身体健康的条件下延长工作时间每日不得超过 3 小时，但是每月不得超过 36 小时。经批准实行不定时工作制的职工，用人单位应采用弹性工作时间等适当的工作和休息方式，确保职工的休息休假权利和生产工作的完成。

法条速递

《劳动法》第四十二条规定，有下列情形之一的，延长工作时间不受本法第四十一条规定的限制：(1) 发生自然灾害、事故或者因其他原因，威胁劳动者生命健康和财产安全，需要紧急处理的；(2) 生产设备、交通运输线路、公共设施发生故障，影响生产和公众利益，必须及时抢修的；(3) 法律、行政法规规定的其他情形。

"用人单位取得大量订单，为了在短期内完成交货，组织突击生产的"不属于此列，应受到《劳动法》延长工作时间限制性规定的约束。

用人单位应当保证劳动者每周至少休息 1 日。用人单位在元旦、春节、劳动节、端午节、中秋节和国庆节以及法律、法规规定的其他休假节日期间，应当依法安排劳动者休息。劳动者连续工作 1 年以上的，可以享受带薪年休假。

想一想

王某的日工资为 160 元。10 月 1 日至 7 日，根据政府规定放假 7 天，其中 3 天属于法定假日，4 天属于前后两周的周末公休日。公司安排王某在这 7 天加班。根据《劳动法》的规定，公司除应向王某支付每日 160 元的工资外，还应当向王某支付多少加班费？

《劳动法》第四十四条规定，有下列情形之一的，用人单位应当按照下列标准支付高于劳动者正常工作时间工资的工资报酬：(1) 安排劳动者延长工作时间的，支付不低于工资的 150%的工资报酬；(2) 休息日安排劳动者工作又不能安排补休的，支付不低于工资的 200%的工资报酬；(3) 法定休假日安排劳动者工作的，支付不低于工资的 300%的工资报酬。由此可知，公司应支付王某的工资报酬总共为 2 720 元，减去 7 天的日基本工资 1 120 元，应支付王某加班费 1 600 元。

（二）工资制度

劳动者有取得报酬的权利。劳动报酬就是人们常说的“工资”，它是用人单位依据国家有关规定或劳动合同的约定，以货币形式直接支付给本单位劳动者的劳动报酬，一般包括计时工资、计件工资、奖金、津贴、补贴、延长工作时间的工资报酬及特殊情况下支付的工资。

法条速递

《中华人民共和国劳动法》第四十八条规定，国家实行最低工资保障制度。最低工资的具体标准由省、自治区、直辖市人民政府规定，报国务院备案。

第四十九条规定，确定和调整最低工资标准应当综合参考下列因素：

（一）劳动者本人及平均赡养人口的最低生活费用；

（二）社会平均工资水平；

（三）劳动生产率；

（四）就业状况；

（五）地区之间经济发展水平的差异。

想一想

张某在工作中因违反操作规程导致公司设备受损，直接经济损失 3 万元。张某的月工资为 900 元，当地最低工资标准为每月 700 元。现公司决定从张某的月工资中扣除设备损失赔偿金，直到公司损失收回。下列扣款方案中，哪一项符合劳动法规定？

A. 按照本人月工资的 20%计算，每月扣除 180 元

B. 按照扣除后的余额不低于当地最低工资标准计算，每月扣除 200 元

C. 按照 A、B 方案平均计算，每月扣除 190 元

D. 按照张某与公司的 5 年合同期平均计算，每月扣除 500 元

《工资支付暂行规定》第十六条规定，因劳动者本人原因给用人单位造成经济损失的，用人单位可以按照劳动合同的约定要求其赔偿经济损失。经济损失的赔偿，可从劳动者本人的工资中扣除。但每月扣除的部分不得超过劳动者当月工资的 20%。若扣除后的剩余工资部分低于当地月最低工资标准，则按最低工资标准支付。本案中张某月工资 900 元，每月扣除 20%是 180 元，扣除后张某实得工资为 720 元，超过了最低工资标准，所以每月扣除工资的 20%（180 元）即可。

（三）劳动保护和职业培训

劳动者有获得劳动安全卫生保护的权利。用人单位必须建立、健全劳动安全卫生制度，严格执行国家劳动安全卫生规程和标准，对劳动者进行劳动安全卫生教育，防止劳动过程中的事故，减少职业危害。劳动安全卫生设施必须符合国家规定的标准。用人单位必须为劳动者提供符合国家规定的劳动安全卫生条件和必要的劳动防护用品，对从事有职业危害作业的劳动者应当定期进行健康检查，对从事特种作业的劳动者，必须进行专门培训，并颁发特种作业资格，要建立伤亡事故和职业病统计报告和处理制度。

国家对女职工和年满 16 周岁未满 18 周岁的未成年工实行特殊劳动保护。例如，禁止安排女职工从事矿山井下等高强度的劳动；不得安排女职工在经期从事高处、低温、冷水作业和国家规定的高强度劳动；用人单位不得招收未满 16 周岁的童工；不得安排未成年工从事矿山井下、有毒有害和国家规定的高强度劳动；用人单位应当对未成年工定期进行健康检查；等等。这些规定显示了国家对特殊劳动者的关怀，也是社会文明和进步的标志。

国家通过各种途径采取各种措施发展职业培训事业，开发劳动者的职业技能，提高劳动者素质，增强劳动者的就业能力和工作能力。用人单位应当建立职业培训制度，按照国家规定提取和使用职业培训经费，根据本单位实际，有计划地对劳动者进行职业培训。从事技术工种的劳动者，上岗前必须经过培训。

（四）试用期制度

试用期劳动纠纷，是青年学生初入用人单位常见的纠纷。试用期是劳动关系形成的一个特殊阶段，也是劳动纠纷的高发时期。试用期是用人单位和劳动者为相互了解、选择而约定的不超过 6 个月的考察期。一般对初次就业或再次就业的职工可以约定，在原固定工进行劳动合同制度的转制过程中，用人单位与原固定工签订劳动合同时，可以不再约定试用期。

法条速递

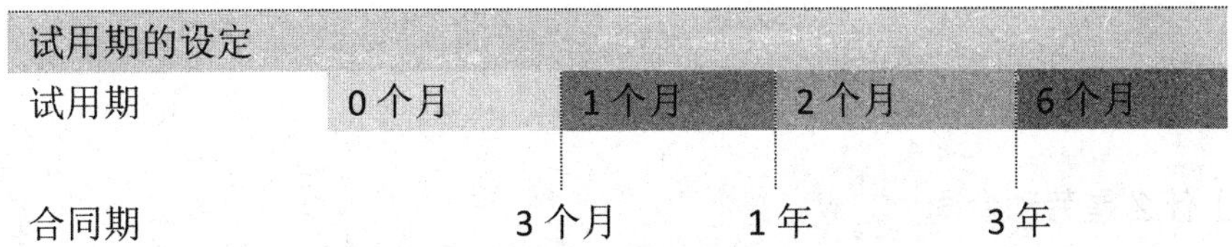

合同期 **3** 个月，试用期最多 **1** 个月

合同期 **1** 年，试用期最多 **2** 个月

合同期 **3** 年，试用期最多 **6** 个月

《中华人民共和国劳动合同法》（以下简称《劳动合同法》）第十九条规定：

劳动合同期限 3 个月以上不满 1 年的，试用期不得超过 1 个月；劳动合同期限 1 年以上不满 3 年的，试用期不得超过 2 个月；3 年以上固定期限和无固定期限的劳动合同，试用期不得超过 6 个月。

同一用人单位与同一劳动者只能约定一次试用期。

以完成一定工作任务为期限的劳动合同或者劳动合同期限不满 3 个月的，不得约定试用期。

试用期包含在劳动合同期限内。劳动合同仅约定试用期的，试用期不成立，该期限为劳动合同期限。

《劳动合同法》还对劳动者在试用期间的工资设定了法定最低标准：劳动者在试用期的工资不得低于本单位相同岗位最低档工资或者劳动合同约定工资的 80%，并不得低于用人单位所在地的最低工资标准。劳动者和用人单位双方可以在法定限度内协商，约定试用期的工资。

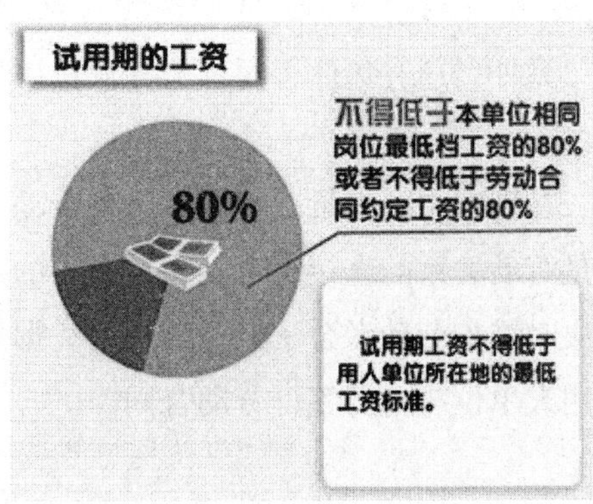

用人单位在试用期间，解除劳动合同的，应当向劳动者说明理由。一般情况下，只要劳动者和用人单位协商一致，就可以解除劳动合同，但在试用期内，劳动者只需提前 3 天通知用人单位就可以解除劳动合同。

（五）社会保险制度

劳动者有享受社会保险和社会福利的权利。劳动者在职业生涯中会出现年老、患病、工伤、失业、生育等现象，从而可能暂时或永久丧失劳动能力，为了确保劳动者获得基本的生活保障，国家建立社会保险制度。社会保险制度保障劳动者的生存权，保障劳动力再生产，保障社会安定，因此也被称为“社会的安全网和稳定器”。享受社会保险是我国宪法规定的公民权利。

二、劳动合同

（一）什么是劳动合同

劳动合同是用人单位与劳动者为确立劳动关系，明确彼此权利义务所达成的协议。依据劳动合同，劳动者与用人单位之间的权利义务得以固定和明确，劳动者与用人单位的合法权益得以维护和保障。按照不同的用工模式，劳动合同主要分为固定期限劳动合同、无固定期限劳动合同和以完成一定工作任务为期限的劳动合同。用人单位与劳动者协商一致，可以订立这三种劳动合同。

法条速递

《劳动合同法》第十条规定，建立劳动关系，应当订立书面劳动合同。

已建立劳动关系，未同时订立书面劳动合同的，应当自用工之日起1个月内订立书面劳动合同。

用人单位与劳动者在用工前订立劳动合同的，劳动关系自用工之日起建立。

另外，还有集体合同、劳务派遣协议、非全日制用工的口头协议等几种特殊劳动合同形式。

在现实中，大量劳动者在发生劳动争议时，往往不能提供充分而有力的证据。劳动合同是劳动关系的直接反映，是最有力的证据。“白纸黑字”的劳动合同是劳动仲裁、法院判决时维护劳动者合法权益的主要凭据之一，因此，劳动者要勇敢地行使自己的权利，要求用人单位与自己签订劳动合同。

想一想

没有劳动合同如何证明劳动关系?

如果企业没有与你签订劳动合同，但你又需要向企业主张相关的权利，维护自己的合法权益，却苦于没有书面的劳动合同。这种情况下，你可以提供哪些证据来证明劳动关系的存在呢?

事实上，即便企业没有与劳动者签订书面的劳动合同，只要存在用工的事实，劳动者就可以提供以下证据来证明双方劳动关系的存在：

(1) 招聘登记表、报名表；

(2) 同事的证言；

(3) 工作证、门禁卡、工作服；

(4) 代表用人单位对外签订的合同；

(5) 工资发放凭证；

(6) 员工花名册等。

(二) 劳动合同的订立

劳动合同的订立是指劳动者与用人单位之间建立劳动关系、明确权利义务的法律行为。我国《劳动法》规定，订立和变更劳动合同，应当遵循平等自愿、协商一致的原则，不得违反法律、行政法规的规定。因此，双方当事人订立合同时应遵守合法、公平、平等自愿、协商一致、诚实信用的原则。

建立劳动关系，应当订立书面劳动合同。已建立劳动关系未同时订立书面劳动合同的，应当自用工之日起 1 个月内，订立书面劳动合同。劳动合同应由用人单位与劳动者协商一致，并经用人单位与劳动者在劳动合同文本上签字或者盖章生效后，由用人单位与劳动者各执一份。

如果用人单位自用工之日起超过 1 个月不满 1 年未与劳动者订立书面劳动合同的，应当向劳动者每月支付双倍的工资。用人单位自用工之日起满 1 年不与劳动者签订书面劳动合同的，视为用人单位与劳动者已订立无固定期限劳动合同。

劳动合同的内容主要包括：用人单位的名称、住所和法定代表人或者主要负责人；劳动者的姓名、地址和居民身份证或者其他有效证件号码；劳动合同期限；工作内容和工作地点；工作时间和休息休假；劳动报酬；社会保险；劳动保护、劳动条件和职业危害预防；法律、法规规定应当纳入劳动合同的其他事项。此外，用人单位与劳动者还可以约定试用期、培训、保守秘密、补充保险和福利待遇等其他事项。

知识链接

劳动合同中的竞业限制条款

当前我国人才流动比较频繁，为防止不正当竞争，用人单位一般与高级职员在劳动合同中约定，劳动者在终止或解除劳动合同后的一定期限内负有保密义务，不能到生产同类产品或经营同类业务，且有直接竞争关系的其他单位任职，这是劳动合同中的竞业限制条款。

竞业限制的人员限于用人单位的高级管理人员、高级技术人员和其他负有保密义务的人员。因为竞业限制会限制劳动者的职业自由，直接影响劳动者离开用人单位后的职业发展和经济收入，所以用人单位应向劳动者支付一定数额的补偿费。在竞业限制的年限内，补偿额一般不低于竞业限制人员原工资的50%，而且竞业限制的年限应适当，一般不超过2年。劳动者在签订竞业限制条款时，应特别注意工资补偿、竞业限制年限、竞业限制范围等事项，从而进行有效的自我保护。

劳动合同的效力对于合同双方都是十分重要的问题，涉及合同对双方当事人是否具有约束力，一方能否按照合同规定要求对方履行义务等。一般来讲，依法订立的劳动合同自合同签订之日起开始产生法律效力。若订立合同的一方或双方有下列情况的，劳动合同就会被认定为无效。例如，订立劳动合同的主体不合法。我国法律规定，不能雇用未满16周岁的未成年人，因此和未满16周岁的未成年人签订的劳动合同无效。此外，违反法律、行政法规的劳动合同无效；采用欺诈、威胁手段订立的劳动合同无效；订立劳动合同的程序或形式不合法的劳动合同无效。

想一想

在现实中，少数用人单位利用劳动者急于签约或不敢拒绝的心理，设下了一些合同陷阱，如“生死合同”“卖身合同”“霸王条款”等，这类合同会严重损害劳动者的合法权益，因此要格外警惕。你认为以下劳动合同有效吗？为什么？

（1）用人单位与劳动者签订期限为20年的劳动合同，其中约定“劳动者不能提出解除合同”。

（2）用人单位与劳动者签订的劳动合同中约定“在生产中发生安全事故，一切责任由劳动者个人承担”。

（三）劳动合同的履行、变更、解除、终止

劳动合同订立后，用人单位与劳动者应当按照劳动合同的约定，全面履行各自的义务。劳动合同的履行，是指劳动合同当事人按照合同的约定或者法律的规定，全面适当地完成各自的合同义务，使对方当事人的权利得以实现的过程。

劳动合同签订后即发生法律效力，对于合同双方而言，应当按照合同约定的时间、地点、方式履行各自的义务。用人单位应当按照合同约定和国家规定，向劳动者及时足额支付劳动报酬。此外，在合同履行过程中，用人单位还应当严格执行劳动定额标准，不得强迫或者变相强迫劳动者加班；用人单位安排加班的，应当按照国家有关规定向劳动者支付加班费；劳动者拒绝用人单位管理人员违章指挥、强令冒险作业的，不视为违反劳动合同；劳动者对危害生命安全和身体健康的劳动条件，也有权对用人单位提出批评、检举和控告。

用人单位和劳动者协商一致，可以变更劳动合同约定的内容。变更劳动合同，应当采用书面形式。变更后的劳动合同文本，由用人单位与劳动者各执一份。用人单位变更名称、法定代表人、主要负责人或者投资人等事项，不影响劳动合同的履行。用人单位发生合并或者分立等情况，原劳动合同继续有效。

劳动合同的解除，是指劳动合同生效后，尚未履行完毕之前，当事人双方依法提前消灭劳动合同关系的法律行为，按照合同解除方式的不同，可以分为协商解除和单方解除。

（1）协商解除。一般而言，用人单位和劳动者协商一致，可以解除劳动合同。但是如果是用人单位向劳动者提出解除劳动合同，并与劳动者协商一致解除劳动合同的，应当向劳动者支付经济补偿金。

（2）单方解除。劳动者拥有自由选择职业的权利，我国法律允许劳动者单方解除劳动合同，而无须事先征得用人单位的同意。

劳动者单方解除劳动合同时，用人单位是否支付经济补偿金的情形见表 5-1。

表 5-1　　劳动者解除劳动合同及是否支付经济补偿金情形举例

<table>
<tr><th colspan="2">解除情形</th><th>条件</th><th>期限</th><th>经济补偿金</th></tr>
<tr><td rowspan="11">员工解除的情形</td><td>提前 30 天通知解除</td><td>不论何种类型的劳动合同，也不需要任何条件，劳动者都可以提前 30 天通知解除劳动合同</td><td>提前 30 天通知</td><td>无须支付</td></tr>
<tr><td>提前 3 天通知解除</td><td>在试用期内</td><td>提前 3 天通知</td><td>无须支付</td></tr>
<tr><td rowspan="6">随时通知解除</td><td>用人单位未提供约定的劳动保护和条件</td><td>随时通知</td><td>须支付</td></tr>
<tr><td>用人单位未按时足额支付劳动报酬</td><td>随时通知</td><td>须支付</td></tr>
<tr><td>用人单位未依法缴纳社会保险费</td><td>随时通知</td><td>须支付</td></tr>
<tr><td>用人单位规章制度违法损害劳动者权益</td><td>随时通知</td><td>须支付</td></tr>
<tr><td>用人单位以欺诈、胁迫的手段或者乘人之危订立的劳动合同</td><td>随时通知</td><td>须支付</td></tr>
<tr><td>法律法规规定的其他情况</td><td>随时通知</td><td>须支付</td></tr>
<tr><td rowspan="2">无须通知立即解除</td><td>用人单位以暴力、威胁或者非法限制人身自由的手段强迫劳动者劳动的</td><td>立即解除，无须通知</td><td>须支付</td></tr>
<tr><td>用人单位违规违章强令冒险作业</td><td>立即解除，无须通知</td><td>须支付</td></tr>
</table>

用人单位单方解除劳动合同，又称用人单位单方辞退，是指当法律法规规定的情形发生时，用人单位可以单方解除劳动合同的情形。为了维护劳动者的合法权益，用人单位单方解除劳动合同的应当事先将理由通知工会。用人单位解除劳动合同及是否支付经济补偿金的情形见表 5-2。

表 5-2　　用人单位解除劳动合同及是否支付经济补偿金情形举例

<table>
<tr><th colspan="2">解除情形</th><th>条件</th><th>期限</th><th>经济补偿金</th></tr>
<tr><td rowspan="6">单位解除的情形</td><td rowspan="6">即时通知解除劳动合同（过失性解除劳动合同）</td><td>劳动者试用期内不符合录用条件</td><td>随时</td><td>无须支付</td></tr>
<tr><td>劳动者严重违纪</td><td>随时</td><td>无须支付</td></tr>
<tr><td>给用人单位造成重大损害</td><td>随时</td><td>无须支付</td></tr>
<tr><td>劳动者兼职，对本职工作有严重影响或经提出拒不改正的</td><td>随时</td><td>无须支付</td></tr>
<tr><td>劳动者以欺诈、胁迫手段或者乘人之危订立的劳动合同</td><td>随时</td><td>无须支付</td></tr>
<tr><td>劳动者被追究刑事责任</td><td>随时</td><td>无须支付</td></tr>
</table>

续表

解除情形		条件	期限	经济补偿金
单位解除的情形	预先通知解除（非过失性解除劳动合同）	劳动者患病或非因工负伤医疗期满不能从事原工作，也不能从事另行安排的工作	提前 30 天或支付 1 个月工资	须支付
		劳动者不能胜任工作，经培训或调岗后仍无法胜任的	提前 30 天或支付 1 个月工资	须支付
		劳动合同无法履行且无法达成变更劳动合同协议的	提前 30 天或支付 1 个月工资	须支付
	裁员解除	企业破产；经营困难；转产、重大技术革新或者经营方式调整；客观情况发生重大变化	履行法定程序后可以裁员	须支付

如果劳动者没有主观过错，当出现下列情形之一时，用人单位不得因用人单位裁员或劳动者患病等原因解除劳动合同：从事接触职业病危害作业的劳动者未进行离岗前职业健康检查，或者疑似职业病病人在诊断或者医学观察期间的；在本单位患职业病或者因工负伤并被确认丧失或者部分丧失劳动能力的；患病或者非因工负伤，在规定的医疗期内的；女职工在孕期、产期、哺乳期的；在本单位连续工作满 15 年，且距法定退休年龄不足 5 年的；法律、行政法规规定的其他情形。

劳动合同的终止，是指劳动合同的法律效力自然消灭或经判决、裁决而消灭。劳动法规定了劳动合同终止的两种情况：一是劳动合同期限届满，劳动合同即告终止，这主要是针对有固定期限的劳动合同和以完成一定的工作为期限的劳动合同而言的；二是当事人约定的合同终止的条件出现，劳动合同也告终止，这种情况既适用于有固定期限和完成一定的工作为期限的劳动合同，也适用于无固定期限的劳动合同，劳动合同的这种终止属于约定终止。劳动者在医疗期、孕期、产期和哺乳期内，劳动合同期限届满时，劳动合同的期限应自动延续至医疗期、孕期、产期和哺乳期满为止。

劳动合同终止，意味着劳动合同当事人协商确定的劳动权利和义务关系已经结束，此时，用人单位应当依法办理终止劳动合同的有关手续。劳动合同终止及是否支付经济补偿金的情形见表 5-3。

另外，《劳动合同法》第八十七条规定，用人单位违反本法规定解除或者终止劳动合同的，应当依照本法第四十七条规定的经济补偿标准的二倍向劳动者支付赔偿金。赔偿金则是对用人单位违法解除劳动合同的一种惩罚，即无《劳动合同法》第三十六条、第三十

表 5-3　　　　劳动合同终止及是否支付经济补偿金情形举例

劳动合同终止情形		经济补偿金
劳动合同期满的	用人单位不同意续订的	须支付
	用人单位降低劳动条件续订劳动合同，劳动者不同意续订的	须支付
	用人单位维持或者提高劳动条件续订劳动合同，劳动者不同意续订的	无须支付
劳动者开始享受基本养老保险待遇的		无须支付
劳动者死亡，或被法院宣告死亡，或失踪的		无须支付
用人单位被宣告破产		须支付
用人单位被吊销营业执照、责令关闭、撤销或者用人单位决定提前解散的		须支付

七条、第三十八条、第三十九条、第四十条、第四十一条、第四十四条规定的任何一种情形的情况，用人单位与劳动者解除或终止劳动关系的，属于违法解除，需要向劳动者支付赔偿金。赔偿金标准是经济补偿金的两倍，赔偿金与补偿金不能同时主张。

拓展阅读

“劳动碰瓷”不受法律保护

原告王某某于 2018 年 7 月 11 日入职被告深圳某科技公司，双方未签订劳动合同，口头约定月工资为 1 万元。2018 年 7 月 13 日，深圳某科技公司认为王某某在简历中所称技能与实际相差太大，并且存在迟到早退现象，因此以王某某不符合岗位要求为由解除双方劳动关系。王某某离职时，深圳某科技公司已向王某某支付工资 546 元。2019 年 3 月 21 日，王某某申请劳动仲裁，劳动人事争议仲裁委员会以王某某未能提供有效证据证明与深圳某科技公司存在劳动关系为由决定不予受理。后王某某诉至法院，请求判令深圳某科技公司支付 2018 年 7 月 11 日至 7 月 13 日工资差额 1 000 元和违法解除劳动关系的赔偿金 1 万元。

法院经审理认为，从王某某提交的证据看，其在入职之前和入职期间就已经在为可能产生的劳动争议积极收集证据，比如在入职前两天与公司法定代表人的电话通话中明确“我明天过来上班”，并进行电话录音；以公司为收件地址收取快递；特意在公司办公场所拍摄带有公司标识的办公用品，并将自己拍摄入镜，然后将相关视频作为证据提交。且根据深圳某科技公司提供的信息，法院查询到王某某自2014年起先后涉及20多宗劳动争议案件，仅2017年1年间就起诉了10余家不同的公司，并且王某某在本案中起诉深圳某科技公司的同时又起诉了另外一家公司，这些案件的诉讼请求多为要求公司支付解除劳动合同补偿金或赔偿金、加班工资差额、未签订书面劳动合同工资差额等。综上，法院采信了深圳某科技公司对双方劳动关系的陈述，依照民事活动及民事诉讼中的诚信原则，认定深圳某科技公司在试用期内以王某某不符合录用条件为由解除双方劳动关系符合法律规定，判决驳回了王某某的关于违法解除劳动合同赔偿金的诉讼请求。

《劳动合同法》的立法本意在于通过明确劳动合同双方当事人的权利和义务，保护劳动者的合法权益，构建和谐稳定的劳动关系。在现实中，一些不良劳动者专门选取管理不规范的中小企业就业，利用用人单位管理的疏漏与制度的缺失，通过消极怠工、主动找碴儿等方式诱导用人单位对其作出辞退处理，然后向用人单位主张违法解除劳动合同赔偿金，这种现象被称为“劳动碰瓷”。“劳动碰瓷”者在建立劳动关系时其目的不是通过劳动获得报酬，而是意欲通过引发劳动争议获取额外利益，违反诚信原则，不应得到法律的支持。

第二节　未成年人劳动权益的法律保护

一、童工的法律保护

（一）童工认定

童工是指未满16周岁，与单位或者个人发生劳动关系从事有经济收入的劳动或者从事个体劳动的少年、儿童。童工一直以来都是社会的弱势群体，需要特别关注和救助。他们在不足法定年龄的情况下从事成年人的工作，而且所从事的劳动环境一般情况下比较艰苦；他们通常没有福利保障，却从事超时超体力劳动，面临工资低、工作卫生条件差等劳动条件。消除童工是未成年人权益保护的一个重要方面，也是劳动法领域内的一个重要问题。

知识链接

“世界无童工日”的由来

“世界无童工日”起源于2002年6月在日内瓦召开的第90届国际劳工大会，会议决定将每年6月12日定为“世界无童工日”，呼吁世界各国密切关注童工问题。国际劳工组织发布的《2015世界童工报告》指出，全球约有1.68亿名童工，其中8 500万名童工所从事的是一些严重伤害儿童身心健康的工作。

“世界无童工日”的历届主题如下：

2020 危机对童工的影响

2018 安全与健康的一代

2016 终结供应链中的童工劳动：事关每一个人

2015 对童工说“No”，对高质量教育说“Yes”

2014 扩大社会保障——与童工现象做斗争

2013 向从事家政工作童工说“不”

2012 权利和社会正义，让我们结束童工现象

2011 给女童一个机会，消除童工

2010 消除童工劳动，我们争做前锋

2009 给女童一个机会，解决童工问题——未来的关键

2008 教育：童工应享有的权利

2007 将重点关注农业童工问题，农业童工在童工中占有很大比例

2006 消除童工，让我们一起来实现

2005 重点关注在矿区和采石场工作的儿童

2004 关注儿童从事家佣

2003 日益严重的贩卖儿童问题

判断未成年人是否为童工，首要的条件为其是否达到法定的最低就业年龄。法定最低就业年龄是自然人可以进入劳动领域、与用人单位形成合法劳动关系的年龄界限，也是劳动法对未成年人权益保护的重要体现。

知识链接

国际劳工组织1973年《准予就业最低年龄公约》中规定，最低就业年龄应不低于完成义务教育的年龄，并在任何情况下不得低于15周岁。如果会员国的经济和教育设施不够发达，可以在与有关雇主组织和工人组织协商后，初步规定最低年龄为14周岁。准予从事按其性质或其工作环境很可能有害年轻人健康、安全或道德的任何职业或工作类别，其最低年龄不得低于18周岁。

根据我国法律的规定，未成年人是指未满18周岁的公民；公民最低就业年龄为16周岁。因此，是否年满16周岁成为判断未成年人是否为童工的年龄标准。

我国一些法律法规对童工问题做了规定，以禁止童工现象的存在。

我国从立法上赋予了儿童接受教育权，义务教育法规定，所有适龄儿童、少年必须接受义务教育。未成年人保护法也明确规定，未成年人享有受教育权，未成年人享有生存权、发展权、受保护权、参与权等权利，国家根据未成年人身心发展特点给予特殊、优先保护，保障未成年人的合法权益不受侵犯。

我国从立法上对招用童工问题做了明确的禁止性规定，《劳动法》第十五条规定，禁止用人单位招用未满16周岁的未成年人。《未成年人保护法》第六十一条第一款规定，任何组织或者个人不得招用未满16周岁未成年人，国家另有规定的除外。

下列情形一般不属于使用童工：文艺、体育和特种工艺等单位根据培养需要，经有关部门、未成年人的父母或者其他监护人的同意，招用不满16周岁的专业文艺工作者、运动员和艺徒的；组织不满16周岁的未成年人参加适合未成年人特点、不影响其人身安全和身心健康的社会公益劳动的；不满16周岁的未成年人在近亲属或者监护人自营的生产经营场所从事力所能及、不影响其人身安全和身心健康的辅助性劳动的；学校、职业培训机构及其他教育机构按照国家有关规定组织不满16周岁的未成年人从事不影响其人身安全和身心健康的实习、教学实践、职业技能培训的；经有关主管部门认定具有社会影响的特殊专业人才，确因传承技艺需要招收不满16周岁的未成年人学艺的。这些情形下，招用不满16周岁的未成年人的，用人单位、组织和个人应当保障未成年人接受义务教育的权利。

（二）违反禁止使用童工的处罚

非法使用童工的主要责任方式包括民事赔偿、行政处罚和刑事处罚，主要法律依据是《禁止使用童工规定》。

根据我国劳动法的相关规定，童工并没有和用人单位之间形成劳动关系，若童工在用人单位已经付出了劳动，是否应当获得劳动报酬呢？劳动报酬标准应当如何确定呢？显然，童工的劳动报酬的标准应当比照同岗位的劳动者获得的劳动报酬支付，也就是要做到“同工同酬”。若童工在工作中受到伤害，由于劳动关系的不存在而无法认定为工伤，但是这种伤害又确实是发生在工作中，由此，《禁止使用童工规定》规定，童工患病或者受伤的，用人单位应当负责送到医疗机构治疗，并负担治疗期间的全部医疗和生活费用。童工伤残或者死亡的，用人单位还应当一次性地对伤残的童工、死亡童工的直系亲属给予赔偿，赔偿金额按照国家工伤保险的有关规定计算。

《禁止使用童工规定》规定了使用童工的行政责任。用人单位使用童工的，由劳动保障行政部门按照每使用一名童工每月处 5 000 元罚款的标准给予处罚；在使用有毒物品的作业场所使用童工的，按照《使用有毒物品作业场所劳动保护条例》规定的罚款幅度，或者按照每使用一名童工每月处 5 000 元罚款的标准，从重处罚。劳动保障行政部门并应当责令用人单位限期将童工送回原居住地交其父母或者其他监护人，所需交通和食宿费用全部由用人单位承担。用人单位是国家机关、事业单位的，由有关单位依法对直接负责的主管人员和其他直接责任人员给予降级或者撤职的行政处分或者纪律处分。除了对用人单位的行政处罚外，该规定还将处罚范围扩大到了职业中介单位，规定单位或者个人为不满 16 周岁的未成年人介绍就业的，由劳动保障行政部门按照每介绍一人处 5 000 元罚款的标准给予处罚；职业中介机构为不满 16 周岁的未成年人介绍就业的，可由劳动保障行政部门吊销其职业介绍许可证。

《禁止使用童工规定》还规定了非法使用童工的刑事责任。拐骗童工，强迫童工劳动，使用童工从事高空、井下、放射性、高毒、易燃易爆以及国家规定的第四级体力劳动强度的劳动，使用不满 14 周岁的童工，或者造成童工死亡或者严重伤残的，依照刑法关于拐卖儿童罪、强迫劳动罪或者其他罪的规定，依法追究刑事责任。

二、未成年工的法律保护

对于已经年满 16 周岁未满 18 周岁的未成年人，我国劳动法将其称为“未成年工”，可以和用人单位形成劳动关系，但是在劳动过程中，根据其自身健康的需要，法律应给予特殊的保护。根据我国《关于贯彻执行〈中华人民共和国劳动法〉若干问题的意见》规定，在校生利用业余时间勤工俭学，不视为就业。因此，我国法律上定义的未成年工，不包括年满 16 周岁而未满 18 周岁的在校学生。

（一）未成年工的劳动法律保护

我国调整劳动关系以及劳动权利义务方面的法律主要是《劳动法》以及《劳动合同法》。这两部法律中涉及的工作和休息时间、保险福利、劳动安全卫生、职业培训、劳动合同的订立履行、工资标准以及劳动合同终止后的经济补偿等均适用于未成年工。未成年工在遇到前述问题与用人单位发生纠纷后，可以依据相关法律提请仲裁或诉讼。

此外，为了保护未成年工的正常身体发育和安全健康，除改善一般的劳动条件外，还需要在工作时间、工作场所等方面给予特殊保护。例如，我国《劳动法》第五十八条规定的“国家对女职工和未成年工实行特殊劳动保护”，第六十四条规定的“不得安排未成年工从事矿山井下、有毒有害、国家规定的第四级体力劳动强度的劳动和其他禁忌从事的劳动”，第六十五条规定的“用人单位应当对未成年工定期进行健康检查”等。同时，1995年实施的《未成年工特殊保护规定》也对未成年工的工作范围、劳动强度、定期体检的时间和项目等方面作了具体规定。

（二）违反未成年工劳动保护规定的处罚

非法使用童工的处罚依据主要集中在《禁止使用童工规定》。比较而言，违反未成年工保护规定的处罚不那么集中，而是散见于各种劳动法律法规中，主要涉及的内容如下。

《劳动法》第九十四条规定，用人单位非法招用未满16周岁的未成年人的，由劳动行政部门责令改正，处以罚款；情节严重的，由市场监督管理部门吊销营业执照。除此之外，《劳动法》还规定了用人单位违反未成年工的保护规定的民事赔偿，即对未成年工造成损害的，用人单位应当承担赔偿责任。

《未成年人保护法》规定，任何组织或者个人不得招用未满16周岁未成年人，国家另有规定的除外。营业性娱乐场所、酒吧、互联网上网服务营业场所等不适宜未成年人活动的场所不得招用已满16周岁的未成年人。招用已满16周岁未成年人的单位和个人应当执行国家在工种、劳动时间、劳动强度和保护措施等方面的规定，不得安排其从事过重、有毒、有害等危害未成年人身心健康的劳动或者危险作业。任何组织或者个人不得组织未成年人进行危害其身心健康的表演等活动。经未成年人的父母或者其他监护人同意，未成年人参与演出、节目制作等活动，活动组织方应当根据国家有关规定，保障未成年人合法权益。违反以上规定的，由文化和旅游、人力资源社会保障、市场监督管理等部门按照职责分工责令限期改正，给予警告，没收违法所得，可以并处10万元以下罚款；拒不改正或者情节严重的，责令停产停业或者吊销营业执照、吊销相关许可证，并处10万元以上100万元以下罚款。

《劳动保障监察条例》规定，用人单位安排未成年工从事矿山井下、有毒有害、国家规定的第四级体力劳动强度的劳动或者其他禁忌从事的劳动的，以及未对未成年工定期进行健康检查的，由劳动保障行政部门责令改正，按照受侵害的劳动者每人1 000元以上5 000元以下的标准计算，处以罚款。

想一想

某建筑工程队低价招用20名学徒工，合同中规定他们每天必须从事高空作业或繁重的搬运工作，否则不能结算当月工资。用工当月，工程队因违反安全施工规定造成事故，致使学徒工多人受伤。有关部门经调查发现这些学徒工均不满15周岁。对此，劳动行政部门可采取哪些措施？

A. 责令雇主解除劳动合同，遣返这批学徒工

B. 责令雇主承担遣返费用，并给予经济补偿

C. 收缴雇主在非法用工期间的经营所得

D. 告知事故受害者及其家属向雇主索赔的权利，并协助他们向雇主索赔

《劳动法》第九十三条规定，用人单位强令劳动者违章冒险作业，发生重大伤亡事故，造成严重后果的，对责任人员依法追究刑事责任。《禁止使用童工规定》第十一条也规定，拐骗童工，强迫童工劳动，使用童工从事高空、井下、放射性、高毒、易燃易爆以及国家规定的第四级体力劳动强度的劳动，使用不满14周岁的童工，或者造成童工死亡或者严重伤残的，依照刑法关于拐卖儿童罪、强迫劳动罪或者其他罪的规定，依法追究刑事责任。

《劳动法》第九十四条规定，用人单位非法招用未满16周岁的未成年人的，由劳动行政部门责令改正，处以罚款；情节严重的，由市场监督管理部门吊销营业执照。第九十五条规定，用人单位违反本法对女职工和未成年工的保护规定，侵害其合法权益的，由劳动行政部门责令改正，处以罚款；对女职工或者未成年工造成损害的，应当承担赔偿责任。

因此，本例中，劳动行政部门可责令雇主解除劳动合同，遣返这批学徒工。责令雇主承担遣返费用，并给予经济补偿，同时告知事故受害者及其家属向雇主索赔的权利，并协助他们向雇主索赔。劳动行政部门没有权利没收该企业的经营所得。

三、职业学校在校生实习权益保护

根据相关法律法规的规定，中等职业学校和高等职业学校学生按照专业培养目标要求和人才培养方案安排，由职业学校安排或者经职业学校批准自行到企（事）业等单位进行专业技能培养的实践性教育教学活动，包括认识实习、跟岗实习和顶岗实习等形式。《国务院关于大力发展职业教育的决定》规定，中等职业学校在校生实行“2+1”教育模式，即在校学习2年，第3年到专业相应对口的指定企业，带薪实习1年。顶岗实习是专业教学计划中综合性最强的实践性教学环节，是校内实训向校外的延伸，它对于培养学生良好的职业道德、熟练的专业技能、较强的可持续发展能力具有重要的意义。

知识链接

认识实习是指学生由职业学校组织到实习单位参观、观摩和体验，形成对实习单位和相关岗位的初步认识的活动。

跟岗实习是指不具有独立操作能力、不能完全适应实习岗位要求的学生，由职业学校组织到实习单位的相应岗位，在专业人员指导下部分参与实际辅助工作的活动。

顶岗实习是指初步具备实践岗位独立工作能力的学生，到相应实习岗位，相对独立参与实际工作的活动。

（一）实习常见法律纠纷

1. 顶岗实习的学生身份模糊

根据我国劳动法的相关规定，实习学生并未同企业签订劳动合同，不存在法律意义上的劳动关系，因此不能把实习学生视为劳动者。同时学生到企业等用人单位顶岗实习，是在没有完成学习、没有取得毕业证书的前提下进行的实践活动，这种实践活动是学校以培养学生的职业技能为目的的教学手段，而不是以就业为目的的劳动关系。因此，在处理劳动纠纷时，实习学生并不被视为真正的劳动者，法院也都习惯按照民法的相关规定处理这类劳动纠纷。

2. 实习期间无法签订劳动合同

根据我国劳动合同法的规定，用人单位自用工之日起即与劳动者建立劳动关系。但是，在顶岗实习之前，学校、用人单位和学生三者之间已经签订了书面协议，用人单位不能满足学生签订劳动合同的要求。实习学生的身份比较特殊，在劳动法中不被视为真正的劳动者。

3. 同工同酬的要求无法实现

顶岗实习期间，学生和企业的正式员工一样，从事性质相同的工作，但是两者间的收入差距却很明显。对此，学生要求享受同工同酬的待遇。事实上，受到学生身份的限制，以及学生和企业之间没有形成法律意义上的劳动关系，同工同酬的要求是不能实现的。劳动仲裁机构受理的争议是劳动者和用人单位之间建立劳动关系的争议，对于实习学生的要求不能依法受理，因此实习学生要求同工同酬的行为是不受法律保护的。

4. 实习学生不能享受工伤待遇

工伤保险是用人单位为正式员工办理的保险，而实习学生没有和用人单位订立劳动关系，不属于用人单位的正式员工，因此不能享受工伤待遇。学校和用人单位应根据国家有关规定，为实习学生投保实习责任保险。学生在实习期间受到人身伤害，属于实习责任保险赔付范围的，由承保保险公司按保险合同赔付标准进行赔付。不属于保险赔付范围或者超出保险赔付额度的部分，由实习单位、职业学校及学生按照实习协议约定承担责任。职业学校和实习单位应当妥善做好救治和善后工作。

（二）学生实习法律保障

为了保障顶岗实习学生的合法权益，规范和加强职业学校学生实习工作，提高技术技能人才培养质量，增强学生社会责任感、创新精神和实践能力，更好地服务产业转型升级需要，2016 年，教育部、财政部、人力资源社会保障部等部门依据相关法律法规、规章，研究制定了《职业学校学生实习管理规定》（以下简称《规定》）。《规定》针对职业学校学生实习中突出的重点难点问题，完善顶层设计，从制度上进一步规范和加强了职业学校学生实习管理。

《规定》强调全过程管理，突出实习的教育教学属性，对一些重点环节，如实习协议、实习报酬、禁止事项等作了强调和细化。

1. 实习协议

要求“无协议不实习”。学生参加跟岗实习、顶岗实习前，职业学校、实习单位、学生三方应签订实习协议，明确各方的责任、权利和义务。未按规定签订实习协议的，不得安排学生实习。实习协议应包括但不限于以下内容：各方基本信息；实习的时间、地点、内容、要求与条件保障；实习期间的食宿和休假安排；实习期间劳动保护和劳动安全、卫生、职业病危害防护条件；责任保险与伤亡事故处理办法，对不属于保险赔付范围或者超出保险赔付额度部分的约定责任；实习考核方式；违约责任；其他事项。其中，顶岗实习的实习协议内容还应当包括实习报酬及支付方式。

2. 实习报酬

接收学生顶岗实习的实习单位，应参考本单位相同岗位的报酬标准和顶岗实习学生的工作量、工作强度、工作时间等因素，合理确定顶岗实习报酬，原则上不低于本单位相同岗位试用期工资标准的 80%，并按照实习协议约定，以货币形式及时、足额支付给学生。这是首次提出顶岗实习学生报酬底线，避免“廉价劳动力”现象发生。

3. 禁止事项

对不适宜学生实习的情况，如安排、接收一年级在校学生顶岗实习；安排未满 16 周岁的学生跟岗实习、顶岗实习；安排未成年学生从事《未成年工特殊保护规定》中禁忌从事的劳动；安排实习的女学生从事《女职工劳动保护特别规定》中禁忌从事的劳动；安排学生到酒吧、夜总会、歌厅、洗浴中心等营业性娱乐场所实习；通过中介机构或有偿代理组

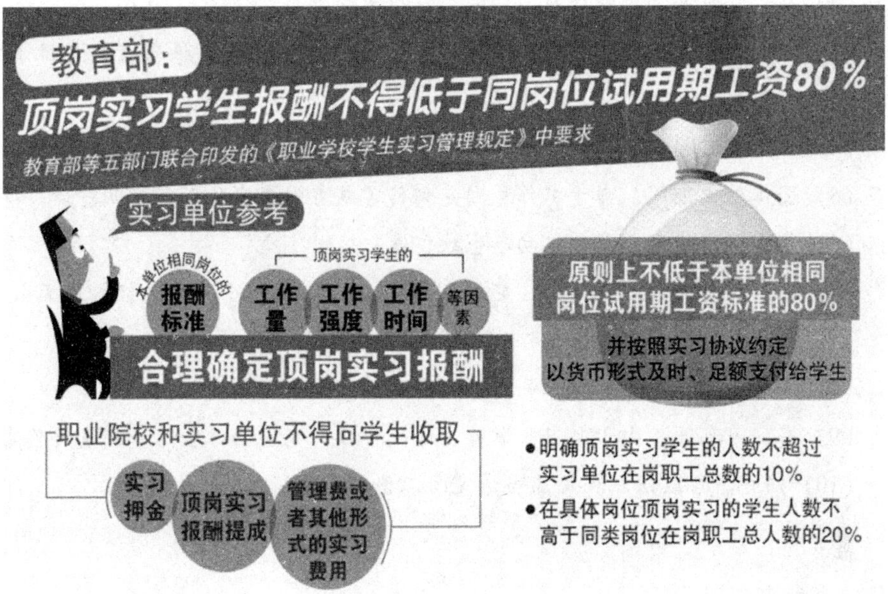

织、安排和管理学生实习工作等，《规定》均予以了明确禁止。

4. 实习强制保险制度

职业学校和实习单位应根据国家有关规定，为实习学生投保实习责任保险。责任保险范围应覆盖实习活动的全过程，包括学生实习期间遭受意外事故及由于被保险人疏忽或过失导致的学生人身伤亡，被保险人依法应承担的责任，以及相关法律费用等。学生实习责任保险的经费可从职业学校学费中列支；免除学费的可从免学费补助资金中列支，不得向学生另行收取或从学生实习报酬中抵扣。职业学校与实习单位达成协议由实习单位支付投保经费的，实习单位支付的学生实习责任保险费可从实习单位成本（费用）中列支。

拓展阅读

厦门市推行中职生实习责任保险制度

根据教育部等相关部门《关于在中等职业学校推行学生实习责任保险的通知》精神，厦门市在中职学校学生实习期间推行责任保险。经费从学费中列支，不得向学生另行收费，保险责任范围覆盖学生顶岗实习全过程，最高赔偿额50万元。

因发生下列情形导致伤残或死亡，保险人按合同约定对被保险人需承担经济赔偿责任：

（1）在往返于学校和实习单位途中遭受交通及意外事故伤害；

(2) 在工作时间和工作场所内，因工作原因受到事故伤害；

(3) 工作时间前后在工作场所内，从事与工作有关的预备性或者收尾性工作受到事故伤害；

(4) 在工作时间和工作场所内，因履行工作职责受到暴力等意外伤害；

(5) 因工外出期间，由于工作原因受到伤害或者发生事故下落不明；

(6) 在上下班途中，受到机动车事故伤害；

(7) 在工作时间和工作岗位，突发疾病死亡或者在 48 小时之内经抢救无效死亡；

(8) 在抢险救灾等维护国家利益、公共利益活动中受到伤害；

(9) 在实习期间，由于火灾、爆炸、煤气中毒、高空物体坠落受到意外伤害；

(10) 法律、行政法规规定应当认定为工伤的其他情形。

5. 伤害事故责任划分

学生在实习期间受到人身伤害，属于实习责任保险赔付范围的，由承保保险公司按保险合同赔付标准进行赔付。不属于保险赔付范围或者超出保险赔付额度的部分，由实习单位、职业学校及学生按照实习协议约定承担责任。职业学校和实习单位应当妥善做好救治和善后工作。

第三节　劳动争议的解决

劳动争议又称劳动纠纷，是指劳动关系双方当事人之间因劳动权利和义务产生分歧而引起的争议。劳动纠纷是劳动关系不协调的反映，只有妥善、合法、公正、及时地处理劳动争议，才能维护劳动双方当事人的合法权益，稳定社会秩序。

一、劳动争议案件受理范围

《中华人民共和国劳动争议调解仲裁法》（以下简称《劳动争议调解仲裁法》）规定，中华人民共和国境内的用人单位与劳动者发生的下列劳动争议，适用本法：(1) 因确认劳动关系发生的争议；(2) 因订立、履行、变更、解除和终止劳动合同发生的争议；(3) 因除名、辞退和辞职、离职发生的争议；(4) 因工作时间、休息休假、社会保险、福利、培训以及劳动保护发生的争议；(5) 因劳动报酬、工伤医疗费、经济补偿或者赔偿金等发生的争议；(6) 法律、法规规定的其他劳动争议。

二、劳动争议处理途径

根据我国劳动法的规定，用人单位与劳动者发生劳动争议，当事人可以依法申请调解、仲裁、提起诉讼，也可以协商解决。调解原则适用于仲裁和诉讼程序。这就是我国法律关于劳动争议发生后可供选择的四种典型解决方式。

（一）协商

劳动争议发生后，双方当事人应当首先进行协商，以达成解决方案。这是最为常见的，也往往是双方都容易接受的。对职工来讲，尤其要注意使用协商的方式解决纠纷，因为发生纠纷后，往往还要在该用人单位工作，如果过分强调用诉讼的方式解决问题，可能会为今后的工作带来不便。当然，我们并不是说要对用人单位作不恰当的妥协，而是想要强调，协商是双方最易接受、效果最好的方式。

（二）调解

从法律、法规的规定看，调解并不是必经的程序，但它对于劳动争议的解决却起到很大作用，特别是对希望继续留在本单位工作的职工来说，能够通过调解来解决劳动争议，也不失为一种理想的选择。发生劳动争议，当事人可以到企业劳动争议调解委员会，依法设立的基层人民调解组织，在乡镇、街道设立的具有劳动争议调解职能的组织等调解组织，申请调解。

（三）仲裁

劳动争议当事人不愿调解、调解不成或者达成调解协议后不履行的，可以向劳动争议仲裁委员会申请仲裁。根据规定，劳动争议申请仲裁的时效期间为 1 年，仲裁时效期间从当事人知道或者应当知道其权利被侵害之日起计算。劳动争议仲裁委员会收到仲裁申请之日起 5 日内，认为符合受理条件的，应当受理，并通知申请人；认为不符合受理条件的，应当书面通知申请人不予受理，并说明理由。对劳动争议仲裁委员会不予受理或者逾期未作出决定的，申请人可以就该劳动争议事项向人民法院提起诉讼。仲裁庭裁决劳动争议案件，应当自劳动争议仲裁委员会受理仲裁申请之日起 45 日内结束。案情复杂需要延期的，经劳动争议仲裁委员会主任批准，可以延期并书面通知当事人，但是延长期限不得超过 15 日。逾期未作出仲裁裁决的，当事人可以就该劳动争议事项向人民法院提起诉讼。

知识链接

劳动争议仲裁申请材料

发生劳动争议后，如果需要申请劳动仲裁时，需要提交哪些材料呢？

1. 劳动争议仲裁申请书（一式三份，两份提交，一份留存）；

2. 申请人身份证明材料（一份）；

3. 被申请人身份证明材料（一份）；

4. 能够证明与被申请人之间存在劳动关系的证据材料，如劳动合同（聘用合同或协议）、解除或终止合同通知书、工资单、社会保险缴费证明等材料及复印件（一式两份）；

5. 证据材料清单及证据说明（一式两份）；

6. 其他证据材料复印件（一式两份）；

7. 集体劳动争议还需要提供《员工推举代表书》，含员工代表名单以及全体员工签名表。其中属欠薪的员工集体争议案件，申请人还需提交用人单位拖欠员工工资的人员名单和拖欠金额表。

法治印记

“一裁终局”制度

为了提高劳动仲裁的效率，防止滥诉，并保证仲裁的公平，切实维护劳动者的合法权益，2008 年 5 月 1 日正式实施的《劳动争议调解仲裁法》确立了劳动争议的一裁终局制度。

《劳动争议调解仲裁法》第四十七条规定，下列劳动争议，除本法另有规定的外，仲裁裁决为终局裁决，裁决书自作出之日起发生法律效力：(1) 追索劳动报酬、工伤医疗费、经济补偿或者赔偿金，不超过当地月最低工资标准 12 个月金额的争议；(2) 因执行国家的劳动标准在工作时间、休息休假、社会保险等方面发生的争议。

（四）诉讼

当事人对劳动仲裁裁决不服的，可以自收到仲裁裁决书之日起 15 日内向人民法院起诉。人民法院民事审判庭则依据民事诉讼法和劳动法等规定，受理和审理劳动争议案件。

想一想

根据劳动法的规定和劳动关系的性质，下列哪一项纠纷属于劳动争议？

A. 某私营企业职工张某与某地方劳动保障行政部门的工伤认定机关因工伤认定结论而发生的争议

B. 进城务工的农民黄某与其雇主某个体户之间因支付工资报酬发生的争议

C. 某国有企业退休职工王某与社会保险经办机构因退休费用的发放而发生的争议

D. 某有限责任公司的职工李某是该公司的股东之一，因股息分配与该公司发生的争议

根据我国劳动法的有关规定，A、C 均不是劳动者与用人单位之间发生的纠纷，不是劳动争议。D 不属于劳动争议。只有 B 属于劳动争议的受案范围。

劳动争议的解决方式之间可以相互转化。例如，协商过程中可以提请调解，调解不成可以请求劳动仲裁，也可以不经协商和调解而直接提请仲裁机关仲裁。

实践活动建议

实践项目一：主题演讲——我的职场偶像

★ 活动设计

通过对个人敬仰的职场楷模事迹的讲述，从中领会职场精英爱岗敬业、恪尽职守的职业道德境界，并以榜样为动力，树立遵守职业道德的意识。

★ 活动安排

以班级为单位，各小组选出参赛选手。

各组推选成员担任评委，并采取当场打出分数的方式。

时间限制：每位选手的演讲时间为4~5分钟。

演讲比赛具体流程：主持人（教师）上场，介绍评委，宣讲比赛要求和评分细则；主持人宣布比赛开始，选手开始演讲；评委根据选手演讲水平打出分数；主持人宣布选手得分。

演讲作品要求：体裁不限，主题鲜明，观点新颖，文字简洁，具有较强的创新性和时代性，有一定的理论高度，能反映学生对职业道德的认识。

要求脱稿演讲，演讲过程中选手要语言流畅，演讲技巧娴熟，具有较强的感染力。选手可以根据自己的需要在演讲过程中播放一些背景音乐。

★ 活动成果

序号	考核指标	评分标准					
		优秀	良好	中等	及格	不及格	打分
1	主题鲜明						
2	语言有感染力						
3	技巧娴熟						
4	体态得体						
5	服装正规						

实践项目二：模拟面试——展示自我，成就梦想

★ 活动设计

让学生通过模拟招聘，真切感受真实面试的氛围，切身了解不同职位的基本素质和本能，从而更好地完善和提高自己，并根据社会的要求和自身的特长合理规划自己当前的学习与将来的就业发展。模拟面试实际上是给了求职者一次实际锻炼的机会，有利于增强其就业信心，提高求职成功率。

★ 活动流程

按照[illegible]好的小组，由各小组分组进行。

每个小[illegible]个人，组长和组员讨论后进行角色分配，5 人分饰 3 名面试官和 2 名应聘者角色。

模拟招[illegible]现场，由各小组自主选择模拟的公司招聘及应征的职位。

由团队成员根据活动现场应聘者的表现情况，对应聘者进行打分。

对打分情况进行统计，评选出优秀者。

对整个活动进行总结，宣布优秀选手，指出一些存在的问题，以及团队成员从中取得的收获。

由团队成员讨论自己对这个活动的看法，有意见者可自行表达，大家一起讨论。

由教师对模拟面试中需要注意的劳动法律问题进行梳理总结，宣布活动结束。

★ 活动成果

序号	考核指标	评分标准					
		优秀	良好	中等	及格	不及格	打分
1	仪容仪表						
2	神态表情						
3	动作规范						
4	体态举止						
5	语言表现能力						

第六章
理性处理纠纷，合理选择救济途径

法律赋予了我们权利和义务，而现实中由于权利受到侵害或者义务得不到履行而引发的纠纷时有发生，我们可以通过哪些途径得到救济呢？不打官司也能解决纠纷吗？怎样打官司呢？由谁来提出证据呢？律师在其中起到什么作用呢？这些都是我们需要学习的内容，通过学习我们可以了解到，有关机关和个人通过诉讼、行政复议、仲裁等各种方式，对权利受到侵害的人给予补救，就是法律救济；我们还会懂得依法治国，建设社会主义法治国家，构建社会主义和谐社会，离不开实现法定权利的法律救济手段，有了法律救济，公平正义不再是一句空话。

第一节　法律纠纷与解决机制

纠纷，也可以称为争议，是不同社会主体之间因各种原因导致的不协调关系，是人类社会群体生活的必然产物。社会纠纷是一种客观存在的现象，几乎是不可避免的。有纠纷就需要纠纷解决机制。建立公正、有效的纠纷解决机制是社会和谐稳定的保障。

现代社会经济高速发展，人们的思想观念、价值观念和相互之间的利益关系发生了很大变化。与传统社会的纠纷相比，市场经济条件下的社会纠纷具有许多新的特征，表现为：一是社会纠纷的数量增加；二是社会纠纷的内容发生了变化，从杀人、放火、盗窃等传统的刑事犯罪以及民间的婚姻、家庭、抚养、赡养、邻里、宅基地、民事赔偿、债务等纠纷，转型为金融诈骗、侵犯个人信息、破坏计算机网络系统等新型的犯罪，民间纠纷也注入了新的内容，如房屋拆迁、婚外恋、股权纠纷等；三是纷争矛盾引起的冲突对抗性增强，一旦处理不当，极易激化社会矛盾，引发冲突，发生群体性事件或恶性事件，影响社会和谐与稳定。

这些社会纠纷的存在意味着对权益的侵害，也意味着对社会秩序和社会关系的破坏。概括而言，我们可以从社会关系区分的角度，将这些上升为法律纠纷的社会纠纷划分为民事纠纷、行政纠纷和刑事纠纷。现实生活中的法律纠纷多种多样，其救济方式也有所区别。

一、民事纠纷

人们在社会生活中，难免会发生各种民事纠纷，如离婚纠纷、损害赔偿纠纷、房屋产权纠纷、合同纠纷、著作权纠纷等。民事纠纷又称民事争议，是指平等主体之间发生的，以民事权利义务为内容的社会纠纷。

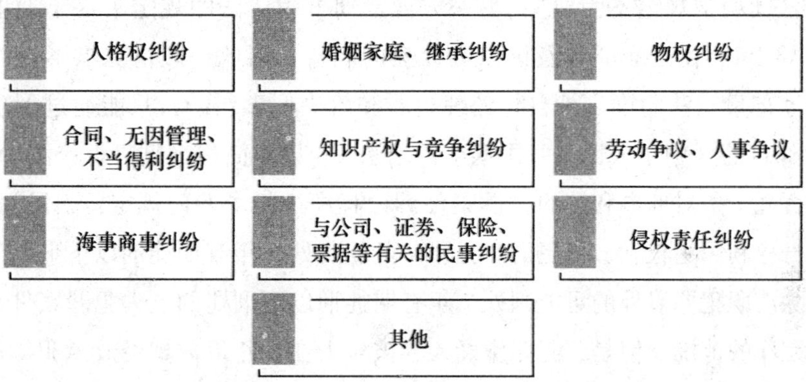

民事纠纷的特点有：民事纠纷主体之间法律地位平等；民事纠纷的内容是对民事权利义务的争议；民事纠纷的可处分性。

根据民事纠纷的特点，可将民事纠纷分为两大内容：一类是财产关系方面的民事纠纷，包括财产所有关系的民事纠纷和财产流转关系的民事纠纷；另一类是人身关系的民事纠纷，包括人格权关系的民事纠纷和身份关系的民事纠纷。

民事纠纷若不能得到妥善解决，不仅会损害当事人合法的民事权益，而且可能波及第三者甚至影响社会的安定。因此，各国都很重视民事纠纷的解决，并建立了相应的处理民事纠纷的制度。

二、行政纠纷

行政权是我们日常生活中接触最多的国家权力，行政管理活动也是最容易产生争议的国家权力活动。行政纠纷又称行政争议，是行政主体在行使公权力过程中与行政相对人之间产生的关于行政法上的权利和义务的争议。通过对比行政争议和民事争议的区别，可以发现行政争议具有的特点：一是行政争议主体的一方总是行政主体，行政争议只能发生在行政主体和行政相对人之间；二是行政争议是由行政违法或不当行为引起的；三是行政争议是基于行政主体运用行政权力进行行政管理而产生的争议。如果行政主体事实上没有运用行政权力，而是以平等民事主体的身份参与民事活动与他人发生争议，就属于民事纠纷。例如，某市住建委修建本单位办公大楼的过程中与承建方之间发生的争议就不是行政争议。

三、刑事纠纷

犯罪是刑事法律的核心概念，刑事法律与民事等其他法律的最大区别在于刑事法律所规范的是侵害整个国家和社会利益的犯罪行为。因此，刑事纠纷受到国家刑事法律的规范，必须以犯罪为外在表现形式。

刑事纠纷受到国家刑事法律的规范。一方面，刑事法律制度规定了刑事纠纷的准入标准，即“法无明文规定不为罪”；另一方面，刑事程序法的规定决定了刑事纠纷如何被解决和“导出”，由于犯罪涉及国家和社会的利益，因此一般情况下不允许加害人和被害人在国家刑事司法制度之外自行处理犯罪和解决刑事纠纷，只能通过刑事诉讼来解决。2018 年修订的《中华人民共和国刑事诉讼法》（以下简称《刑事诉讼法》）第二百八十八至第二百九十条对刑事和解的公诉案件诉讼程序进行了专门规定，因民间纠纷引起，涉嫌侵犯人身权利民主权利、侵犯财产犯罪，可能判处 3 年有期徒刑以下刑罚的故意犯罪案件，以及除渎职犯罪以外的可能判处 7 年有期徒刑以下刑罚的过失犯罪案件纳入公诉案件适用和解程序的范围。但是，犯罪嫌疑人、被告人在 5 年以内曾经故意犯罪的，不适用这一程序。对于当事人之间达成和解协议的案件，人民检察院可以从宽处理，人民法院可以依法从宽处罚。在我国，对未成年人和在校大学生犯罪案件进行刑事和解，司法实践中具体处理方式有：（1）和解后不起诉或退回公安机关处理；（2）和解后起诉；（3）和解后暂缓起诉。

四、多元化的纠纷解决机制

一般而言，纠纷既可以通过纠纷双方直接交涉商谈来解决，也可以通过第三方的介入来解决。第三方的介入存在多种形式，从程序化和制度化的诉讼体制，到亲戚朋友的劝解都在此列。随着社会关系的发展，纠纷解决的方式和手段越来越丰富，从而形成了多元化的纠纷解决机制。其中诉讼纠纷解决机制处于核心地位，包括民事诉讼、行政诉讼、刑事诉讼三大类。

当然，国家并不倡导公民将所有纠纷都通过诉诸法院来解决，反而希望有些纠纷可以自行消弭，提倡当事人通过一些司法制度以外的途径加以解决，哪怕最终需要通过诉讼来解决，也设置了一些如和解与调解等以代替审判程序。为了建立健全诉讼与非诉讼相衔接的纠纷解决机制，2009 年最高人民法院出台了《关于建立健全诉讼与非诉讼相衔接的矛盾纠纷解决机制的若干意见》，这是人民法院建立与完善诉讼与非诉讼纠纷解决方式之间衔接机制的重要标志。非诉讼途径主要包括和解、调解、仲裁、裁决、信访、行政复议等。

第二节　诉讼纠纷解决机制

我们前面学过的民法、合同法、知识产权法、婚姻法、劳动法等都属于实体法，它们具体规定了我们的权利和义务。当这些权利受到侵犯，义务无人履行时，必须采取相应的措施以纠正不当行为和补救受损权益，“没有救济便没有权利”，为公民权利提供救济途径是权利保障的重要手段。在所有的救济途径中，诉讼救济因其具有公开、公平和公正等特点，成为对权利最有力的保障方式。所谓诉讼，是指由特定国家机关按照一定的程序和方式解决争讼和处理案件的活动，诉讼活动最大的特点是国家强制性和程序规范性，因此，诉讼活动都必须由国家立法，严格规范程序。

目前，我国三大诉讼遵循同样的审级制度，我国法院有最高人民法院、高级人民法院、中级人民法院和基层人民法院四级设置，实行“两审终审制”，即一个案件经过任何连续两级人民法院的审判即告终结的制度。

一、民事诉讼

我们通常所说的“打官司”，主要是指民事诉讼，即人民法院在当事人和其他诉讼参与人的参与下，按照法律规定的程序，审理和解决民事案件的诉讼活动。我国民事诉讼的程序主要包括第一审普通程序、简易程序、第二审程序、特别程序、执行程序等，与之相关的制度主要有当事人及其代理人、管辖、证据、时效、审判监督等。下图为民事案件审理的常见流程。

（一）起诉

1. 起诉的基本条件

起诉是指原告向法院提出特定诉讼请求的诉讼行为。起诉首先必须满足一定的法定条件，最基本的条件主要有四个方面：第一，原告是与本案有直接利害关系的公民、法人和其他组织；第二，有明确的被告；第三，有具体的诉讼请求和事实、理由；第四，属于人民法院受理民事诉讼的范围和受诉人民法院管辖。

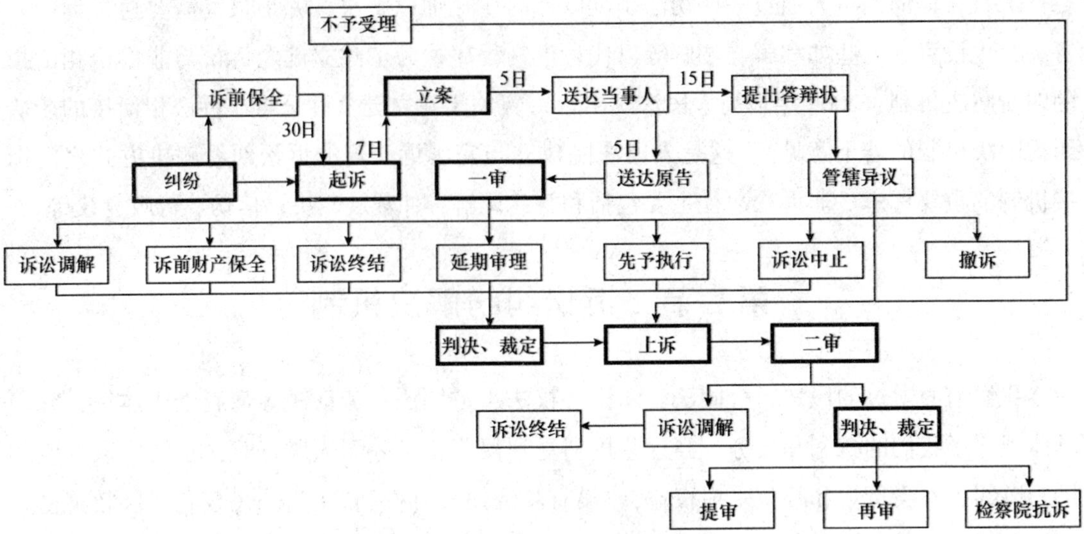

民事诉讼程序图

2. 诉讼参加人

诉讼参加人是指参加民事诉讼的当事人和诉讼代理人。当事人主要包括原告、被告、共同诉讼人和第三人，其中共同诉讼人主要是诉讼一方或双方为两人以上的，诉讼的标的是共同的或者同一种类的情形，第三人是指在民事诉讼中，对他人之间的诉讼标的具有全部的或者部分的独立请求权或者与案件的处理结果有法律上的利害关系的人。

大多数诉讼活动的当事人并不一定熟悉整个诉讼程序，因此很多当事人会选择聘请代理人参加诉讼。所谓诉讼代理人，即以当事人一方的名义，在法律规定或者当事人授权的权限范围内代表当事人进行诉讼活动的人。一般而言，诉讼代理人包括法定代理人和委托代理人。

法定代理人根据法律规定，代理无诉讼行为能力的当事人进行诉讼，直接行使诉讼代理权。法定代理一般适用于精神病人、未成年人和其他无诉讼行为能力的诉讼原告和第三人，法定诉讼代理人参加诉讼权的取得是基于法律所规定的监护关系。

（二）诉讼保障

人民法院对符合法定条件的起诉，应在 7 日内立案，对不符合起诉条件的，也应当在 7 日内裁定不予受理；原告对裁定不服的，可以提起上诉。人民法院受理案件后，民事诉讼进入审理前的准备阶段，主要是指现在立案后至开庭前进行的一系列活动，其中也有当事人的参与，主要包括起诉状、答辩状的送达，合议庭组成，材料审核，证据收集等。此外，人民法院还通过保全、先予执行等措施，保障诉讼程序得以顺利进行。这些诉讼保障措施，可能在诉讼开始前实施，也可能在法院受理诉讼后、判决效力发生前实施。

1. 保全

所谓保全，是指人民法院对于可能因当事人一方的行为或者其他原因，使判决难以执行或者造成当事人其他损害的案件，根据对方当事人的申请，可以裁定对其财产进行保全，责令其作出一定行为或者禁止其作出一定行为。当事人没有提出申请的，人民法院在必要时也可以裁定采取保全措施。人民法院接受申请后，对情况紧急的，必须在 48 小时内作出裁定；裁定采取保全措施的，应当立即开始执行。申请人在人民法院采取保全措施后 30 日内不依法提起诉讼或者申请仲裁的，人民法院应当解除保全。

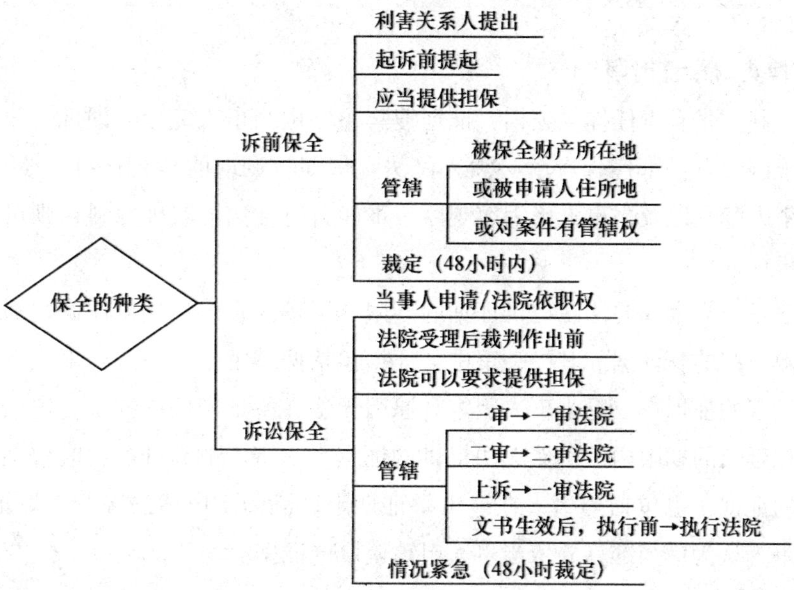

2. 先予执行

一般而言，执行是在判决生效以后进行的活动。但对于一些特殊案件，人民法院在受理案件、判决生效发生前，可以根据当事人一方的申请，裁定对方当事人即刻向其支付一定数额的金钱或其他财物，或者即刻实施或停止某种行为，这就是先予执行制度。先予执行，一般适用于包括追诉赡养费、抚养费、抚育费、抚恤金、医疗费用、劳动报酬的案件及其他因情况紧急需要先予执行的案件。

（三）证据与举证

证据是贯穿整个诉讼活动的重要元素，直接决定诉讼成败与否。在民事诉讼中，证据是指能够证明民事案件真实情况的各种事实，也是法院认定有争议案件事实的根据。当然，诉讼活动中的事实并不是强调客观真实，而是强调法律上的真实，是必须有证据能证明的事实。在诉讼中，证明就是依靠证据说服法官、法官支持其主张的过程。一方面，证据要能证明自己主张的成立；另一方面，证据应围绕当事人的实体权利展开。

一般而言，证据包括书证、物证、电子数据、视听资料、证人证言、当事人陈述、鉴定意见、勘验笔录。

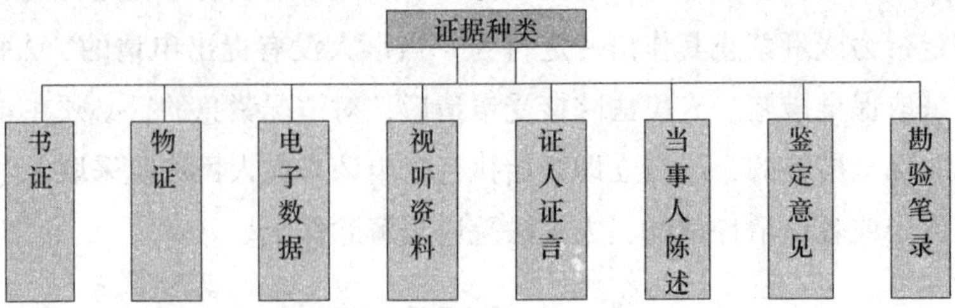

1. 证据搜集与举证时限

当事人对其主张有责任提供证据，证据搜集主要由当事人完成，即谁主张谁举证，但证据如果属于国家有关部门保存、必须人民法院依职权调取的档案材料，涉及国家秘密、商业秘密、个人隐私以及当事人确因客观原因不能自行搜集的其他材料，则可以申请人民法院调查搜集证据。

举证时限是指当事人向法院提供证据的期限。当事人在举证期限届满之后，可能提出不受举证时限限制的新证据。其中一审中新证据包括两种情形：一是当事人在一审举证期限届满后新发现的证据；二是当事人因客观原因无法在举证期限内提供，申请延期后经法院准许，但在延长的期限内，仍然无法提供的证据。二审中的新证据，既包括一审庭审结束后新发现的证据，也包括当事人在一审举证期限届满前，申请法院调查取证未获准许，二审法院经审查认为应当准许并依当事人申请调取的证据。

2. 举证责任

举证责任，是指当事人对自己提出的主张有收集或提供证据的义务，并有运用该证据证明主张的案件事实成立或有利于自己的主张的责任，否则将承担其主张不能成立的危险。举证责任存在的理论前提是，事实处于真伪不明的状态时，实体法规范无法适用，法院只能根据举证责任进行裁判，由负有举证责任的一方承担败诉的不利结果。

3. 质证的规则

根据《最高人民法院关于民事诉讼证据的若干规定》，证据应当在法庭上出示，由当事人质证。未经质证的证据，不能作为认定案件事实的依据。当事人在证据交换过程中认可并记录在卷的证据，经审判人员在庭审中说明后，可以作为认定案件事实的依据。涉及国家秘密、商业秘密和个人隐私或者法律规定的其他应当保密的证据，不能在开庭时公开质证。

对书证、物证、视听资料进行质证时，当事人有权要求出示证据的原件或者原物。但有下列情况之一的除外：出示原件或者原物确有困难并经人民法院准许出示复制件或者复制品的；原件或者原物已不存在，但有证据证明复制件、复制品与原件或原物一致的。当事人质证时应围绕证据的真实性、关联性、合法性，针对证据证明力有无以及证明力大小，进行质疑、说明与辩驳。

法庭质证的顺序是：先由原告出示证据，被告、第三人与原告进行质证；再由被告出示证据，原告、第三人与被告进行质证；最后是第三人出示证据，原告、被告与第三人进行质证。

（四）一审庭审

庭审就是开庭审理，法院在当事人和其他诉讼参与人的参加下，在一定的期限内，依照法定程序对案件进行审理和裁判的过程。

1. 普通程序

无论是普通程序，还是简易程序和特殊程序，开庭审理的程序大体相同，不同的主要是对审理期限方面的规定。

庭审主要包括四个阶段：

（1）庭审准备。包括庭审准备以及为了保证案件审理的顺利进行的各项准备工作，包括决定是否公开审理，公布开庭公告，查点和核对出庭人员。开庭后，当事人有权提出对法官、陪审员、书记员等人员的回避申请。

（2）法庭调查。这一阶段主要是法官查明案件事实的阶段，包括当事人陈述案情和出示证据并进行质证。

（3）法庭辩论。这一阶段是当事人及其诉讼代理人在合议庭的主持下，根据法庭调查阶段的证据阐明自己的观点和意见，相互进行言辞辩驳的诉讼活动。

（4）宣告判决。判决是法院通过对民事案件的审理，根据查明和认定的案件事实，正确适用法律对案件的实体问题作出权威性判断。判决可以当庭宣布，也可以定期宣布，适用普通程序审理的案件通常在立案之日起 6 个月内审结，需要延长的由本院院长批准，可以延长 6 个月，还需要延长的报请上一级人民法院批准。

庭审是诉讼活动的核心环节。但在现实生活中，总有一些当事人无正当理由拒不到庭，这种行为最终将损害自己的利益。比如，原告经传票传唤无正当理由拒不到庭，或者未经法庭许可，中途退庭的，可以按撤诉处理，被告提出反诉的，可以缺席判决；被告如经传票传唤无正当理由拒不到庭，或者未经法庭许可中途退庭，人民法院可以缺席判决。

2. 简易程序

对基层人民法院及其派出法庭审理的事实清楚、权利义务关系明确、争议不大的简单的民事案件，可以适用简易程序。对简单的民事案件，原告可以口头起诉。基层人民法院和它派出的法庭审理简单的民事案件，可以用简便方式传唤当事人和证人、送达诉讼文书、审理案件，但应当保障当事人陈述意见的权利。简单的民事案件由审判员一人独任审理，应当在立案之日起3个月内审结。

基层人民法院和它派出的法庭审理事实清楚、权利义务关系明确、争议不大的简单的民事案件，且标的额为各省、自治区、直辖市上年度就业人员年平均工资30%以下的，实行一审终审。

3. 特别程序

人民法院在审理一些非民事争议案件时，某种法律事实可以适用特别程序。比如人民法院审理选民资格案件、宣告失踪或者宣告死亡案件、认定公民无民事行为能力或者限制民事行为能力案件、认定财产无主案件、确认调解协议案件和实现担保物权案件就适用特别程序。适用特别程序审理的案件实行一审终审，选民资格案件或者重大、疑难的案件，由审判员组成合议庭审理；其他案件由审判员一人独任审理。人民法院适用特别程序审理的案件，应当在立案之日起30日内或者公告期满后30日内审结。有特殊情况需要延长的，由本院院长批准，但审理选民资格的案件除外。人民法院受理选民资格案件后，必须在选举日前审结。

（五）第二审

当事人不服地方人民法院第一审判决的，有权在判决书送达之日起15日内向上一级人民法院提起上诉。当事人不服地方人民法院第一审裁定的，有权在裁定书送达之日起10日内向上一级人民法院提起上诉。

与一审不同，第二审的审理范围是有限的，只对上诉请求的有关事实和适用法律进行审查。第二审人民法院对上诉案件，应当组成合议庭，开庭审理。经过阅卷、调查和询问当事人，对没有提出新的事实、证据或者理由，合议庭认为不需要开庭审理的，可以不开庭审理。

第二审人民法院对上诉案件，经过审理按照下列情形，分别处理：（1）原判决、裁定认定事实清楚，适用法律正确的，以判决、裁定方式驳回上诉，维持原判决、裁定；（2）原判决、裁定认定事实错误或者适用法律错误的，以判决、裁定方式依法改判、撤销或者变更；（3）原判决认定基本事实不清的，裁定撤销原判决，发回原审人民法院重审，或者查清事实后改判；（4）原判决遗漏当事人或者违法缺席判决等严重违反法定程序的，裁定撤销原判决，发回原审人民法院重审。原审人民法院对发回重审的案件作出判决后，当事人提起上诉的，第二审人民法院不得再次发回重审。

人民法院审理对判决的上诉案件，应当在第二审立案之日起 3 个月内审结。有特殊情况需要延长的，由本院院长批准。人民法院审理对裁定的上诉案件，应当在第二审立案之日起 30 日内作出终审裁定。第二审人民法院的判决、裁定，是终审的判决、裁定。

（六）审判监督

各级人民法院院长对本院已经发生法律效力的判决、裁定、调解书，发现确有错误，认为需要再审的，应当提交审判委员会讨论决定。最高人民法院对地方各级人民法院已经发生法律效力的判决、裁定、调解书，上级人民法院对下级人民法院已经发生法律效力的判决、裁定、调解书，发现确有错误的，有权提审或者指令下级人民法院再审。

人民法院应当自收到再审申请书之日起 3 个月内审查，符合《民事诉讼法》规定的，裁定再审；不符合《民事诉讼法》规定的，裁定驳回申请。有特殊情况需要延长的，由本院院长批准。

（七）执行

人民法院作出有效判决的法律文书，只是为权利人实现了写在纸上的权利，只有承担义务的一方有效履行判决，被侵害的权利才能得到实在的补救，为了确保义务人积极履行义务，人民法院依法可以采取强制措施执行已经发生法律效力的法律文书。

申请执行的期间为 2 年。申请执行时效的中止、中断，适用法律有关诉讼时效中止、中断的规定。申请执行期间，从法律文书规定履行期间的最后 1 日起计算；法律文书规定分期履行的，从规定的每次履行期间的最后 1 日起计算；法律文书未规定履行期间的，从法律文书生效之日起计算。

被执行人未按执行通知履行法律文书确定的义务，应当报告当前以及收到执行通知之日前 1 年的财产情况。被执行人拒绝报告或者虚假报告的，人民法院可以根据情节轻重对被执行人或者其法定代理人、有关单位的主要负责人或者直接责任人员予以罚款、拘留。

被执行人未按执行通知履行法律文书确定的义务，人民法院有权向有关单位查询被执行人的存款、债券、股票、基金份额等财产情况。人民法院有权根据不同情形扣押、冻结、划拨、变价被执行人的财产。人民法院查询、扣押、冻结、划拨、变价的财产不得超出被执行人应当履行义务的范围。

人民法院决定扣押、冻结、划拨、变价财产，应当作出裁定，并发出协助执行通知书，有关单位必须办理。

拓展阅读

惩治“老赖”，各地法院出大招

欠钱还钱本是天经地义的事，然而一些老赖却为了逃避债务终日躲躲藏藏。各地法院采取一系列举措，破解“执行难”。

限制出境

陆某与吴某系多年朋友，吴某因做生意需要向陆某借款20万元后，与陆某玩起了“失踪”。无奈之下，陆某将吴某诉至法院，经法院作出生效判决后，吴某仍未在规定期限内履行还款义务。法院经调查发现，吴某名下并无可供执行财产，法院亦多次至吴某户籍地及经常居住地走访调查，均未发现其踪迹。后申请人向法院提供执行线索，吴某长期在东南亚某国打工，现其休假回国探亲，假期结束后吴某极有可能再次出国打工。法院在得知该情况后，第一时间对吴某采取了限制出境的强制措施。吴某假期结束欲返回东南亚某国，在办理签证时，发现自己已被法院采取强制措施。在执行压力之下，吴某最终履行了全部还款义务。

子女入学受限

2019年2月，王某因做生意资金周转需要向张某借款20万元，并出具借条，承诺尽快归还。后经张某多次催要，王某一直推诿并拒付该笔借款。张某遂将王某诉至法院，诉讼中，双方达成一致调解意见，经法院制作调解书予以确认。调解书确定的履行期限届满后，王某仍以没有还款能力为由拒绝还款，张某遂向法院申请强制执行。

法院在立案后，依法向被执行人王某送达执行通知书、限制消费令、报告财产令等相关法律文书，王某实际签收后，并未在执行通知书规定的时间内向法院申报财产，亦未实际履行还款义务。执行过程中，法院通过线索查询，王某名下无任何可供执行财产。后经申请人举报，执行法官在某家具城内找到被执行人王某，但王某始终拒绝向法院申报财产，法院决定对其采取拘留15日的强制措施。但在拘留期满被释放后，被执行人王某就拒接法院工作人员电话，躲避法院调查，以各种手段逃避履行义务。

为切实调查王某财产信息，执行法官将调查方向转向王某的同事、亲友，通过与王某同事的谈话得知，王某有一女王小某，现在某私立学校就读三年级，经查，该私立学校系一所贵族学校，费用高昂。法院遂向该学校发出协助执行通知书，载明：“在本学期期满后，限制某小学为王某之女王小某办理入学手续”，某小学签收了上述协助执行通知书。办案人员刚离开某小学，王某便主动联系执行法官，表明当天可以先还款 2 万元，余款与申请人协商分期偿还，并愿意找人为案件的履行提供担保，后双方达成执行和解协议。

“被执行人”未成年子女名下无正当来源大额存款可执行

张某诉赵某民间借贷纠纷一案，法院作出终审判决，判令被告赵某偿还原告张某借款 318 万元及逾期利息。此案进入执行程序后，法院依法对被执行人名下财产进行调查，发现被执行人名下无任何可供执行财产。申请执行人张某提供财产线索称，被执行人赵某可能已将其财产转移至其亲属名下，并提供了赵某的两名未成年子女赵一和赵二的身份证号码。执行法官依照申请执行人提供的线索进行查询，发现赵一和赵二名下 4 个账户内有存款共计 370 608.49 元，于是对赵一、赵二名下 4 个账户予以冻结。案外人赵一、赵二的母亲姜某得知上述情况后，以案外人法定监护人的身份向执行法院提出执行标的异议，称上述存款是赵一、赵二个人所有，法院不应将其作为被执行人的财产予以冻结，要求法院对上述账户予以解封。

执行法院在审查过程中查明，被执行人赵某一直躲避法院执行，至今仍下落不明。赵某与其妻姜某育有两子，大儿子赵一现年 13 周岁，二儿子赵二现年 3 周岁。执行法官冻结的 4 个账户均由赵一和赵二的母亲姜某代为开设，上述 4 个账户内存在最高达 50 万元的大额转账或现金支取记录、在超市及商场的消费记录、支付日常水电费用和汽车油费的记录等，在审查过程中，案外人的法定代理人姜某称上述存款是孩子接受亲属赠予所得，但在法院指定的期限内未提供相应证据予以证明。

执行法院经审查后认为，上述 4 个账户内资金活动情况与赵一、赵二的年龄和智力情况严重不符，据赵一 13 岁和赵二 3 岁的年龄，以常理推测二人是无法实施上述民事行为的，再结合账户的频繁使用频率基本可以认定，上述账户一直是由赵一、赵二的父母实际控制和支配的，案外人赵一、赵二只是执行标的存款的登记名义人，上述存款并非案外未成年人的财产，而属于被执行人及其家庭共有的财产。

二、刑事诉讼

刑事诉讼是指专门国家机关在当事人和其他诉讼参与人的参加下，依照法律规定追诉犯罪、追究被追诉人刑事责任的活动。

刑事诉讼活动的任务是保证准确、及时地查明犯罪事实，正确应用法律，惩罚犯罪分子，保障无罪的人不受刑事追究；教育公民自觉遵守法律，积极同犯罪行为做斗争，维护社会主义法制；尊重和保障人权，保护公民的人身权利、财产权利、民主权利和其他权利，保障社会主义建设事业的顺利进行。

（一）刑事诉讼的基本原则

刑事诉讼是通过国家强制力的介入，通过追究被告人或犯罪嫌疑人的刑事责任，来实现被害人的权利救济，但在限制和剥夺犯罪嫌疑人与被告人权利的时候，也必须遵循人权保障的基本要求，我国《刑事诉讼法》总则部分详细规定了我国刑事诉讼过程中应当遵循的基本原则。

1. 司法独立原则

对刑事案件的侦查、拘留、执行逮捕、预审，由公安机关负责。检察、批准逮捕、检察机关直接受理的案件的侦查、提起公诉，由人民检察院负责。审判由人民法院负责。除法律特别规定的以外，其他任何机关、团体和个人都无权行使这些权力。人民法院依照法律规定独立行使审判权，人民检察院依照法律规定独立行使检察权，不受行政机关、社会团体和个人的干涉。

2. 程序正义原则

人民法院审判案件，除《刑事诉讼法》另有规定的以外，一律公开进行；被告人有权获得辩护，人民法院有义务保证被告人获得辩护；未经人民法院依法判决，对任何人都不得确定有罪。

3. 权利保障原则

人民法院、人民检察院和公安机关应当保障犯罪嫌疑人、被告人和其他诉讼参与人依法享有的辩护权和其他诉讼权利。诉讼参与人对于审判人员、检察人员和侦查人员侵犯公民诉讼权利和人身侮辱的行为，有权提出控告。

（二）管辖

刑事诉讼中的管辖主要包括两种，立案管辖和审判管辖。

1. 立案管辖

刑事案件的立案侦查由公安机关进行，法律另有规定的除外。贪污贿赂犯罪，国家工作人员的渎职犯罪，国家机关工作人员利用职权实施的非法拘禁、刑讯逼供、报复陷害、非法搜查的侵犯公民人身权利的犯罪以及侵犯公民民主权利的犯罪，由人民检察院立案侦查。对于国家机关工作人员利用职权实施的其他重大的犯罪案件，需要由人民检察院直接受理的时候，经省级以上人民检察院决定，可以由人民检察院立案侦查。自诉案件，由人民法院直接受理（见表6-1）。

表 6-1 人民法院立案管辖一览表

案件	所涉罪名	备注
告诉才处理的案件（一般只能自诉）	1. 侮辱、诽谤案（严重危害社会秩序和国家利益的除外） 2. 暴力干涉婚姻自由案（致使被害人死亡的除外） 3. 虐待案（致使被害人重伤、死亡的除外） 4. 侵占案（绝对的告诉才处理的案件）	如果被害人因受到强制、威吓等原因无法告诉的，人民检察院或者被害人的近亲属也可以告诉。此外，依据《刑事诉讼法》第一百一十四条的规定，对于自诉案件，被害人死亡或者丧失行为能力的，被害人的法定代理人、近亲属有权向人民法院起诉。人民法院应当依法受理
被害人有证据证明的轻微刑事案件（可公诉、可自诉）	1. 故意伤害案（轻伤） 2. 重婚案 3. 遗弃案 4. 非法侵入住宅案 5. 侵犯通信自由案 6. 生产、销售伪劣商品案（严重危害社会秩序和国家利益的除外） 7. 侵犯知识产权案（严重危害社会秩序和国家利益的除外） 8. 属于刑法分则第四章、第五章规定的，对被告人可能判处 3 年有期徒刑以下刑罚的其他轻微刑事案件	被害人直接向法院起诉，法院应当受理。证据不足、可由公安机关受理的，或者可能判 3 年有期徒刑以上的，应当告知被害人向公安机关报案，或者移送公安机关立案侦查
公诉转自诉案件（不公诉才自诉）	即被害人有证据证明对被告人侵犯其人身、财产权利的行为依法应追究刑事责任，而公安机关或人民检察院不予追究刑事责任的案件	

2. 审判管辖

审判管辖，即人民法院审判第一审刑事案件的职权划分。就级别管辖而言，绝大多数刑事案件由基层人民法院管辖审理。中级人民法院管辖第一审刑事案件有：危害国家安全、恐怖活动案件；可能判处无期徒刑、死刑的案件。高级人民法院管辖的第一审刑事案件，是全省（自治区、直辖市）性的重大刑事案件；最高人民法院管辖的第一审刑事案件，是全国性的重大刑事案件。

就地域管辖而言，刑事案件由犯罪地的人民法院管辖。如果由被告人居住地的人民法院审判更为适宜的，可以由被告人居住地的人民法院管辖。

（三）证据

在刑事诉讼中，可以用于证明案件事实的材料，都是证据。证据包括物证，书证，证人证言，被害人陈述，犯罪嫌疑人、被告人供述和辩解，鉴定意见，勘验、检查、辨认、侦查实验等笔录，视听资料、电子数据。证据必须经过查证属实，才能作为定案的根据。

在公诉案件中，被告人有罪的举证责任由人民检察院承担，自诉案件中被告人有罪的举证责任由自诉人承担。

采用刑讯逼供等非法方法收集的犯罪嫌疑人、被告人供述和采用暴力、威胁等非法方法收集的证人证言、被害人陈述，应当予以排除。收集物证、书证不符合法定程序，可能严重影响司法公正的，应当予以补正或者作出合理解释；不能补正或者作出合理解释的，对该证据应当予以排除。

想一想

在法庭审理过程中，被告人屠某、沈某和证人朱某提出在侦查期间遭到非法取证，要求确认其审前供述或证言不具备证据能力。下列哪些情形下应当根据法律规定排除上述证据？

A. 对屠某进行刑讯逼供

B. 踢了沈某一脚，说“不讲小心挨揍”

C. 对沈某进行威胁，说“不讲就把你老婆一起抓进来”

D. 对朱某进行威胁，说“不配合我们的工作就把你关进来”

《刑事诉讼法》第五十六条规定，采用刑讯逼供等非法方法收集的犯罪嫌疑人、被告人供述和采用暴力、威胁等非法方法收集的证人证言、被害人陈述，应当予以排除。最高人民法院《关于适用〈中华人民共和国刑事诉讼法〉的解释》规定，严禁以非法的方法收集证据，采用刑讯逼供或者威胁、暴力等非法的方式取得的证人证言、被害人陈述、被告人供述等证据，应当予以排除，不能作为定案的根据。故以上四种情形均可作为证言不具备证据能力的法律依据。

（四）强制措施

为了保证刑事诉讼的顺利进行，人民法院、人民检察院和公安机关根据案件情况，依法对犯罪嫌疑人、被告人的人身自由加以限制和剥夺。在我国，刑事强制措施由轻到重包括拘传、取保候审、监视居住、拘留、逮捕。

人民法院、人民检察院和公安机关对有下列情形之一的犯罪嫌疑人、被告人，可以取保候审：(1) 可能判处管制、拘役或者独立适用附加刑的；(2) 可能判处有期徒刑以上刑罚，采取取保候审不致发生社会危险性的；(3) 患有严重疾病、生活不能自理，怀孕或者正在哺乳自己婴儿的妇女，采取取保候审不致发生社会危险性的；(4) 羁押期限届满，案件尚未办结，需要采取取保候审的。取保候审由公安机关执行。

知识链接

公民扭送

扭送是公民将具有法定情形的人立即送交公、检、法机关处理的行为。

《刑事诉讼法》规定的扭送并不是刑事诉讼的一种强制措施，法律规定的五种强制措施的实施主体都只能是公安司法机关，而扭送是法律赋予公民同刑事犯罪做斗争的一种手段。法律规定扭送措施是为了鼓励公民自觉行动起来，积极协助公安司法机关捉拿犯罪分子，及时、有效地帮助公安司法机关抓获犯罪嫌疑人、被告人。扭送体现了我国《刑事诉讼法》规定的依靠群众、实行专门机关与依靠群众相结合的诉讼原则。

《刑事诉讼法》第八十四条规定，对于有下列情形的人，任何公民都可以立即扭送公安机关、人民检察院或者人民法院处理：(1) 正在实行犯罪或者在犯罪后即时被发觉的；(2) 通缉在案的；(3) 越狱逃跑的；(4) 正在被追捕的。

公民把具有法定情形的人抓住后，立即送交公、检、法机关处理。无论任何人抓住以上人员以后都不得拖延不交、擅自拘禁或非法审讯。

（五）刑事诉讼的基本程序

刑事诉讼可以分为公诉和自诉，绝大部分的刑事案件是以提起公诉的方式进行，公诉案件的主要程序有立案、侦查、提起公诉、审判、执行等环节。

1. 立案

公安机关或者人民检察院发现犯罪事实或者犯罪嫌疑人，应当按照管辖范围，立案侦查。任何单位和个人发现有犯罪事实或者犯罪嫌疑人，有权利也有义务向公安机关、人民

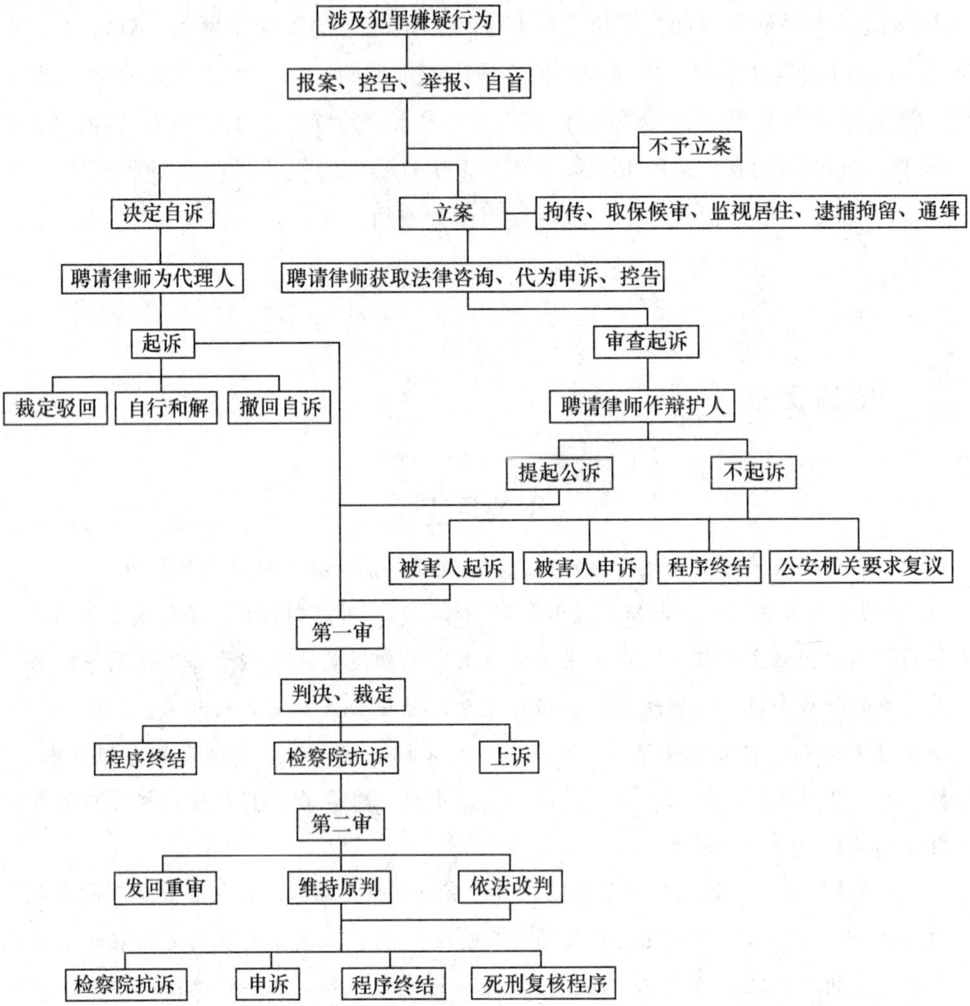

刑事诉讼程序

检察院或者人民法院报案或者举报。被害人对侵犯其人身、财产权利的犯罪事实或者犯罪嫌疑人，也有权向公安机关、人民检察院或者人民法院报案或者控告。

公安机关、人民检察院或者人民法院对于报案、控告、举报，都应当接受。对于不属于自己管辖的，应当移送主管机关处理，并且通知报案人、控告人、举报人；对于不属于自己管辖而又必须采取紧急措施的，应当先采取紧急措施，然后移送主管机关。

人民法院、人民检察院或者公安机关对于报案、控告、举报和自首的材料，应当按照管辖范围，迅速进行审查，认为有犯罪事实需要追究刑事责任的时候，应当立案；认为没有犯罪事实，或者犯罪事实显著轻微，不需要追究刑事责任的时候，不予立案，并且将不立案的原因通知控告人。控告人如果不服，可以申请复议。

2. 侦查

公安机关对已经立案的刑事案件，应当进行侦查，收集、调取犯罪嫌疑人有罪或者无罪、罪轻或者罪重的证据材料。对现行犯或者重大嫌疑分子可以依法先行拘留，对符合逮捕条件的犯罪嫌疑人，应当依法逮捕。公安机关经过侦查，对有证据证明有犯罪事实的案件，应当进行预审，对收集、调取的证据材料予以核实。

3. 提起公诉

凡需要提起公诉的案件，一律由人民检察院审查决定。人民检察院审查案件的时候，必须查明犯罪事实、情节是否清楚，证据是否确实、充分，犯罪性质和罪名的认定是否正确；有无遗漏罪行和其他应当追究刑事责任的人；是否属于不应追究刑事责任的；有无附带民事诉讼；侦查活动是否合法。

人民检察院对于公安机关移送起诉的案件，应当在1个月以内作出决定，重大、复杂的案件，可以延长半个月。

人民检察院认为犯罪嫌疑人的犯罪事实已经查清，证据确实、充分，依法应当追究刑事责任的，应当作出起诉决定，按照审判管辖的规定，向人民法院提起公诉，并将案卷材料、证据移送人民法院。

犯罪嫌疑人没有犯罪事实，或者有以下情形之一的，人民检察院应当作出不起诉决定：（1）情节显著轻微、危害不大，不认为是犯罪的；（2）犯罪已过追诉时效期限的；（3）经特赦令免除刑罚的；（4）依照刑法告诉才处理的犯罪，没有告诉或者撤回告诉的；（5）犯罪嫌疑人、被告人死亡的；（6）其他法律规定免予追究刑事责任情形的。

对于犯罪情节轻微，依照刑法规定不需要判处刑罚或者免除刑罚的，人民检察院可以作出不起诉决定。

人民检察院决定不起诉的案件，应当同时对侦查中查封、扣押、冻结的财物解除查封、扣押、冻结。对被不起诉人需要给予行政处罚、行政处分或者需要没收其违法所得的，人民检察院应当提出检察意见，移送有关主管机关处理。有关主管机关应当将处理结果及时通知人民检察院。

4. 审判

（1）第一审程序。人民法院对提起公诉的案件进行审查后，对于起诉书中有明确的指控犯罪事实的，应当决定开庭审判。人民法院决定开庭审判后，应当确定合议庭的组成人员，将人民检察院的起诉书副本最迟在开庭10日以前送达被告人及其辩护人。在开庭以前，审判人员可以召集公诉人、当事人和辩护人、诉讼代理人，对回避、出庭证人名单、非法证据排除等与审判相关的问题，了解情况，听取意见。

人民法院审判第一审案件应当公开进行。但是涉及国家秘密或者个人隐私的案件，不公开审理；涉及商业秘密的案件，当事人申请不公开审理的，可以不公开审理。不公开审理的案件，应当当庭宣布不公开审理的理由。人民法院审判公诉案件，人民检察院应当派员出席法庭支持公诉。

开庭的时候，审判长查明当事人是否到庭，宣布案由；宣布合议庭的组成人员、书记员、公诉人、辩护人、诉讼代理人、鉴定人和翻译人员的名单；告知当事人有权对合议庭组成人员、书记员、公诉人、鉴定人和翻译人员申请回避；告知被告人享有辩护权利。

法庭审理过程中，对与定罪、量刑有关的事实、证据都应当进行调查、辩论。经审判长许可，公诉人、当事人和辩护人、诉讼代理人可以对证据和案件情况发表意见并且可以互相辩论。

审判长在宣布辩论终结后，被告人有最后陈述的权利。法庭审理流程见表6–2。

表6–2　　法庭审理流程

流程	内容
开庭	1. 由审判长查明当事人有关信息 2. 审判长应当告知当事人、法定代理人依法享有的回避、辩护、代理、最后陈述等诉讼权利
法庭调查顺序	1. 公诉人宣读起诉书。有附带民事诉讼的，再由附带民事诉讼原告人或者其法定代理人、诉讼代理人宣读附带民事起诉状 2. 被告人、被害人陈述 3. 讯问被告人、发问被告人或被害人 4. 出示、核实证据（遵循先人证后物证） （1）询问证人、鉴定人（谁提请通知的，谁先问） （2）出示、宣读证据 5. 调取新证据（延期审理） 6. 补充侦查（延期审理） 7. 合议庭调查核实证据。人民法院调查核实证据，可以进行勘验、检查、查封、扣押、鉴定和查询、冻结
法庭辩论	1. 公诉人发表公诉词 2. 被害人及其诉讼代理人发言 3. 被告人自行辩护 4. 辩护人辩护 5. 控辩双方进行辩论 法庭辩论中如果发现新的事实，合议庭认为有必要调查的，审判长可以宣布停止法庭辩论，恢复法庭调查。在事实调查清楚之后，再次进行法庭辩论

续表

流程	内容
被告人最后陈述	1. 不可剥夺，不可替代，不可省略 2. 被告人在最后陈述中多次重复自己的意见的，审判长可以制止 3. 陈述内容蔑视法庭、公诉人，损害他人及社会公共利益，或者与本案无关的，应当制止 4. 在公开审理的案件中，被告人最后陈述的内容涉及国家秘密、个人隐私或者商业秘密的，应当制止 5. 被告人在最后陈述中提出新的事实、证据，合议庭认为可能影响正确裁判的，应当恢复法庭调查
评议和宣判	1. 当庭宣告判决的，在 5 日内将判决书送达当事人、法定代理人、诉讼代理人、提起公诉的人民检察院、辩护人 2. 定期宣告判决的，立即将判决书送达当事人、法定代理人、诉讼代理人、提起公诉的人民检察院、辩护人

（2）第二审程序。被告人、自诉人及其法定代理人，不服地方各级人民法院第一审的判决、裁定，有权用书状或者口头向上一级人民法院上诉。被告人的辩护人和近亲属，经被告人同意，可以提出上诉。对被告人的上诉权，不得以任何借口加以剥夺。地方各级人民检察院认为本级人民法院第一审的判决、裁定确有错误的时候，应当向上一级人民法院提出抗诉。被害人及其法定代理人不服地方各级人民法院第一审判决的，自收到判决书后 5 日以内，有权请求人民检察院提出抗诉。

不服判决的上诉和抗诉的期限为 10 日，不服裁定的上诉和抗诉的期限为 5 日，从接到判决书、裁定书的第 2 日起算。

第二审的判决、裁定和最高人民法院的判决、裁定，都是终审的判决、裁定。

（3）死刑复核程序。死刑复核程序是人民法院对判处死刑的案件进行审查核准，死刑由最高人民法院核准。中级人民法院判处死刑的第一审案件，被告人不上诉的，应当由高级人民法院复核后，报请最高人民法院核准。高级人民法院不同意判处死刑的，可以提审或者发回重新审判。

高级人民法院判处死刑的第一审案件被告人不上诉的，和判处死刑的第二审案件，都应当报请最高人民法院核准。中级人民法院判处死刑缓期 2 年执行的案件，由高级人民法院核准。

最高人民法院复核死刑案件，高级人民法院复核死刑缓期执行的案件，应当由审判员三人组成合议庭进行。最高人民法院复核死刑案件，应当作出核准或者不核准死刑的裁定。对于不核准死刑的，最高人民法院可以发回重新审判或者予以改判。

(4) 审判监督程序。当事人及其法定代理人、近亲属，对已经发生法律效力的判决、裁定，可以向人民法院或者人民检察院提出申诉，但是不能停止判决、裁定的执行。各级人民法院院长对本院已经发生法律效力的判决和裁定，如果发现在认定事实上或者在适用法律上确有错误，必须提交审判委员会处理。

最高人民法院对各级人民法院已经发生法律效力的判决和裁定，上级人民法院对下级人民法院已经发生法律效力的判决和裁定，如果发现确有错误，有权提审或者指令下级人民法院再审。

最高人民检察院对各级人民法院已经发生法律效力的判决和裁定，上级人民检察院对下级人民法院已经发生法律效力的判决和裁定，如果发现确有错误，有权按照审判监督程序向同级人民法院提出抗诉。

5. 执行

执行是法定机关将发生法律效力的判决或裁定付诸实施的活动。对被判处死刑缓期 2 年执行、无期徒刑、有期徒刑的罪犯，由公安机关依法将该罪犯送交监狱执行刑罚。对被判处有期徒刑的罪犯，在被交付执行刑罚前，剩余刑期在 3 个月以下的，由看守所代为执行。对被判处拘役的罪犯，由公安机关执行。对未成年犯应当在未成年犯管教所执行刑罚。执行机关应当将罪犯及时收押，并且通知罪犯家属。判处有期徒刑、拘役的罪犯，执行期满，应当由执行机关发给释放证明书。

（六）未成年人刑事诉讼程序

未成年人刑事诉讼制度，是指国家司法机关在办理未满 18 周岁的未成年人犯罪案件时所适用的一系列诉讼制度。我国《刑事诉讼法》在吸收相关立法和司法解释以及相关试点经验的基础上，针对未成年人犯罪的特点，设置了“未成年人刑事案件诉讼程序”一章，高度彰显了加强未成年人诉讼权利保护的决心，具有积极的理论和实践意义。

《刑事诉讼法》确立了办理未成年人刑事案件应坚持教育、感化、挽救的方针。即公安司法机关在未成年人刑事案件诉讼程序中，应当加强说服教育，对未成年人动之以情、晓之以理，促使其悔罪服法，重新做人。同时确立了三个原则。一是教育为主、惩罚为辅的原则。即对犯罪的未成年人，应坚持教育和矫治为主，尽可能地采用非刑罚化的处理方式，可罚可不罚的尽量不罚。二是保障未成年人诉讼权利原则。即公安司法机关在办理未成年人刑事案件中，不仅应保障未成年人享有与成年犯罪嫌疑人、被告人所依法享有的各项权利，而且应当保障其依法享有的特殊诉讼权利。三是办案人员专业化原则。即在办理未成年人刑事案件时，由熟悉未成年人身心特点的公安司法人员进行，以实现教育、感化和挽救的效果。主要体现在以下几个方面：

1. 未成年犯罪嫌疑人、被告人有获得法律援助的权利

法律援助作为一项扶助贫弱、保障社会弱势群体合法权益的社会公益事业，对维护未成年人的合法权益具有重要作用。《刑事诉讼法》将获得法律援助的对象扩展为未成年犯罪嫌疑人和被告人，增加了指定辩护的义务主体，即人民法院、人民检察院和公安机关均有通知法律援助机构为未成年犯罪嫌疑人、被告人提供辩护的义务，事实上将指定辩护扩大适用于审前阶段，以确保未成年人及时获得法律援助，保障未成年人的合法权益。

2. 对未成年犯罪嫌疑人、被告人严格限制适用逮捕措施

对未成年人实施羁押，使未成年人与社会隔离，容易对其身心健康造成巨大伤害，影响其正常的成长。同时，羁押也可能导致相互“交叉感染”，使未成年人向惯犯和累犯转变。因此，对于未成年犯罪嫌疑人，人民检察院在审查批准逮捕或者人民法院在决定逮捕时，应当根据其犯罪的性质、情节、主观恶性和社会危险性，综合衡量是否有逮捕的必要，严格限制适用逮捕措施。应当听取未成年犯罪嫌疑人的陈述，直接了解其犯罪原因、成长环境、教育状况等信息，全面评估其社会危险性及取保候审的可能性。为真正解决是否有必要逮捕的问题，有必要听取辩护律师的意见。

3. 分案处理原则

分案处理就是在处理未成年人刑事案件时，应当与成年人犯罪案件分开处理。在实施刑事诉讼中的拘留、逮捕和执行刑罚时，应当将未成年人和成年人分别羁押。在管理上采取不同的管理方式，有利于对未成年人的教育感化。做好分案处理工作，可以更好地维护未成年犯罪嫌疑人、被告人利益，免受成年人的不良感染，为促使未成年犯罪人早日顺利回归社会提供了制度保障。

4. 在讯问和审判时法定代理人及其他有关组织代表到场制度

《刑事诉讼法》将“可以”通知未成年犯罪嫌疑人、被告人的法定代理人到场改为“应当”通知，并可以由到场的法定代理人代表未成年犯罪嫌疑人、被告人行使诉讼权利，履行抚慰、沟通、教育和监督等职责，当无法通知或法定代理人不能到场或法定代理人是共犯时，公安司法机关根据案件的具体情况，可以通知未成年犯罪嫌疑人、被告人的其他成年亲属，也可以通知所在学校、单位、居住地基层组织或者未成年人保护组织的代表到场。保护未成年犯罪人充分行使权利，在讯问和审判过程中，到场的法定代理人或其他人员认为办案人员有侵犯未成年人合法权益的行为时，有权提出意见。法定代理人在未成年人做最后陈述后，可以进行补充陈述。这对于缓解未成年人的紧张、对立情绪，有效地进行心理疏导和帮助，充分维护未成年人权益，具有积极的作用。

想一想

甲、乙系初三学生，因涉嫌抢劫同学丙（三人均不满 16 周岁）被立案侦查。关于该案诉讼程序，下列哪些选项是正确的？

A. 审查批捕讯问时，甲拒绝为其提供的合适成年人到场，应另行通知其他合适成年人到场

B. 讯问乙时，因乙的法定代理人无法到场而通知其伯父到场，其伯父可代行乙的控告权

C. 法庭审理询问丙时，应通知丙的法定代理人到场

D. 如该案适用简易程序审理，甲的法定代理人不能到场时可不再通知其他合适成年人

根据《刑事诉讼法》有关规定，在讯问和审判未成年人的时候，无论是否适用简易程序，均应当通知未成年犯罪嫌疑人、被告人的法定代理人到场。无法通知、法定代理人不能到场或者法定代理人是共犯的，也可以通知未成年犯罪嫌疑人、被告人的其他成年亲属，并将有关情况记录在案。乙的伯父并非乙的法定代理人，作为乙的其他成年亲属，享有就侵犯未成年人合法权益的行为提出意见的权利，但不能代行乙的诉讼权利。

5. 未成年人刑事案件一律不公开审理

《刑事诉讼法》明确规定，审判的时候被告人不满 18 周岁的案件，不公开审理，这充分体现了对未成年人的尊重和保护。考虑到未成年人所在学校和未成年人保护组织在未成年人成长过程中的作用，同时规定在征得未成年被告人及其法定代理人同意的情况下，未成年人所在学校和未成年人保护组织可以派代表到场。

6. 未成年人附条件不起诉制度

《刑事诉讼法》在第二百八十二条、第二百八十三条和第二百八十四条规定了未成年人附条件不起诉的适用条件、监督考察和效力。

（1）在适用条件上，限定为涉嫌刑法分则第四章规定的“侵犯公民人身权利、民主权利罪”，第五章规定的“侵犯财产罪”，第六章规定的“妨害社会管理秩序罪”，可能判处的刑罚为 1 年有期徒刑以下刑罚，符合起诉条件，但有悔罪表现的。

（2）在适用程序上，要求人民检察院在作出附条件不起诉决定以前，应当听取公安机关和被害人的意见，但不以他们同意为前提。未成年犯罪嫌疑人及其法定代理人如果对人民检察院决定附条件不起诉提出异议，人民检察院应当作出起诉的决定。

（3）在监督考察程序上，由人民检察院在附条件不起诉的考验期内对犯罪嫌疑人进行

监督考察。犯罪嫌疑人的监护人应当切实履行管教职责，配合人民检察院做好监督考察工作。附条件不起诉的考验期为从人民检察院作出附条件不起诉决定之日起 6 个月以上 1 年以下。未成年犯罪嫌疑人应当遵守所附条件，即遵守法律法规，服从监督；按照考察机关的规定报告自己的活动情况；离开所居住的市、县或者迁居，应当报经考察机关批准；按照考察机关的要求接受矫治和教育。违反所附条件的，人民检察院应当撤销附条件不起诉的决定，提起公诉。

（4）被附条件不起诉的未成年犯罪嫌疑人，在考验期内实施新的犯罪或者发现决定附条件不起诉以前还有其他罪需要追诉的，或者违反治安管理规定，或者考察机关有关附条件不起诉的监督管理规定，情节严重的，人民检察院应当撤销附条件不起诉的决定，提起公诉。

被附条件不起诉的未成年犯罪嫌疑人，在考验期内没有上述情形，考验期满的，人民检察院应当作出不起诉的决定。

7. 未成年人刑事案件中的社会调查制度

《刑事诉讼法》第二百七十九条规定，公安机关、人民检察院、人民法院办理未成年人刑事案件，根据情况可以对未成年犯罪嫌疑人、被告人的成长经历、犯罪原因、监护教育等情况进行调查。

可见，公安机关、人民检察院、人民法院是社会调查的主体，并可委托其他机构和组织进行调查，调查的内容主要是成长经历、犯罪原因和监护教育三个方面，但也不限于三个方面，也可根据案件情况调查其他与案件处理有关的情况。未成年人刑事案件中的社会调查，对于案件处理方案的合理选择具有重要意义，可以为教育和惩治未成年犯罪人提供依据，使教育和矫治做到有的放矢。

8. 未成年人犯罪记录封存制度

《刑法修正案（八）》充分考虑了刑满释放的未成年人在入伍、就业中面临的现实问题，免除了在入伍、就业的时候，应当如实向有关单位报告的义务，首次从法律层面保障刑满释放的未成年人不受前科的影响。《刑事诉讼法》为进一步弱化未成年人犯罪的“标签”心理，消除犯罪记录对未成年人在升学、就业时的负面影响，增设了未成年人的犯罪记录封存制度。犯罪的时候不满 18 周岁，被判处 5 年有期徒刑以下刑罚的，应当对相关犯罪记录予以封存。犯罪记录被封存的，不得向任何单位和个人提供，除非司法机关为办案需要或者有关单位根据国家规定才可以进行查询，但查询单位仍应当对被封存的犯罪记录予以保密。

三、行政诉讼

行政诉讼，俗称“民告官”，是解决行政纠纷的重要途径。国家行政机关在履行职务的过程中，与行政相对人发生行政争议，或行政相对人的正当权益受到行政机关的侵犯时，可以向人民法院提起行政诉讼，要求人民法院审查行政机关的行政行为，作出公正合法的判决。《行政诉讼法》就是让老百姓能在公平公正的条件下和政府打官司，在社会生活中发挥着公民权利“守护神”、依法行政“推进器”、官民关系“润滑剂”、社会稳定“减压阀”的作用。我国《行政诉讼法》规定了行政诉讼的受案范围、管辖、证据、起诉与受理、审理与判决等问题。

法治印记

2014年11月1日，十二届全国人大常委会第十一次会议通过了修改《行政诉讼法》的决定，修改后的《行政诉讼法》于2015年5月1日实施，此次修订充分体现了党的十八届四中全会《关于全面推进依法治国若干重大问题的决定》关于“健全行政机关依法出庭应诉、支持法院受理行政案件、尊重并执行法院生效裁判的制度”等精神，对行政机关的监督力度大大增强，对加快推进法治政府建设进程具有重大意义。

值得一提的是，2014年修订增加了“行政机关及其工作人员不得干预、阻碍人民法院受理行政案件；被诉行政机关负责人应当出庭应诉。不能出庭的，应当委托行政机关相应的工作人员出庭”等条款。

2017年6月27日第十二届全国人民代表大会常务委员会第二十八次会议通过《关于修改〈中华人民共和国民事诉讼法〉和〈中华人民共和国行政诉讼法〉的决定》。《行政诉讼法》第二十五条增加一款，作为第四款：“人民检察院在履行职责中发现生态环境和资源保护、食品药品安全、国有财产保护、国有土地使用权出让等领域负有监督管理职责的行政机关违法行使职权或者不作为，致使国家利益或者社会公共利益受到侵

害的，应当向行政机关提出检察建议，督促其依法履行职责。行政机关不依法履行职责的，人民检察院依法向人民法院提起诉讼。"

（一）受案范围

行政诉讼的受案范围，又称行政审查权范围或者可诉行为范围，是指法院受理并审理行政争议的范围。行政诉讼为公民权利受到行政权侵害时提供司法救济，行政诉讼的受案范围关系到公民权利受司法保护的范围，因此，受案范围是体现行政诉讼制度进步的一个重要指标。《行政诉讼法》通过多种途径扩大行政诉讼的受案范围，让更多的行政行为接受司法监督，让公民、法人和其他组织能对更多的行政侵权行为提起行政诉讼。行政诉讼受案范围见表 6-3。

表 6-3　　行政诉讼受案范围

类别	受案范围
受理的案件	1. 法律列举的受案范围：（1）行政处罚案件；（2）强制措施和强制执行案件；（3）行政许可案件；（4）行政确认案件；（5）征收征用及其补偿案件；（6）行政不作为案件；（7）经营自主权、农村土地承包经营权案件；（8）滥用权力排除或限制竞争案件；（9）"三乱"案件；（10）行政给付案件；（11）行政协议案件；（12）侵犯其他合法权益案件 2. 司法解释和其他法律规定可以起诉的案件：（1）国际贸易行政案件；（2）反倾销行政案件；（3）反补贴行政案件；（4）农村集体土地行政案件；（5）政府信息公开案件；（6）行政复议案件
不受理的案件	1.《行政诉讼法》排除的案件：（1）国家行为；（2）抽象行政行为；（3）内部行政行为；（4）终局裁决 2. 排除的案件：（1）《刑事诉讼法》明确授权的行为；（2）行政调解、仲裁；（3）不具有强制力的行政指导；（4）驳回申诉的重复处理行为；（5）对权利义务不产生实际影响的行为

尽管《行政诉讼法》仍然排除公民、法人和其他组织对行政法规、规章或者行政机关制定、发布的具有普遍约束力的决定、命令（即"抽象行政行为"）提起行政诉讼，但《行政诉讼法》尽量减缩排除范围，扩大受理范围。《行政诉讼法》新增 4 项行政行为为列举的可诉行政行为：确认土地、矿藏、水流、森林、山岭、草原、荒地、滩涂、海域等自然资源所有权或使用权的行为；征收、征用或对征收、征用的补偿行为；滥用行政权力排除或限制竞争的行为；涉及特许经营协议、土地房屋征收补偿协议等行政协议的行为。

《行政诉讼法》扩充了6项行为的内容：（1）在行政处罚行为中增加了暂扣证照、没收违法所得、警告三项内容；（2）在行政强制行为中增加了行政强制执行的内容；（3）在涉及经营自主权的行为中增加了涉农村土地承包经营权和农村土地经营权两项内容；（4）在行政许可行为中增加了“有关行政许可的其他决定”的内容，即意味着行政相对人对行政机关准予、变更、延续、撤销、撤回、注销许可等各种行政许可行为均可起诉；（5）在行政给付行为中增加了支付最低生活保障和社会保障待遇的内容，对保障给付对象权益有重要意义；（6）在要求履行义务行为中明确列举了集资、摊派费用等行为内容。

想一想

下列选项属于行政诉讼受案范围的是（　　）。

A. 方某在妻子失踪后向公安局报案要求立案侦查，遭拒绝后向法院起诉确认公安局的行为违法

B. 区房管局以王某不履行双方签订的房屋征收补偿协议为由向法院起诉

C. 某企业以工商局滥用行政权力限制竞争为由向法院起诉

D. 王某不满区政府对其作出房屋征收决定向法院起诉

“方某在妻子失踪后向公安局报案要求立案侦查，遭拒绝后向法院起诉确认公安局的行为违法”不属于行政诉讼受案范围。立案侦查属于刑事司法行为，此时可以申请检察院进行立案监督，但公安机关的刑事司法行为不属于行政诉讼的受案范围。根据《行政诉讼法》第十二条，公民、法人或者其他组织“认为行政机关不依法履行、未按照约定履行或者违法变更、解除政府特许经营协议、土地房屋征收补偿协议等协议的”，属于行政诉讼受案范围，但因相对人不履行双方签订的房屋征收补偿协议，有强制执行权的可自行强制执行；没有强制执行权的，可向法院申请强制执行。因此，区房管局以王某不履行双方签订的房屋征收补偿协议为由向法院起诉不属于行政诉讼受案范围。根据《行政诉讼法》第十二条规定，认为行政机关滥用行政权力排除或者限制竞争的，可向人民法院提起行政诉讼。《国有土地上房屋征收与补偿条例》第十四条规定，被征收人对市、县级人民政府作出的房屋征收决定不服的，可以依法申请行政复议，也可以依法提起行政诉讼。在国有土地房屋征收与补偿问题上，对被征收人产生直接影响的是房屋征收决定和补偿决定，对房屋征收决定和补偿决定不服的，被征收人可以通过依法申请行政复议或者提起行政诉讼直接实现权利救济，复议机关和人民法院对补偿决定的审查也包括对征收补偿方案的附带审

查，足以保障被征收人的合法权利。

（二）管辖

行政诉讼的管辖，是指法院之间受理第一审行政案件的职权分工。这种分工产生两方面的法律效果：其一，对于审判机关来说，确定了同级法院之间审理行政案件的具体分工，明确了上下级法院之间受理第一审行政案件的权限；其二，对于原告而言，则是发生争议后应当到哪一级的哪一个法院起诉的问题。依据法院对行政案件的纵横管辖关系不同，可以分为级别管辖和地域管辖。可以将一个行政案件管辖法院的确定过程比喻为在一个平面上确定一个或者多个点。确定面上的点，需要使用纵横坐标系，而级别管辖就相当于纵坐标，地域管辖就相当于横坐标，当在纵坐标上确定了级别管辖的法院，并在横坐标上确定了地域管辖的法院之后，同时满足两者的法院相当于纵横坐标系上的交点。级别管辖是指上下级法院之间受理第一审行政案件的分工和权限，是在法院系统内部从纵向上解决第一审行政案件应当由哪一级法院审理的问题，见表6-4。

表6-4　　管辖范围明细表

法院级别	管辖范围
基层人民法院	法律规定由上级人民法院管辖的特殊情形之外，行政案件都应由基层人民法院负责管辖
中级人民法院	1. 专业强 如海关处理的案件 2. 级别高 （1）政府：被告为县级以上人民政府的案件；（2）部门：中央部门和机关做被告时，由中级人民法院管辖；地方政府部门做被告时，由基层人民法院管辖 3. 重大复杂 （1）社会影响重大的共同诉讼、集团诉讼案件；（2）重大涉外或涉及我国香港特别行政区、澳门特别行政区、台湾地区的案件；（3）国际贸易案件、反倾销、反补贴案件
高级人民法院	1. 本辖区内重大、复杂的案件 2. 部分反倾销、反补贴案
最高人民法院	全国范围内重大、复杂的案件

《行政诉讼法》第十八条第二款规定，经最高人民法院批准，高级人民法院可以根据审判工作的实际情况，确定若干人民法院跨行政区域管辖行政案件。这一制度创新有利于排除地方干预，保障法院公正审判，从而有利于更好地保护公民、法人和其他组织的合法权益不受违法行政行为的侵犯。

（三）证据

行政诉讼证据，是指在行政诉讼中用以证明案件事实的一切材料和手段。这些材料和事实要用来揭示案件事实真相。在当事人提供的和法院收集到的证据中，有的是真实的，有的可能是虚假的，有的可能是伪造的，只有其中真实可靠的证据才可作为法院判案的根据。这部分证据称为“可定案证据”。可定案证据具有以下三个特征：(1) 客观性，或称为真实性，即作为可定案证据的事实和材料必须是客观存在的，而不是主观捏造或者想象的；(2) 关联性，或称为相关性，即作为可定案证据的事实和材料必须与待证的案件事实有联系，它们或者是案件事实形成的条件，或者是案件事实发生的原因，或者是案件事实所导致的结果；(3) 合法性，或称为法律性，即作为可定案证据的事实和材料必须合法，包括取证的程序合法和证据的形式合法。

1. 行政诉讼证据的种类与要求

根据《行政诉讼法》的规定，行政诉讼证据包括书证、物证、视听资料、电子数据、证人证言、当事人陈述、鉴定意见、勘验笔录、现场笔录。其中，现场笔录是行政诉讼中特有的证据种类。

(1) 书证。书证是以文字、符号、图案等形式记载的，能够表达人的思想和行为的，能够证明案件事实的物品。行政诉讼中的书证表现形式很多，例如，行政处罚决定书、行政许可决定书、营业执照、当事人提交的申请书、产权证等。

当事人向法院提供书证的，应当符合下列要求：①提供书证的原件，原本、正本和副本均属于书证的原件。提供原件确有困难的，可以提供与原件核对无误的复印件、照片、节录本。②提供由有关部门保管的书证原件的复制件、影印件或者抄录件的，应当注明出处，经该部门核对无异后加盖印章。③提供报表、图纸、会计账册、专业技术资料、科技文献等书证的，应当附有说明材料。④被告提供的被诉行政行为所依据的询问、陈述、谈话类笔录，应当有行政执法人员、被询问人、陈述人、谈话人签名或者盖章。

(2) 物证。物证是指以其物质属性、外部特征、存在状况、空间方位等来证明案件事实的物品和痕迹。当事人向法院提供物证的，应当符合下列要求：①提供原物。提供原物确有困难的，可以提供与原物核对无误的复制件或者证明该物证的照片、录像等其他证据。②原物为数量较多的种类物的，提供其中的一部分。例如，违法生产的假冒产品，可以提供部分样品。

(3) 视听资料。视听资料是指用以证明案件事实，利用录像以及计算机等高科技设备取得音响图像材料和利用计算机等设备取得和存储的数据材料。视听资料的缺点是容易被拷贝和删改。所以，当事人向法院提供计算机数据或者录音、录像等视听资料的，应当符合下列要求：①提供有关资料的原始载体。提供原始载体确有困难的，可以提供复制件。

②注明制作方法、制作时间、制作人和证明对象等。③声音资料应当附有该声音内容的文字记录。

（4）电子数据。电子数据是此次修法新增加的证据种类。电子数据是指以电子、光学、磁或其他类似手段生成、发送、接受或存储的信息，是证明案件事实的一种证据。包括短信、微信、微博、光盘、网页、电子交易信息、网络IP地址、通信记录、电子邮件等电子数据。电子数据具有以下特征：①复合性。随着网络技术尤其是多媒体技术的发展，电子数据不再局限于单一的方式，而是综合了文字、图形、图像、动画、音频、视频等多种多媒体信息，几乎涵盖了所有传统证据的类型。②高科技性。电子数据是现代电子信息化产业高速发展的产物，其载体是计算机和互联网等高科技设备。③脆弱性。电子数据本身有易受损性，其存储的内容容易被删除、修改、复制。④隐蔽性。与传统的纸质信息相比，电子数据赖以存在的信息符号不易被直接识别。

（5）证人证言。证人证言是指了解案件有关情况的非本案诉讼参加人关于案件事实的陈述。证人原则上应当出庭作证，接受法庭质证。提交证人证言是证人出庭作证的例外情形。当事人向法院提供证人证言的，应当符合下列要求：①写明证人的姓名、年龄、性别、职业、住址等基本情况。②有证人的签名，不能签名的，应当以盖章等方式证明。③注明出具日期。④附有居民身份证复印件等证明证人身份的文件。

（6）当事人陈述。当事人陈述是指原告、被告、第三人就自己所经历的案件事实，向法院所作出的叙述、承认和陈词。由于当事人与案件的结果有着直接的利害关系，所以，当事人陈述可能存在一定的片面性和虚假性。法院对待当事人陈述应当认真审查判断，去伪存真，确保当事人陈述的真实可靠。

（7）鉴定意见。鉴定意见是指接受法院的指派、聘请或者当事人聘请的鉴定人运用自己的专业知识，根据案件事实材料，对需要鉴定的专门性问题进行分析、鉴别和判断之后得出的书面意见。行政诉讼中常见的鉴定有文书鉴定、会计鉴定、医学鉴定和科学技术鉴定等。鉴定意见只解决专门性的事实问题，不涉及法律问题。

被告向法院提供的在行政程序中采用的鉴定意见，应当符合下列要求：①载明委托人和委托鉴定的事项；②列明向鉴定部门提交的相关材料；③说明鉴定的依据和使用的科学技术手段；④鉴定部门和鉴定人鉴定资格的说明，并应有鉴定人的签名和鉴定部门的盖章；⑤通过分析获得的鉴定意见，应当说明分析过程。

可见，对于鉴定意见，不仅要求其鉴定主体、鉴定事项等实体性问题应当合法，鉴定程序也应当符合法定的程序和形式。

（8）勘验笔录。勘验笔录是指对物品、现场进行查看、检验后所作出的能够证明案件情况的记录。在我国行政诉讼中，勘验笔录是一项独立证据，具有客观性、综合性等特点。

（9）现场笔录。现场笔录是指行政机关工作人员在执行职务过程中对有关管理活动的现场情况所做的书面记录。例如，警察在检查酒后驾车过程中对违法情况的记录。在三大诉讼法中，现场笔录是行政诉讼特有的证据种类，其特点在于现场性、时效性和程序性。被告向法院提供的现场笔录，应当符合以下要求：①载明时间、地点和事件等内容。②由执法人员和当事人签名。当事人拒绝签名或者不能签名的，应当注明原因；有其他人在现场的，可由其他人签名。

想一想

梁某酒后将邻居张某家的门、窗等物品砸坏。县公安局接警后，对现场进行拍照、制作现场笔录，并请县价格认证中心提供价格鉴定意见，对梁某作出行政拘留8日的处罚。梁某向法院起诉，县公安局向法院提交照片、现场笔录和鉴定意见。下列哪些说法是正确的？

A. 照片为书证

B. 县公安局提交的现场笔录无当事人签名的，不具有法律效力

C. 县公安局提交的鉴定意见应有县价格认证中心的盖章和鉴定人的签名

D. 梁某如对现场笔录的合法性有异议，可要求县公安局的相关执法人员作为证人出庭作证

物证是指以自己的存在、形状、质量等外部特征和物质属性来证明案件事实的物品。照片是公安局对现场进行拍照形成，是以文字、符号、图形所记载或表示的内容、含义来证明案件事实的证据，此处的照片不是物证，符合书证的特点，应为书证。根据有关法律规定，被告向人民法院提供的现场笔录，应当载明时间、地点和事件等内容，并由执法人员和当事人签名。当事人拒绝签名或者不能签名的，应当注明原因。可见，现场笔录无当事人签名的，并不意味着不具有法律效力。被告向人民法院提供的在行政程序中采用的鉴定结论，应当载明委托人和委托鉴定的事项、向鉴定部门提交的相关材料、鉴定的依据和使用的科学技术手段、鉴定部门和鉴定人鉴定资格的说明，并应有鉴定人的签名和鉴定部门的盖章。原告或者第三人对现场笔录的合法性或者真实性有异议的、对扣押财产的品种或者数量有异议的、对检验的物品取样或者保管有异议的、对行政执法人员身份的合法性有异议的，均可以要求相关行政执法人员作为证人出庭作证。

2. 举证责任

举证责任是法律假定的一种后果，是指承担举证责任的当事人应当举出证据证明自己

的主张是成立的，否则将承担败诉的不利后果。举证责任包括两方面的内容：一是由谁负责提供证据证明特定的案件事实，即举证责任的分配；二是不能履行举证责任时可能承担的法律后果。举证责任与举证期限见表 6–5。

表 6–5　　举证责任与举证期限

身份	举证责任	举证期限
被告	1. 被告对作出的行政行为负有举证责任，应当提供作出该行政行为的证据和所依据的规范性文件 2. 被告不提供或者无正当理由逾期提供证据，视为没有相应证据。但是，被诉行政行为涉及第三人合法权益，第三人提供证据的除外 3. 复议维持案件中，原机关和复议机关为共同被告，原机关和复议机关共同就原行为的合法性承担举证责任，但可以由一个机关实施举证行为；复议机关还就复议程序合法性承担举证责任	1. 被告应当在收到起诉状副本之日起 15 日内向人民法院提交作出行政行为的证据和所依据的规范性文件，并提出答辩状。人民法院应当在收到答辩状之日起 5 日内，将答辩状副本发送原告。被告不提出答辩状的，不影响人民法院审理 2. 有正当理由的可在收到起诉状副本 10 日内向法院申请延期，经准许，可在正当事由消除后 10 日内提交
原告	1. 证明起诉符合法定条件，但被告认为原告起诉超过起诉期限的除外 2. 在起诉被告不作为的案件中，证明其提出过申请的事实，除外情形为： （1）被告应当依职权主动履行法定职责的 （2）原告因正当理由不能提供证据的 3. 在行政赔偿、补偿的案件中，原告应当对行政行为造成的损害提供证据 因被告的原因导致原告无法举证的，由被告承担举证责任 4. 原告可以提供证明行政行为违法的证据。原告提供的证据不成立的，不免除被告的举证责任 5. 在行政附带民事案件中，当事人在调解中对民事权益的处分不能作为审查被诉行政行为合法性的根据	1. 原告（或第三人）在开庭审理前或人民法院指定的交换证据之日提供证据 2. 申请延期的，经法院准许，可在法庭调查阶段提供

（四）起诉与受理

提起行政诉讼应符合以下条件：原告是认为具体行政行为侵犯其合法权益的公民，法人或其他组织；有明确的被告；有具体的诉讼请求和事实依据；属于人民法院的受案范围和受诉人民法院管辖。人民法院对公民、法人和其他组织的起诉进行审查，对符合法定条件的起诉决定立案审查，从而引起诉讼程序开始。

《行政诉讼法》第五十条规定，起诉应当向人民法院递交起诉状，并按照被告人数提出副本。书写起诉状确有困难的，可以口头起诉，由人民法院记入笔录，出具注明日期的书面凭证，并告知对方当事人。可见，行政诉讼起诉的方式是以书面方式为原则，以口头方式为补充。其中，书写起诉状确有困难的，应当是提起诉讼的公民。如果是法人或者其他组织提起诉讼，只能以书面方式，而不得使用口头方式。原告认为自己书写起诉状确有困难的，可以在起诉时向法院提出，法院根据原告的实际情况决定是否允许其以口头方式提起诉讼。对于允许口头起诉的，由法院记入笔录，出具注明日期的书面凭证，并应当将此情况告知对方当事人。

人民法院受理案件应做到有案必立、有诉必应，充分保障当事人的诉权。《行政诉讼法》第五十一条规定，人民法院在接到起诉状时对符合《行政诉讼法》规定的起诉条件的，应当登记立案。

对当场不能判定是否符合《行政诉讼法》规定的起诉条件的，应当接收起诉状，出具注明收到日期的书面凭证，并在 7 日内决定是否立案。不符合起诉条件的，作出不予立案的裁定。裁定书应当载明不予立案的理由。原告对裁定不服的，可以提起上诉。起诉状内容欠缺或者有其他错误的，应当给予指导和释明，并一次性告知当事人需要补正的内容。不得未经指导和释明即以起诉不符合条件为由不接收起诉状。

对于不接收起诉状、接收起诉状后不出具书面凭证，以及不一次性告知当事人需要补正的起诉状内容的，当事人可以向上级人民法院投诉，上级人民法院应当责令改正，并对直接负责的主管人员和其他直接责任人员依法给予处分。人民法院既不立案，又不作出不予立案裁定的，当事人可以向上一级人民法院起诉。上一级人民法院认为符合起诉条件的，应当立案、审理，也可以指定其他下级人民法院立案、审理。

（五）审理与判决

行政诉讼的审判程序与民事诉讼大体相同，也包括一审、二审、再审、执行等环节。行政诉讼一审程序是相对于二审程序、审判监督程序而言的，是法院审理行政案件通常适用的最基本程序，完整地反映了行政诉讼程序的基本结构。具体包括：

1. 组成合议庭

法院审理行政案件，由审判员组成合议庭，或者由审判员、陪审员组成合议庭。合议庭的成员，应当是 3 人以上的单数。

2. 交换诉状

交换诉状主要是由法院向被告和原告发送有关文书。一方面，法院应在立案之日起 5

日内，将起诉状副本发送被告，通知被告应诉。另一方面，法院应在收到被告答辩状之日起 5 日内，将答辩状副本发送原告。被告应当在收到起诉状副本之日起 15 日内向人民法院提交作出行政行为的证据和所依据的规范性文件，并提出答辩状。被告不提出答辩状的，不影响人民法院审理。被告在法定时间内，不提交或者没有正当理由逾期提供作出行政行为的证据和依据的，应当认定该行政行为没有证据和依据，判决被告败诉。

3. 庭审方式

行政诉讼一审程序必须进行开庭审理。开庭审理应遵循以下原则：必须采取言词审理的方式；以公开审理为原则，不公开审理为例外。不公开审理的情况有：（1）法定不公开，国家秘密、个人隐私和法律另有规定的。（2）申请不公开，涉及商业秘密的案件，当事人申请不公开审理的，可以不公开审理。

被告胜诉	原告胜诉			
驳回诉讼请求	撤销判决	变更判决	履行判决	确认判决
（1）起诉作为，行为证据确凿，适用法律、法规正确，符合法定程序的 （2）起诉不作为，但理由不成立 （3）被诉具体行政行为合法，但因法律、政策的变化需要变更或废止的 （4）被告改变原具体行政行为，原告不撤诉，法院经审查认为原具体行政行为合法的	撤销或部分撤销适用情形： （1）主要证据不足 （2）适用法律、法规错误 （3）违反法定程序 （4）超越职权 （5）滥用职权 （6）明显不当 人民法院判决被告重新作出行政行为的，被告不得以同一事实和理由作出与原行政行为基本相同的行政行为	（1）行政处罚明显不当的 （2）其他行政行为涉及对款额的确定、认定确有错误的 （3）不得加重原告的义务或减损其权益。但利害关系人同为原告，且诉讼请求相反的除外 （4）对在行政程序中未受任何处罚的原告，法院不得直接判罚	一般履行：被告不履行违法且履行有现实意义，判决履行。如尚需被告调查或裁量的，判决被告针对原告请求重新作出处理 行政给付：不给付违法，判决被告限期履行给付义务	确认违法： （1）不作为，判决责令履行已无意义的 （2）被诉具体行政行为违法，但不具有可撤销的内容 （3）行为程序轻微违法，但对原告权利不产生实际影响的 （4）被诉行为违法，但撤销将给国家利益和公共利益造成重大损失的 （5）被告改变原违法行政行为，原告仍要求确认原行政行为违法的 确认无效：实施主体不具有行政主体资格或无依据等重大且明显违法情形，原告申请确认行为无效的，判决确认无效的

行政诉讼一审判决类型

4. 审理期限

法院审理第一审行政案件，应当自立案之日起 6 个月内作出判决。鉴定、处理管辖权异议和中止诉讼的期间不计算在内。有特殊情况需要延长的，由高级人民法院批准；高级人民法院审理第一审行政案件需要延长的，由最高人民法院批准。

基层人民法院申请延长审理期限，应当直接报请高级人民法院批准，同时报中级人民法院备案。

5. 公开宣判

法院对公开审理和不公开审理的案件，一律公开宣告判决。当庭宣判的，应当在 10 日内发送判决书；定期宣判的，宣判后立即发给判决书。宣告判决时，必须告知当事人上诉权利、上诉期限和上诉的法院。

第三节　非诉讼纠纷解决机制

在新的时代背景下，完善矛盾纠纷的多元化解决机制已成为社会共识。在《中共中央关于全面推进依法治国若干重大问题的决定》中明确提出要健全社会矛盾纠纷预防化解机制，完善调解、仲裁、行政裁决、行政复议、诉讼等有机衔接、相互协调的多元化纠纷解决机制。最高人民法院随之下发了《关于确定多元化纠纷解决机制改革示范法院的决定》，健全正确处理人民内部矛盾的工作机制，引导群众以理性合法的形式表达利益要求，解决利益矛盾，维护安定团结。

在我国的传统文化中，去法院打官司，通常被看作是一件极不情愿的事情，所谓“一场官司十年仇”。诉讼作为纠纷解决和权利救济方式，具有终局性、权威性等特点，诉讼也有其局限性，如程序繁杂、效率较低、成本较高等特点，还可能导致当事人伤了和气。非诉讼纠纷解决机制作为解决社会纠纷、弥补诉讼制度不足的重要手段，在我国有着悠久的历史。

拓展阅读

六尺巷

六尺巷，位于安徽省桐城市的西南一隅，全长 100 米、宽 2 米，建成于清朝康熙年间，巷道两端立石牌坊，牌坊上刻着“礼让”二字。“六尺巷”的典故之所以成为一段历史佳话，源于张家与邻里之间的土地纠纷。

相传，清康熙年间，张英担任文华殿大学士兼礼部尚书。他老家桐城的官邸与吴家为邻，两家院落之间有条巷子，供双方出入使用。后来吴家要建新房，想占这条路，张家人不同意。双方争执不下，将官司打到当地县衙。县官考虑到两家人都是名门望族，不敢轻易了断。

这时，张家人一气之下写封加急信送给张英，要求他出面解决。张英看了信后，认为应该谦让邻里，他在给家里的回信中写了四句话：千里来书只为墙，让他三尺又何妨？万里长城今犹在，不见当年秦始皇。家人阅罢，明白其中含义，主动让出三尺空地。吴家见状，深受感动，也主动让出三尺房基地。“六尺巷”由此得名。

一、和解

和解，本意是指平息纷争、重归于好，在法律上，指诉讼当事人之间为处理和结束诉讼而达成的解决争议问题的妥协或协议，也指当事人在自愿互谅的基础上，就已经发生的争议进行协商并达成协议，自行解决争议的一种方式。一般来说，和解的结果是撤回起诉或中止诉讼而无须判决。自行和解是指纠纷发生后，双方当事人心平气和地坐下来协商，互谅互让，进而对纠纷的解决达成协议的活动。通过协商，该赔偿的赔偿，该道歉的道歉，从而继续和睦相处或者合作。和解具有及时解决纠纷、节约成本、保护合作关系的优点。当事人双方可以首先选择这种方式来解决纠纷，和解协议当事人双方应当自觉地履行和解协议，一方如果不履行和解协议，另一方可以向人民法院提起诉讼，

在我国，和解既包括诉讼外的和解，也包括诉讼中的和解。诉讼前的和解指发生诉讼以前，双方当事人互相协商达成协议，解决双方的争执。这是一种民事法律行为，是当事人依法处分自己民事实体权利的表现。和解成立后，当事人所争执的权利即归确定，所抛弃的权利随即消失。和解一经成立，当事人不得随意反悔要求撤销。但是，和解所依据的文件，事后发现是伪造或涂改的，和解事件已为法院判决所确定，而当事人于和解时不知情的，当事人对重要的争执有重大误解而达成协议的，当事人都可以要求撤销和解。

诉讼中的和解是当事人在诉讼进行中互相协商，达成协议，解决双方的争执。这种和解不管诉讼程序进行如何，凡在法院作出判决前，当事人都可进行。可以就整个诉讼标的达成协议，也可就诉讼上的个别问题达成协议。诉讼中的和解协议经法院审查批准，当事

人签名盖章，即发生效力，结束诉讼程序的全部或一部。结束全部程序的，即视为当事人撤销诉讼。《民事诉讼法》第二百三十条规定，在执行中，双方当事人自行和解达成协议的，执行员应当将协议内容记入笔录，由双方当事人签名或者盖章。申请执行人因受欺诈、胁迫与被执行人达成和解协议，或者当事人不履行和解协议的，人民法院可以根据当事人的申请，恢复对原生效法律文书的执行。

二、调解

调解，是当事人之间发生纠纷之后，第三人从中进行沟通疏导、说服教育，促使当事人双方互相谅解、达成协议，从而解决纠纷的一种活动。在我国，因调解的主体不同，调解包括法院调解、人民调解、仲裁调解、行政调解等。

（一）法院调解

法院调解又称诉讼中调解，是当事人用于协商解决纠纷、结束诉讼、维护自己的合法权益，审结民事案件、经济纠纷案件的制度。诉讼中的调解是人民法院和当事人进行的诉讼行为，其调解协议经法院确认，即具有法律上的效力。人民法院审理民事案件，应遵循自愿与合法的原则，调解不成，应及时判决。法院调解，可以由当事人的申请开始，也可以由人民法院依职权主动开始。调解案件时，当事人应当出庭；如果当事人不出庭，可以由经过特别授权的委托代理人到场协商。调解可以由审判员一人主持，也可以由合议庭主持，并尽可能就地进行。除法律规定的特殊原因外，一般应当公开调解。在法院调解中，被邀请调解的单位和个人，应当协助人民法院进行调解。

在审判人员的主持下，双方当事人自愿、协商达成调解协议，协议内容符合法律规定的，应予批准。调解达成协议，人民法院应当制作调解书。调解书应当写明诉讼请求、案件的事实和调解结果，由审判人员、书记员署名，加盖人民法院印章，送达双方当事人签收后，即具有法律效力。下列案件调解达成协议，人民法院可以不制作调解书：（1）调解和好的离婚案件。（2）调解维持收养关系的案件。（3）能够即时履行义务的案件。（4）其他不需要制作调解书的案件。对不需要制作调解书的协议，应当记入笔录，由双方当事人、审判人员、书记员签名或者盖章后，即具有法律效力。

（二）人民调解

人民调解又称诉讼外调解，是指在人民调解委员会主持下进行的调解活动。人民调解委员会是村民委员会和居民委员会下设的调解民间纠纷的群众性自治组织，在基层人民政府和基层人民法院指导下进行工作。人民调解工作应遵循的原则有：（1）必须严格遵守国家的法律、政策进行调解。（2）必须在双方当事人自愿平等的前提下进行调解。（3）必须在查明事实、分清是非的基础上进行调解。(4) 不得因未经调解或者调解不成而阻止当事人向人民法院起诉。经调解达成的协议不具有法律效力。

由于人民调解委员会是群众性组织，其成员扎根于群众之中，对群众之间的民事纠纷和轻微刑事案件知根知底，所以调解委员的能动作用很大，方式灵活，方便易行。它突出的特点是能把纠纷解决在基层组织，还能起到宣传法制、预防纠纷、防止矛盾扩大的作用，因而受到人民群众的欢迎。此外，根据《刑事诉讼法》规定，人民法院对于自诉的刑事案件也可以进行调解，自诉人在宣告判决前，可以同被告人自行和解或撤回自诉。

（三）仲裁调解

仲裁调解是指在仲裁庭的主持下，仲裁当事人在自愿协商、互谅互让基础上达成协议，从而解决纠纷的一种制度。《仲裁法》规定，仲裁庭在作出裁决前，可以先行调解。当事人自愿调解的，仲裁庭应当调解。调解不成的，应当及时作出裁决。调解达成协议的，仲裁庭应当制作调解书或者根据协议的结果制作裁决书。调解书与裁决书具有同等法律效力。调解书应当写明仲裁请求和当事人协议的结果。调解书由仲裁员签名，加盖仲裁委员会印章，送达双方当事人。调解书经双方当事人签收后，即发生法律效力。在调解书签收前当事人反悔的，仲裁庭应当及时作出裁决。

（四）行政调解

行政调解是指在有关行政机关的主持下，依据相关法律、法规、规章以及政策处理纠纷的方式。国家行政机关根据法律规定，对属于国家行政机关职权管辖范围内的行政纠纷，通过耐心说服教育，使纠纷的双方当事人互相谅解，在平等协商的基础上达成一致协议，从而合理地解决纠纷矛盾。行政调解达成的协议也不具有强制约束力。

三、仲裁

仲裁是解决纠纷的另一种方式，是由独立于争议双方当事人以外的第三者居间对平等主体的当事人之间发生合同纠纷或者其他财产权益争议作出裁决的法律制度。当事人可以根据其在争议发生前后达成的仲裁协议，自愿将该争议提交中立的第三者进行裁判。由于仲裁是当事人自愿选择的，其程序比诉讼程序更为灵活，而且审理不公开进行，一裁终局，所以它显得更加便捷、经济，对外影响也较小。仲裁裁决具有法律约束力，如果一方当事人不能自觉地履行仲裁裁决，另一方当事人可以向法院申请强制执行。

在我国，平等主体的公民、法人和其他组织之间发生的合同纠纷和其他财产权益纠纷，可以仲裁；婚姻、收养、监护、扶养、继承纠纷以及依法应当由行政机关处理的行政争议不能仲裁。注意：劳动争议和农业集体经济组织内部的农业承包合同纠纷可以仲裁，但不是《仲裁法》意义上的仲裁，由法律另行规定。

我国的仲裁活动，主要由仲裁机构——仲裁委员会完成。仲裁委员会独立于行政机关，与行政机关没有隶属关系。仲裁委员会可以在直辖市和省、自治区人民政府所在地的市设立，也可以根据需要在其他设区的市设立。仲裁委员会不是按行政区划层层设立的，相互之间没有隶属关系。仲裁委员会从公道正派的人员中聘任仲裁员，应按照不同专业设立仲裁员名册，仲裁员一般为具有丰富法律知识和经验的律师、法官、教授等专业人士。

仲裁协议包括合同中订立的仲裁条款和以其他书面方式在纠纷发生前或者纠纷发生后达成的请求仲裁的协议。仲裁协议是双方当事人自愿将他们之间已经发生或可能发生的争议提交仲裁解决的书面协议。仲裁协议是当事人采取仲裁方式解决纠纷的前提，没有仲裁协议，一方申请仲裁的，仲裁委员会不予受理。

仲裁委员会受理仲裁后，可由 3 名仲裁员或者 1 名仲裁员组成仲裁庭进行开庭和裁决。仲裁应当开庭进行，除非当事人协议不开庭。开庭时，当事人应当对自己的主张提供证据。在仲裁过程中当事人可以和解，也可以由仲裁庭调解。最终的裁决应当按照多数仲裁员的意见作出。我国仲裁实行一裁终局制，即仲裁裁决一经作出，即发生法律效力。当事人不能就同一纠纷再向仲裁委员会申请仲裁，也不能就同一纠纷起诉或上诉，除非具备法定的条件和理由。

仲裁协议作出后，当事人应当履行裁决，一方当事人不履行的，另一方当事人可以依照民事诉讼法的有关规定向人民法院申请执行。

四、行政复议

公民、法人和其他组织，认为行政机关作出的具体行政行为侵犯其合法权益的，可以依法向特定的行政机关提出申请，由该行政机关对争议的具体行政行为依法进行审查，并作出行政复议决定，这样的活动就是行政复议。

对于行政机关来说，行政复议是行政机关系统内部自我监督的一种重要形式；对于行政相对人来说，行政复议是对其被侵犯的权益的一种救济手段。《行政复议法》规定，行政复议机关履行行政复议职责，应当遵循合法、公正、公开、及时、便民的原则，坚持有错必纠，保障法律、法规的正确实施。与诉讼相比，行政复议属于一种方便、高效率的机制，并且行政复议不收取任何费用。

行政复议的程序可以分为申请、受理、决定、执行四个环节。

（一）复议申请

行政相对人认为具体行政行为侵犯其合法权益的，一般应自知道该具体行政行为之日起 60 日内提出复议申请，法律另有规定的除外。行政复议中，申请行政复议的行政相对人是申请人，作出具体行政行为的行政机关是被申请人，同申请行政复议的具体行政行为有利害关系的其他公民、法人或者其他组织，可以作为第三人参加复议。申请人申请行政复议，可以书面申请，也可以口头申请。

（二）复议受理

行政复议机关收到行政复议申请后，应当在 5 日内进行审查。除不符合《行政复议法》规定的复议申请外，行政复议申请自行政机关负责法制工作的机构收到之日起即为受理。

（三）复议决定

行政复议原则上采取书面审查的办法，但是申请人提出要求或者行政复议机关负责法制工作的机构认为有必要时，可以向有关组织和人员调查情况，听取申请人、被申请人和第三人的意见。根据对争议行政机关合法性与合理性的审查情况，行政复议机关可分别作出维持决定、撤销和变更决定、确认决定、责令重作决定和行政赔偿决定。通常情况下，行政复议机关应当自受理申请之日起 60 日内作出复议决定，法律另有规定的除外。

（四）复议执行

对于发生法律效力的复议决定，当事人双方都必须履行。如果被申请人不履行或者无正当理由拖延履行行政复议决定的，行政复议机关或者有关上级机关应当责令其限期履行。如果申请人逾期不起诉又不履行行政复议决定的，或者不履行最终裁决的行政复议决定的，按照下列规定分别处理：维持具体行政行为的行政复议决定，由作出具体行政行为的行政机关依法强制执行或申请人民法院强制执行；变更具体行政行为的行政复议决定，由行政复议机关依法强制执行或申请人民法院强制执行。

实践活动建议

实践项目一：模拟法庭

★ 活动设计

活动目的是让同学们了解法律，遵守法律，让每个人都感觉到法就在我们身边，宣传法律知识，增强公民的法律意识。通过案情分析、角色划分、法律文书准备、预演、正式开庭等环节模拟刑事、民事、行政审判及仲裁的过程，调动学生的积极性与创造性，提高法律文书的写作能力。在具备理论素养的基础上培养实务操作能力、表达能力、应变能力和团结协作能力，提高专业素养和综合素养。

★ 前期工作

1. 布置工作：法官席、书记员席、公诉人席/原告及其代理人席、被告及其代理人席、证人席、犯罪嫌疑人席、旁听席、服装、法槌、投影、话筒、音响等。另外，准备邀请函、木槌1个、演员服装若干、话筒5~7个，租借好服装、音响、照相机等。

2. 角色选择：本次活动面向全体社员，选出审判长1名、审判员2名、书记员1名、公诉人2名、辩护人2名、被告2人、法定代理人2人、证人2人、法警2名等相关角色。

3. 准备诉讼文书［刑事起诉书、刑事答辩状（自诉案件）、刑事判决书、民事起诉状、民事答辩状、民事判决书、公诉词、辩护词、代理词、庭审笔录］，厘清诉讼过程。

4. 制定活动的规则，制作和打印角色选拔表格。

★ 活动流程

剧本：

步骤一：书记员宣布法庭纪律，核对当事人基本情况；

步骤二：书记员宣布起立，法官进入；

步骤三：法官介绍案件基本情况（合议庭组成、公诉人、被告、案由等）；

步骤四：公诉人宣读起诉书；

步骤五：被告人答辩；

步骤六：法庭调查；

步骤七：法庭辩论；

步骤八：宣判；

步骤九：教师点评。

★ 参考案例

案由：中职生胡某逃学厌学，不思进取，常与社会人员为伍。2016年9月20日下午放学后，胡某又去找刘某（20岁，酒店务工人员），偶遇低年级家境殷实的李某一人独行，无人陪同。想到自己手头紧缺，胡某与刘某尾随李某行至偏僻处，刘某从地上捡起一块啤酒瓶碎片，将李某逼至墙角，胁迫李某交钱，李某不从，胡某用啤酒瓶打击李某背部，迫使李某交出349元和一部手机。

★ 法律文书模版（仅供参考）

辩 护 词

审判长、审判员：

我系律师事务所的律师，受当事人的委托，律师事务所的指派，担任胡某一案的辩护人。我仔细查阅了本案的全部案卷材料，会见了被告人，参与了法庭的调查和质证，对本案有了明确的认识，现提出如下辩护意见，请合议庭在合议时予以考虑。

一、被告是未成年人，依法应当从轻或者减轻处罚。

被告人胡某，男，2001年12月20日生，2016年9月20日和同伴实施抢劫行为时未满16周岁，是未成年人。根据《刑法》第十七条规定，不满18周岁的人犯罪，应当从轻或者减轻处罚；《未成年人保护法》规定，对违法犯罪的未成年人，实行教育、感化、挽救的方针，坚持教育为主、惩罚为辅的原则。对未成年人犯罪，教育、感化、挽救是目的，惩罚只是手段，最终是使未成年人认识到自己的过错，重新正视自己、反省自己，引以为戒，不再违法犯罪！根据法律规定，因被告是未成年人，依法应当从轻或减轻处罚。

二、被告具有自首情节，依法可以从轻或者减轻处罚。

被告人实施犯罪后，2016年9月21日，被告胡某随父亲自动投案，并如实交代所实施的犯罪行为，是自首。根据《刑法》第六十七条第一款“犯罪以后自动投案，如实供述自己的罪行的，是自首。对于自首的犯罪分子，可以从轻或者减轻处罚。其中，犯罪较轻的，可以免除处罚”的规定，因被告具有自首情节，依法可以减轻处罚。

三、被告具有立功情节，依法可以从轻或者减轻处罚。

被告自首归案后，又主动提供同案犯刘某在饭店打工的线索，提供了刘某打工的饭店名称、地址；并协助公安机关将犯罪嫌疑人刘某抓获。根据《刑法》第六十八条第一款“犯罪分子有揭发他人犯罪行为，查证属实的，或者提供重要线索，从而得以侦破其他案件等立功表现的，可以从轻或者减轻处罚”的规定，被告的行为属于立功，依法可以减轻处罚。

被告实施犯罪后，不但自动投案，如实供述犯罪事实，而且提供同案犯的线索，协助抓捕，既有自首又立功，依法应对被告减轻处罚。

四、被告具有酌定从轻的量刑情节。

1. 被告系初犯，行为表现一贯良好。

2. 被告是讲朋友义气、为朋友出头，逞一时之勇，主观恶性小。

3. 被告因年纪尚小，不能完全辨认自己的行为，且退学较早，法律意识淡薄，对自己的行为和法律后果缺乏认识。

4. 被告实施犯罪行为的工具不是法律规定的管制类凶器，相对杀伤力不大，危害性小；实施犯罪是多人，被告只是打击了受害人背部一下，打击力度不强，主观恶性小，人身危险性小。

5. 受害人李某经司法鉴定：损伤程度为轻微伤。被告的犯罪行为对被害人造成的伤害不大，且被告真心悔过、道歉。

6. 被告和同伙抢劫的财物价值经鉴定合计价值为 4 349 元，数额相对不大，被告只拿了抢来的手机一部，且被告自首后，积极把抢来的手机及时交由公安机关。

7. 被告对自己实施的行为深感自责，愿意为自己的行为负责。因被告属在校生年龄不大，对社会的认知很薄弱，加上家庭的忽视，很容易误入歧途，现被告迷途知返，应予鼓励与肯定。

8. 被告自愿认罪，愿意接受法律的惩罚，为自己的行为负责。

综上所述，请法庭考虑以上因素，依法判决。

辩护人：××××

××××年××月××日

实训项目二：辩论赛

★ 活动设计

辩题：站脚助威是否同罪

实践目的：通过辩论，让同学们明晰情与法的关系，更加理性、准确地认识法律，丰富同学们的课余生活，陶冶情操，提高口才艺术修养，促进学生全面发展。通过让学生在辩论赛上进行思维的碰撞、言语的交流，倡导健康向上的法治校园文化氛围。

★ 实践方案

时间：45 分钟。

地点：自选。

分组：每支参赛队伍由 1 名领队和 4 名辩手以及候补人员（至多 4 名）组成。每场比赛上场队员必须有 1 名异性选手参加。每一名辩手只能参加一个辩论队。要求辩手口齿清晰，思维敏捷，赛前做好充分准备，外形仪表端正，开朗大方。

★ 活动流程

1. 辩论赛开始。

2. 主席致开场词，宣布辩题并介绍该场参赛代表队及所持立场。

3. 介绍参赛队员、评判团成员、点评嘉宾和比赛规则。

4. 开篇立论，正反两方一辩依次进行，时间各3分钟。

5. 攻辩，时间6分钟，每队各3分钟。

6. 攻辩小结，每队各1分30秒。

7. 自由辩论，共10分钟，每队各5分钟。

8. 反方四辩总结陈词，时间3分钟。

9. 正方四辩总结陈词，时间3分钟。

10. 评判团成员退席评议，工作人员计分。

11. 观众自由提问。

12. 评委入席，点评嘉宾评析发言。

13. 主席宣布本场比赛各队得分情况及最后结果。

14. 本场比赛结束，退场。

★ 参考材料

被告人孙某，男，2002年1月出生，在校中职生。被告人黄某，男，2002年3月出生，在校中职生。孟某（已判刑）在微信中与谎称女子的被害人贾某聊天，拟约定2016年4月的一天晚上见面，后经电话联系，孟某得知对方是男子后恼羞成怒，纠集朋友林某、王某（均已判刑）预谋对被害人贾某实施抢劫。孟某三人将被害人贾某约至河东区某小学附近见面，以殴打、威胁的方式抢走被害人贾某现金700元、工商银行卡一张及三星手机一部，后三人又挟持贾某到某镇附近，纠集了被告人孙某、黄某，被告人孙某在唆使下伙同孟某三人对被害人殴打，被告人黄某未动手。后五人挟持被害人贾某到河北区某银行自动取款机提取现金700元，又挟持被害人到其住所，迫使被害人从家中拿出两张银行卡及手机一部，并到自动取款机提取现金2 500元。实施抢劫后，孟某、林某、王某各分得1 000元，手机由王某占为已有。经天津市物证鉴定中心鉴定，被害人面部、躯干软组织损伤程度均为轻微伤。经河东区价格认定中心认证，被抢的手机价值人民币3 140元。案发后被害人报警，被告人孙某、黄某于2016年12月被公安机关抓获归案。

黄某站脚助威、陪同取款的行为是否构成犯罪？

第七章
常用法律文书写作

法律文书是法律活动的忠实记录，也是现代法治的必备要素。公民无论是参加诉讼还是从事其他法律行为，都离不开对法律文书的使用。通过前几章内容就可以看出，任何救济途径——无论是诉讼还是非诉讼机制，其诉求的提起和展开，都需要一定的书面文件，这些书面文件也许只是薄薄的几张纸，但其在权利救济过程中发挥的作用和承载的法律意义却不可小觑。一份好的法律文书是一份显示司法公正、有理有据的公告书，它具有规范的格式、特定的写作事项、完备的内容等共性的特征。我们在生活、学习、工作中，有必要掌握一些基础的法律文书写作常识。

第一节　法律文书概述

法律文书是我国司法机关（包括公安机关、国家安全机关、检察院、法院、监狱及劳改机关等）、公证机关、仲裁组织依法制作的处理诉讼案件和非诉讼案件的法律文书，以及案件当事人、律师和律师组织自用或代书的具有法律效力或法律意义的文书的总称。国家机关、民间机构、公民个人都可能成为法律文书的制作主体。以下我们主要介绍公民作为制作主体的法律文书，即由参加到法律关系中来的当事人及其代理人作为制作主体的法律文书。

一、法律文书的规范结构

法律文书的结构是指法律文书作为一个整体而存在的各组成要素之间的有机联系，是一定的规格样式，它反映的是法律文书的外在形式。法律文书的结构包括首部、正文、尾部三个组成部分。

（一）首部

首部是法律文书的开头部分。一般包括文书名称、文书编号、当事人或当事单位的情况、案由或事由、案件来源和处理经过等项内容。这些项目根据文种的不同而有所增减，但有较固定的格式。这部分是法律文书"程式化"特点的集中表现。

1. 文书名称

文书名称即文书标题，一般由制作文书的机关名称和文书名称所组成，如《起诉书》的文书名称可表述为"××人民检察院起诉书"，第一行写机关名称"××人民检察院"，第二行写文书名称"起诉书"。有的文书名称由制作文书的机关名称、案件性质和文书种类三部分组成，如"××人民法院民事判决书"，第一行写制作文书的机关名称，"××人民法院"（机关名称使用全称，并与尾部所盖印章的名称完全一致），第二行写案件性质和文书名称"民事判决书"。

2. 文书编号

文书编号，是司法机关制作司法文书时，为了方便办案，将众多案件有序排列而设置的，一般在文书名称右下方，包括五部分内容：年度、制作机关简称、案件性质简称、文书简称和顺序号。例如，人民法院制作的第一审刑事裁判文书编号为"（年份）×刑初字第×号"；人民检察院制作的起诉书编号为"×检刑诉（年份）×号"；公安机关制作的提请批准逮捕书编号为"×公提捕字（年份）×号"。上述括号内表示年度，"×"处填机关简称和顺序号。公安和检察机关把年度的位置放在中间，是根据行政公文编号的规定而设定的；法院编号把年度置前是沿袭了过去的习惯用法。

想一想

北京市西城区人民法院2017年第35号第一审刑事判决书的编号应为（　　）。

A. 京西刑初字（2017）第 35 号

B. 西刑初字（2017）第 35 号

C.（2017）京西刑初字第 35 号

D.（2017）西刑初字第 35

3. 当事人的情况

当事人的情况包括当事人的称谓及其身份情况。如民事案件当事人包括原告和被告，原告和被告的情况均应分别写出姓名、性别、年龄（出生年月日）、民族、籍贯、职业、住址等。又如刑事案件的被告人应分别写出被告人姓名、性别、年龄（出生年月日）、民族、文化程度、出生地、职业（工作单位及职务）、住址、因本案采取的强制措施、是否在押等。

当事人是法人或其他组织的，其身份情况只写单位名称和住所地，并写明其法定代表人及其姓名和职务。

当事人若是未成年人的，应写明其法定代理人或指定代理人或监护人，除应写明其姓名、性别、年龄（未成年人必须写明出生年月日）等项外，还应写明与当事人的关系。

当事人有委托代理人或辩护人的，应写明其称谓、姓名和职业等。如律师为委托代理人的，只写姓名、某律师事务所律师。

因此，法律文书特别是司法文书中的当事人一栏相当复杂，包括案件当事人、诉讼参与人等，由于其身份不同，要求填写的身份情况也不同。

4. 案由、案件来源和处理经过

法律文书是司法活动的有效载体，是体现司法公正的一个重要方面。办案程序是否合法，是否公正，要在这一部分加以体现。由于文书种类不同，其格式也不同，写法也不一样。

? 想一想

第一审刑事判决书的首部除制作机关名称、文书名称以及编号之外，应依次写明的项目是（　　）。

A. 公诉机关、被告人、辩护人

B. 公诉机关、被告人、辩护人、案件审判经过

C. 公诉机关、被告人、辩护人、案件的由来和审判经过

D. 被告人、辩护人、案件的由来和审判经过

（二）正文

正文是法律文书的核心部分，是文书要解决的问题及其法律事实和依据。每一件法律文书的正文都包括事实、理由及结论三项。但正文的表述却不尽相同。有些文书的事实、理由及结论三项内容合在一起书写，连在一起而不分段落，如公安机关的《对保证人罚款决定书》；有的文书一般要分段书写，事实为一部分，理由和结论为一部分，如检察机关的《起诉书》。还有的文书是事实、理由、结论分段列写。这种情况又分为两种格式：一种是“主文”前置，按“主文—事实—理由”的顺序分三部分写，如书状类文书；另一种是按“事实—理由—判决（主文）”的顺序写，如裁判文书。

（三）尾部

尾部是法律文书的结束部分，一般包括告知事项（或致送机关）、签署、日期、用印、附注说明等项。这些项目根据不同的文种稍有不同，但签署、日期、用印则不可缺少。法律文书尾部的一般用语固定，程式性特点明显，格式严格，不能随便取舍，否则文书无效。如一审刑事判决书尾部的告知上诉权利是这样表述的：“如不服本判决，可在接到判决书的第 2 日起 10 日内，通过本院或者直接向××人民法院提出上诉。书面上诉的，应交上诉状正本一份，副本×份。”

二、法律文书的规范内容

法律文书的规范内容是指决定着法律文书内在联系的各组成要素之间的有机组合，一般由事实、理由和结论三个部分组成。这三个组成部分往往存在着内在的、有机的逻辑联系，形成一个整体，不可分割。

（一）事实

法律事实是指能够引起各种法律关系产生、变更或消灭的事实和构成各种法律关系本身的事实的总称。法律事实是事实的一种，但它不同于一般意义上的事实，经过法律的规范和调整，普通的事实变成了规范的法律事实。正是在这一意义上，与人类生活无直接关系的客观现象不能称为法律事实，法律事实是一种必须用证据加以证明的事实。

法律事实是客观存在的现象，需用证据证实，而不是人们的一种心理现象或心理活动，绝不能道听途说，捕风捉影，主观臆造。写进法律文书的事实，是经过证据证实了的事实，

并经过依法举证、质证、认证的事实。从这个意义上说，写法律事实是没有“选择”余地的，如果任意选择、取舍或剪裁，都是违背法律的。案情事实不但不能虚构，也不能含半点水分，只能一是一，二是二，是则是，非则非。

（二）理由

写进法律文书的理由是法律文书的灵魂，是将法律事实和处理决定连接在一起的纽带。就一篇法律文书而言，案件的事实是固有的，但同一个案件事实为什么适用这个法律而不适用那个法律？为什么是这种判决结果而不是那种判决结果？理由就是阐明上述内容的。

1. 理由是对案件的定性

法律文书的制作者对案件理由的论述，主要表现在对案件的定性和评判。如果对案件的定性不准，评判不一，自然导致适用法律和判决结果的不同。不同的案件性质，评判的方法和适用的法律也不同。例如，在刑事案件中，文书制作者要论述犯罪嫌疑人（被告人）是否有罪，有什么罪，情节如何，是否有从重、加重或从轻、减轻处罚的情节；在民事案件中，文书制作者应从当事人之间的法律关系，享有的权利、义务，应负的法律责任等方面进行论述；在行政案件中，文书制作者则应当确认行政机关是否履行了其行政职责，是否有侵权行为等。在这里，侦查人员、检察官、法官应明确表达对案件性质的具体认定，以正确实施法律，体现法律的严肃公正，提高法律文书的制作水平，塑造执法、司法人员严明公正的形象。

2. 理由的内容结构

法律文书的理由包括认定事实的理由和适用法律的理由两个方面。

认定事实的理由是说对案件事实经法庭审理，依法举证、质证、辩论、认证，为什么认定这个证据而不认定那个证据，必须经过推理判断，讲出所以然。客观存在的案情事实必须有其法律根据，否则就不是法律文书所依据的法律事实。

适用法律的理由是讲为什么适用这个法条而不适用那个法条。要根据认定的法律事实“对号入座”，依照事实自然对应出相应的法条，绝不能张冠李戴。这就要求文书制作者正确推理论证，讲出道理，合乎逻辑，依法说理。具体要做到：(1) 结合本案的事实，对本案适用的法律进行论证。(2) 从个案的实际情况出发，通过对案件事实的分析论证，明确是非正误，分清合法与非法的界限，使当事人心服口服。(3) 依据法学基础理论，从犯罪构成理论、此罪与彼罪的差别上进行论述，从学理上阐明道理。(4) 说理要有逻辑性，要注意论据与论点之间的联系，要根据案件的事实进行合乎事理、恰如其分地分析。每件法律文书都离不开法律事实和法律根据。“以事实为根据，以法律为准绳”，是制作法律文书的原则，这就要求我们既不能捏造和歪曲事实，更不能牵强附会地去适用法条。

（三）结论

法律文书的结论是法律文书的核心。法律文书的结论一般指法律文书的制作目的或意图，具体来说就是制作该文书所要解决的问题，或解决程序问题，或解决实体问题。如检察机关的起诉书，就是将特定案件的刑事被告人交由人民法院审判。因此，起诉文书要标明结果，写明："……特向你院提起公诉，请依法判处。"法律文书标明的结果就是法律文书的结论。

法律文书结论的表现形式有三种：

（1）在理由之后标明，一般由文书标题就可以知晓其基本结论或主旨，如《不起诉决定书》的标题就明示了文书主旨：决定不起诉。因而文书中的决定事项这样表述："依照《刑事诉讼法》第×条之规定，决定对×××不起诉"，一看标题和结论，便能准确把握文书主旨。

（2）在"主文""判决""判决如下"等词语下面独立标明，如判决书在"判决如下"的下面独立成段，标明"结论"，即判决的"主文"，裁判结果。全文按照"事实—理由—主文"的顺序而写，一般都是根据事实、理由而得出结果或提出请求事项，即依案件的事实适用相应的法律，依相应的法律条款得出结论，环环相扣，逻辑严密，水到渠成，作出结论。

（3）在正文中首先标明主文，按照"主文—事实—理由"的顺序来写。如书状类文书，先写明"诉讼请求"，再写"事实和理由"，最后写"证据、证据来源、证人姓名和住址"。这种把主文放在前面的结构，便于法官受理案件时一目了然，掌握当事人的诉求。例如，判决书的结论就是判决结果，逮捕决定书的结论是决定逮捕，逮捕证是执行逮捕的凭证，起诉书的目的是将被告人交付法庭审判，诉状的目的是当事人向法院提出诉讼请求。

第二节　常用法律文书写作

这一节我们具体介绍一些常用法律文书的写作，这些法律文书主要适用于各类纠纷解决及权利救济过程。我们将这些文书分为三类：民事法律文书、行政法律文书和刑事法律文书。

一、民事法律文书

（一）民事起诉状

1. 民事起诉状的规范格式

民事起诉状

原告：（公民，应写明姓名、性别、出生年月日、身份证号、民族、籍贯、职业或工作单位、职务、住所、邮政编码、联系电话；法人或其他组织，应写明单位名称、住所以及法定代表人或主要负责人的姓名、职务）

被告：（同上）

诉讼请求：____________________________________

事实和理由：____________________________________

此致

________人民法院

原告人：________

法定代表人：________

________年____月____日

附：1. 本诉状副本______份。

2. 其他证明文件____份。

2. 民事起诉状写作注意事项

民事起诉状是公民、法人和其他组织，在认为自己的民事权益受到侵害或者与他人发生争议时，向人民法院提出的要求人民法院依法作出公正裁判的书面诉讼请求。

首先，当事人要明确为什么起诉。是因为感情不和准备离婚，还是因欠债不还要求债务人还款，还是履行合同过程中发生争议要求法院给个公道。起诉的原因直接决定了案件的类型，明确为什么要起诉，才能明确起诉的目的和所要达到的诉讼结果。

其次，要巧妙提出诉讼请求。可以说，整个民事起诉状的“点睛”之处就在于如何提出诉讼请求，诉讼请求的内容是当事人提起民事诉讼的直接目的。诉讼请求的提出要与诉状中“事实和理由”部分相一致。事实，是民事权益被侵害或与他人发生民事争议的客观事实；理由，是事实基础上按照相关实体法的规定当事人所拥有相关权利的依据。客观世界是纷繁复杂的，世界上没有两个完全相同的案件。不同类型的案件案由不同，诉讼请求自然不同，最高人民法院《民事案件案由规定》将民事案件案由分为几百种，即使同一类型的案件案由，因客观事实和当事人的状况不同，也导致了诉讼请求的不同。所谓“巧妙”，是指提出诉讼请求时的用词一定要严谨、精练、准确，既要把请求表达清楚，又要“惜墨如金”。请求的内容要有具体事实和法律规定的支持。

最后，诉讼请求要适当。诉讼请求是否适当，直接关系到案件的胜败和结果。很多案件都是因为诉讼请求不当导致败诉，或者没能更大程度地实现自己的诉讼目的。诉讼请求的确立原则是要追求诉讼利益的最大化，有些案件虽然通过诉讼胜诉了，但因为诉讼请求没有实现利益最大化，会给以后带来很多麻烦或不利。

（二）民事答辩状

1. 民事答辩状的规范格式

民事答辩状

答辩人：（公民，应写明姓名、性别、出生年月日、身份证号、民族、籍贯、职业或工作单位、职务、住所、邮政编码、联系电话；法人或其他组织，应写明单位名称、住所以及法定代表人或主要负责人的姓名、职务）

委托代理人：姓名：________　职务：________　工作单位：________

因________________诉________一案，答辩如下：

____

此致

________人民法院

答辩人：____________

法定代表人：__________

________年____月____日

附：1. 答辩状副本________份。

2. 其他证明文件______份。

2. 民事答辩状写作注意事项

民事诉讼中的被告收到原告的起诉状副本后，在法定期限内，针对原告在诉状中提出的事实、理由及诉讼请求，进行回答和辩驳的书状，称为第一审民事答辩状。第一审民事答辩状必须是民事案件被告提出的，且必须在法定期限内提出。《民事诉讼法》规定，人民法院应当在立案之日起 5 日内将起诉状副本发送被告，被告在收到之日起 15 日内提出答辩状。……被告不提出答辩状的，不影响人民法院审理。由此可见，提出答辩状，对于民事被告来说，既是义务，又是权利，而主要的还是权利。

民事答辩状必须针对起诉状的内容进行答辩，答辩的论点和论据是答辩状的主体部分，或者说是关键部分。大体包括：（1）就事实部分进行答辩。对原告诉状中所写的事实是否符合实际情况表示意见。如果所诉事实全部不能成立，就全部予以否定；部分不能成立，就部分予以否定。提出符合客观真实的事实来加以证明。就事实部分进行论证，要着重列举出反面的证据来证明原告诉状中所述事实不能成立，并且要求反证确实、充分，不能凭空否认原告诉状中所叙述的事。这里所说的反面证据，一种是直接与原告所提的证据相对抗的证据，另一种是足以否定原告所述事实的证据。（2）就适用法律方面进行答辩。一是事实如果有出入，当然就会引起适用法律上的改变，论证理由自然可以从简，这叫事实胜于雄辩。二是事实没有出入，而原告对实体法条文理解错误，以致提出不合法要求的，则可据理反驳。三是在程序方面，如果原告起诉违反《民事诉讼法》的规定，没有具备引起诉讼发生和进行的条件，则可就适用程序法方面进行反驳。（3）提出答辩主张。在提出事实、法律方面的答辩之后，引出自己的答辩主张，即对原告诉状中的请求是完全不接受，还是部分不接受，对本案的处理依法提出自己的主张，请求法院裁判时予以考虑。

（三）民事上诉状

1. 民事上诉状的规范格式

民事上诉状

上诉人：（公民，应写明姓名、性别、出生年月日、身份证号、民族、籍贯、职业或工作单位、职务、住所、邮政编码、联系电话；法人或其他组织，应写明单位名称、住所以及法定代表人或主要负责人的姓名、职务）

法定代表人：姓名：________职务：________

委托代理人：姓名：________职务：________工作单位：________

上诉人因____________________一案，不服____________法院于________年____月____日________字第________号判决，现提出上诉。

上诉理由及请求：____

此致

________人民法院

上诉人：____________

法定代表人：________

________年____月____日

附：1. 本上诉状副本________份。

2. 有关证明材料________件。

2. 民事上诉状写作注意事项

民事上诉状是上诉人针对第一审人民法院的民事判决或裁定不服而上诉的书状，是上诉人针对原裁判中其认为的错误或不妥善、不公平之处给予否定评价的上诉的书面形式。民事上诉状书写时应注意：

（1）应当针对上诉人对原判决或裁定的不服之处，有的放矢。上诉人要把自己所认为的原判决或裁定中的错误之处找出来，是属于认定事实不当，还是所引用的法律发生了错误，抓得准才能驳得有力，无的放矢是不能切中要害的。这就要客观地进行“三对照”：原判决和客观事实相对照；原判决和客观证据相对照；原判决所适用的法律和应当适用的法律条款相对照。经过对照比较，抓住关键性的几处错误，作为反驳的论点。

（2）针对反驳的论点，摆出客观事实和证据，摆出正确引用的法律条款，据理论证，分清是非。在论证中应当针对关键性的、需要反驳的论点，用确凿的事实和证据充分地加以论证，以达到明辨是非、按照客观情由和法律规定进行裁判的目的。为达到这一目的，论证的基本要求应当是有理有据而又充分，合情合理而又合法。

（3）根据论证所得出的结论，明确提出对原裁判的主张。即在反驳原审裁判所认定的事实和适用的法律不当之后，经扼要分析，提出自己一方的主张。这就是请求第二审人民法院撤销、变更原裁判或者请求重新审理的结论性意见。

（四）证据保全申请书

1. 证据保全申请书的规范格式

证据保全申请书

申请人：（公民，应写明姓名、性别、出生年月日、身份证号、民族、籍贯、职业或工作单位、职务、住所、邮政编码、联系电话；法人或其他组织，应写明单位名称、住所以及法定代表人或主要负责人的姓名、职务）

申请人与________因________一案，已于××××年××月××日向你院提起诉讼。现因该案证据即将灭失（或者以后难以取得），为此，申请给予保全证据。现将案件事实、理由和具体请求目的分述如下：

请求事项：______________________________

事实和理由：____________________________

此致

________人民法院

申请人（公民）：__________

法定代表人（法人或其他组织）：（盖章）

________年____月____日

2. 证据保全申请书写作注意事项

在证据可能灭失或者以后难以取得的情况下，诉讼参加人可以向人民法院申请保全证据，人民法院也可以主动采取保全措施。证据保全是对证据采取固定保护的一种措施。证据保全以后，是否能够作为认定案件事实的根据，须经人民法院进一步审查核实。人民法院可因诉讼参加人提出申请而采取证据保全措施，也可以根据案件的需要主动采取证据保全措施。诉讼参加人为申请保全证据向人民法院递交的书面申请即为证据保全申请书。

证据保全申请书的写法：(1) 写清申请书的名称和申请人的基本情况，说明案件已经受理在案。(2) 写明请求事项。即写明申请人要求保全什么证据，怎样保全。如可以请求采取拍照、录像、绘图、制作模型、记录证人的证言等。(3) 写明事实与理由。写明证据保全的目的、意义（即所要保存的证据能证明什么，有何证明意义）及急需采取证据保全的事实原因（如某些证据可能损毁、变形或不复存在；或者证人年老、病重、将要死亡或出国留学、定居，证据不保存以后不能取得或难以取得等)。

（五）财产保全申请书

1. 财产保全申请书的规范格式

财产保全申请书

申请人：(公民，应写明姓名、性别、出生年月日、身份证号、民族、籍贯、职业或工作单位、职务、住所、邮政编码、联系电话；法人或其他组织，应写明单位名称、住所以及法定代表人或主要负责人的姓名、职务)

被申请人：(同上)

请求事项：请求查封被申请人价值________元人民币的财产。

事实与理由：____

申请人诉被申请人因民间借贷纠纷一案贵院已经受理，为使本案在审结后能得到顺利执行，以切实地维护申请人的合法权益，根据《民事诉讼法》第一百条、第一百零一条的规定，申请人特提出申请，请求查封被申请人价值________人民币的财产。

申请人提供的被申请人可供查封的财产线索为：位于________市区________路________号房屋。

此致

____________人民法院

申请人：______________

________年____月____日

2. 财产保全申请书写作注意事项

财产保全申请书是人民法院在利害关系人起诉前或者当事人起诉后，为保障将来的生效判决能够得到执行或者避免财产遭受损失，对当事人的财产或者争议的标的物，采取限制当事人处分的强制措施。

财产保全的适用具有标的性、从急性、共保性、利害性、有限性。且满足以下条件：(1) 需要采取诉前财产保全的申请必须具有给付内容，即申请人将来提起案件的诉讼请求具有财产给付内容。(2) 情况紧急，如不立即采取相应的保全措施，可能使申请人的合法权益受到难以弥补的损失。(3) 由利害关系人提出诉前财产保全申请。利害关系人，即与被申请人发生争议，或者认为权利受到被申请人侵犯的人。(4) 诉前财产保全申请人必须提供担保。申请人如不提供担保，人民法院驳回申请人在起诉前提出的财产保全申请。(5) 财产保全限于请求的范围，或者与本案有关的财物。

（六）先予执行申请书

1. 先予执行申请书的规范格式

先予执行申请书

申请人：(公民、应写明姓名、性别、出生年月日、民族、职业、工作单位、住所地、居住地、身份证号码、联系电话；法人或其他组织，应写明单位名称、住所地、法定代表人或负责人姓名职务)

被申请人：(同上)

请求事项：________________________________

事实与理由：______________________________

申请人与被申请人之间因________纠纷，于________年____月____日向贵院提起诉讼。双方权利义务关系明确，现因________（情况紧急，不先予执行将严重影响申请人的生活或者生产经营）被申请人有履行能力。特依《民事诉讼法》第一百零六条的规定，申请先予执行。

此致

____________人民法院

申请人：________________

________年____月____日

2. 先予执行申请书写作注意事项

先予执行申请书是权利人要求法院在案件作出判决前，为解决权利人的生活或者生产经营所需，裁定义务人先行履行一定义务时所使用的文书。先予执行的条件：（1）当事人之间权利义务关系明确，不先予执行会严重影响申请人的生活和生产经营的。（2）被申请人有履行能力。（3）在作出判决之前申请。（4）适用以下三种情形：一是追索赡养费、扶养费、抚育费、抚恤金、医疗费用的案件；二是追索劳动报酬的案件；三是因情况紧急需要先予执行的案件。

填写申请书注意事项：（1）请求事项应明确先予执行的标的、数额等；（2）事实和理由部分应写明要求先予执行的事实依据，申请人对被申请人没有对等的给付义务。

人民法院不能主动采取先予执行的措施，必须有当事人的申请。人民法院认为有必要的，可以责令申请人提供担保，不提供担保的，驳回申请。法院如果认为申请符合法律规定的条件，应当作出裁定。裁定一经送达当事人，即发生法律效力，不得上诉，但可以申请复议一次，复议期间，不停止执行。

（七）借条与欠条

1. 借条与欠条的规范格式

借　　条

今借到张某某人民币伍万元整，于2020年12月31日之前归还。年利率为3%。

借款人：李某某

2019年1月1日

欠　　条

今欠赵某某钢材款（借款）伍万元整。

欠款人：钱某某

2019年1月1日

2. 借条与欠条写作注意事项

借条写作要写身份证上的本名，不能写小名、绰号等；借款金额要清楚，如有大小写要核对一致无误；写明货币币种；还款日期可不写，但写与不写诉讼时效起算时间不一样；利率要注明是年利率还是月利率，且不能高于国家银行同期贷款利率的4倍；落款签名真实、日期写完整；借款关系最好写借条而不是写欠条；最好用碳素笔书写。

借条写作中常见的陷阱有：写借条故意写错名字；非当面写借条，批注产生歧义；以“收”代“借”；借条不写利息（利率）；财物不分；自书借条；两用借条等。

欠条书写注意事项与借条相同，但要写明欠款的缘由。

借条与欠条的区别：所反映的法律关系不同，借条反映的是借款（借用）法律关系，比较单一；而欠条反映的既可以是借款也可以是因经济往来结算的法律关系，内容较广，需其他证据佐证其事实本相；诉讼时效起算时间不同，借款的诉讼时效自约定还款之日的次日起或债权人主张债权、债务人同意履行债务之日起计算。欠条如果是经济往来结算的凭证则是从出具欠条之日起计算诉讼时效。

（八）民间借贷合同

1. 民间借贷合同的规范格式

民间借贷合同

贷款方：____________________　地址：____________________

借款方：____________________　地址：____________________

保证方：____________________　地址：____________________

经三方协商特订立本借款合同，以便共同遵守。

第一条　借款种类

第二条　借款用途

第三条　借款金额人民币______（大写）元整。

第四条　借款利率，利随本清，如遇国家调整利率，按新规定计算。

第五条　借款期限自____至____止。

第六条　还款资金来源及还款方式

（一）还款资金来源：____

（二）还款方式：____

第七条　保证条款

保证人承担保证的方式为：□一般保证　□连带保证

第八条　违约责任

（一）借款方的违约责任

借款方如逾期不还借款，贷款方有权追回借款，并按银行规定加收罚息。借款方提前还款的，应按规定减收利息。

（二）贷款方的违约责任

贷款方未按期提供贷款，应按违约数额和延期天数，付给借款方违约金。违约金数额的计算应与加收借款方的罚息计算相同。

第九条　解决合同纠纷的方式：执行本合同发生争议，由当事人双方协商解决。协商不成，双方同意由贷款方所在地人民法院诉讼解决。

第十条　本合同如有未尽事宜，须经合同双方当事人共同协商，作出补充规定，补充规定与本合同具有同等效力。

本合同正本一式三份，贷款方、借款方、保证方各执一份。

贷款方：__________________　借款方：__________________

_______年___月___日　　_______年___月___日

保证方：__________________

_______年___月___日

2. 民间借贷合同写作注意事项

民间借贷是自然人、法人、其他组织之间及其相互之间，而非经金融监管部门批准设立的从事贷款业务的金融机构及其分支机构，进行资金融通的行为。民间借贷具有及时、简便、灵活的特点，对银行信用起着拾遗补阙的作用。随着经济体制改革的不断深入，民间借贷日趋活跃，借贷规模不断扩大。然而，由于我国金融法律体系相对不健全，民间借贷风险渐增。民间借贷的发展直接导致大量纠纷成讼，人民法院受理案件数量快速增长。由于没有借款手续或者借款手续不规范，导致借款的部分事实甚至全部事实无法查清，最终致使案件败诉的纠纷时有发生，故为了维护借贷双方的合法权益，规范借款行为和借款手续是非常重要和必要的。

按照我国民法典的规定，借款合同是借款人向贷款人借款，到期返还借款并支付利息的合同。借款合同采用书面形式，但自然人之间借款另有约定的除外。借款合同的内容包括借款种类、币种、用途、数额、利率、期限和还款方式等条款。故对于借款数额较大的借款行为，建议应书写完整的借款协议，在协议中必须将借款种类、币种、用途、数额、利率、期限和还款方式等约定清楚，然后通过银行转账的方式交付借款，交付后借款人为出借人出具借据，这种方式比较稳妥。

当然，对于借款数额比较少或关系非常好的交易，许多出借人希望作简单处理，只要求借款人出具借据，不要求签订协议，这种方式也比较常见，但必须注意以下事项：首先，借款时宜写“借条”，不宜写“欠条”，因为虽然借条和欠条均是一种债权债务的凭证，但两者之间有很大的区别。其次，借据的内容应包括借款用途、数额、利率、期限和还款方式等。

按照我国《民法典》第六百八十条规定，禁止高利放贷，借款的利率不得违反国家有关规定。借款合同对支付利息没有约定的，视为没有利息。借款合同对支付利息约定不明确，当事人不能达成补充协议的，按照当地或者当事人的交易方式、交易习惯、市场利率等因素确定利息；自然人之间借款的，视为没有利息。

法治印记

2020 年 8 月 18 日，最高人民法院审判委员会第 1809 次会议通过《最高人民法院关于修改〈关于审理民间借贷案件适用法律若干问题的规定〉的决定》，并自 2020 年 8 月 20 日起施行。

将原规定的“两线三区”修改为“一线两区”，即以合同成立时一年期贷款市场报价利率（LPR）的四倍为线，约定利率超过合同成立时一年期贷款市场报价利率（LPR）四倍的部分利率将被认定为无效，对于超付利息，借款人将有权请求出借人予以返还或者用于冲抵合法有效的剩余本息。

以 2020 年 8 月 20 日新规定发布当天的一年期市场报价利率 3.85%为例进行计算，民间借贷利率司法保护的上限为年利率 15.4%，相较于此前的年利率 24%和 36%，有一定的下调。

（九）劳动合同

1. 劳动合同的规范格式

编号：

劳动合同

甲方（用人单位）名称：________________ 住所：________________

法定代表人（主要负责人）：________________ 联系电话：________________

乙方（劳动者）姓名：________________

户籍所在地：________________

现居住地址：________________

身份证号码：________________

联系电话：________________

根据《中华人民共和国劳动合同法》及相关法律、法规的规定，甲乙双方遵循合法、公平、平等自愿、协商一致、诚实信用的原则订立本合同。

第一条 本合同期限类型为（固定期限/无固定期限/以完成一定工作任务为期限），自________年____月____日起至________年____月____日止。其中，试用期（有/无）自________年____月____日起至________年____月____日止。

第二条 甲方安排乙方从事的工作为________，乙方工作地点为________。

乙方应按照甲方安排的工作内容及要求，认真履行岗位职责，按时完成工作任务。

第三条 甲方安排乙方执行工时工作制（标准工时工作制/综合计算工时工作制/不定时工作制）。

第四条 甲方于每月____日前以货币或转账形式足额支付乙方工资。工资标准为____，试用期期间的工资标准为____。

第五条 甲方应当按照国家和地方有关规定为乙方缴纳社会保险费。具体项目为____。乙方负担的部分由甲方负责代扣代缴。

第六条 甲方为乙方提供安全生产培训，并提供符合国家规定的劳动安全卫生条件和必要的劳动防护用品。安排乙方从事有职业危害作业的，应当定期为乙方进行健康检查。乙方在劳动过程中应严格遵守各项制度规范和操作规程。

乙方发生工伤时，甲方应当及时采取措施使乙方得到救治，并按照《工伤保险条例》的规定，向乙方支付相应的工伤待遇。

第七条　甲乙双方应当按照《劳动合同法》的相关规定履行、变更、解除、终止本合同。符合《劳动合同法》有关规定情形的，甲方应当依法支付乙方经济补偿。

第八条　甲方违法解除或者终止本合同，乙方要求继续履行本合同的，甲方应当继续履行；乙方不要求继续履行本合同或者本合同已经不能继续履行的，甲方应当依法按照经济补偿标准的二倍向乙方支付赔偿金。

第九条　双方约定的其他事项。

第十条　本合同未尽事宜，按国家和地方有关规定执行。

第十一条　本合同自甲乙双方签字或者盖章之日起生效。本合同一式二份，甲乙双方各执一份。

甲方：____________（公章）　　　　乙方：____________（签字）

法定代表人（主要负责人）：__________

或委托代理人签字：____________

签字日期：________年____月____日　　　签字日期：________年____月____日

2. 劳动合同写作注意事项

劳动合同是约束劳动者和用人单位行为以及处理今后纠纷的重要法律依据，劳动者在签订劳动合同之前最好先了解一下都有哪些法律可以保护劳动者的合法权益。

（1）合同形式、内容要合法。一份具有法律效力的劳动合同，首先签订合同的程序应符合法律规定，并且应当用书面的形式予以确认，合同至少应一式两份，双方各执一份，求职者应妥善保管自己的劳动合同。在劳动合同的内容上，求职者一定要先确认自己签订的劳动合同是否具备产生法律约束力的条件，包括用人单位应是依法成立的劳动组织，能够依法支付工资、缴纳社会保险费、提供劳动保护条件，并能承担相应的民事责任等。

（2）合同细节仔细审查。劳动合同主要应包含下列内容：劳动合同期限；工作内容；劳动保护和劳动条件；劳动报酬；劳动纪律；劳动合同终止的条件；违反劳动合同的责任。要仔细阅读关于相关岗位的工作说明书、岗位责任制、劳动纪律、工资支付规定、绩效考核制度、劳动合同管理细则和有关规章制度，做到心中有数。

（3）陷阱合同要警惕。部分用人单位为了实现自己利益的最大化，千方百计在劳动合同中设立种种陷阱，侵害劳动者的合法权益。主要包括：在合同中设立押金条款；采用格式合同，不与劳动者协商；在合同中规定逃避责任的条款，对于劳动者工作中的伤亡不负责任；准备了至少两份合同，一份是假合同，内容按照有关部门的要求签订，以对外应付有关部门的检查，但真正执行的是另一份合同等。

二、行政法律文书

（一）行政起诉状

1. 行政起诉状的规范格式

行政起诉状

原告方某某，男，35 岁，汉族，无业，____市人，住____市____区____楼，电话________________。

诉讼代理人：李某某，____律师事务所律师。

被告____市公安局____区公安分局，地址：____市____区政府路 17 号。

法定代表人张某某，职务：局长。

诉讼请求：

1. 请求法院撤销被告的处罚决定；
2. 请求判令被告支付原告国家赔偿金________元；
3. 本案诉讼费用由被告承担。

事实与理由：____

根据《行政处罚法》的规定，国家行政机关作出处罚决定要经过立案、调查取证、说明理由、当事人陈述与申辩、作出处罚决定、送达等程序。而____区公安分局民警赵某在没有进行充分调查取证、没有听取原告申辩的情况下就作出了行政处罚决定是违反行政程序的。根据《行政处罚法》第三条第二款、《行政诉讼法》第七十条的规定，违反程序的行政行为是无效的行政行为，应当予以撤销。

根据《国家赔偿法》的规定，原告有取得赔偿的权利，赔偿金总额为____元/天（国家上年度职工日平均工资）×7 天，总计________元。

根据上述事实与理由，请法院支持原告的诉讼请求。

此致

____市____区人民法院

起诉人：____________

________年____月____日

附：

1. 本起诉状副本 1 份。
2. 证人王某某的证言 1 份。
3. ____市公安局____区公安分局____年____号行政处罚决定书复印件 1 份。

2. 行政起诉状写作注意事项

行政起诉状是（具体）行政行为的相对人对行政主体的（具体）行政行为不服或要求其作为，经行政复议后对处理结果仍不服或者依法直接向人民法院起诉，请求人民法院撤销、变更（具体）行政行为或者履行法定职责的法律文书。《行政诉讼法》第五十条，起诉应当向人民法院递交起诉状，并按照被告人数提出副本。书写起诉状确有困难的，可以口头起诉，由人民法院记入笔录，出具注明日期的书面凭证，并告知对方当事人。

行政起诉状的格式与民事起诉状基本一致。诉讼请求要有针对性。由于一个（具体）行政行为不一定全部违法，往往合法与违法条款并存，应先审查其中的违法或者显失公正之处，然后请求人民法院予以撤销或者变更，而不能笼统地请求人民法院予以撤销或者变更行政行为。

正文部分的写作要求：（1）简介原告一方引起行政机关作出行政行为的有关事实；（2）详述行政机关作出的（具体）行政行为；（3）以有关行政法律、法规为依据，分析论证行政机关的（具体）行政行为的违法性与不当性；（4）说明原告对（具体）行政行为是否提出复议申请，复议机关是否改变原（具体）行政行为以及改变的具体内容等。

（二）行政上诉状

1. 行政上诉状的规范格式

行政上诉状

上诉人：（公民，应写明姓名、性别、年龄、民族、籍贯、职业或者工作单位和职务、住址；法人或其他组织，应写明单位名称、法定代表人、住所、联系地址和邮政编码等；如果是行政机关作为被上诉人的，则应写明行政机关的名称、法定代表人和住所）

被上诉人：（同上）

（如果一审原告、被告都不服判决，提起上诉，则都列为上诉人）

上诉人因____________一案（写明一审判决或者裁定书所列的案由），不服________人民法院________年____月____日（　　）字第____号判决（或者裁定），现提出上诉。

上诉请求：（写明要求上诉审法院解决的事由，如撤销原判、重新判决等）

上诉理由：（写明一审判决或者裁定不正确的事实根据和法律依据）

此致

______人民法院

上诉人：__________

______年___月___日

附：

1. 本上诉状副本1份。

2. __________人民法院______年______号一审行政判决书复印件1份。

2. 行政上诉状写作注意事项

行政上诉状是行政诉讼的当事人不服人民法院作出的未生效的第一审行政判决、裁定，在法定期限内向上一级人民法院提交的请求重新审理、撤销或变更原审裁判的法律文书。行政上诉状既是行政诉讼当事人声明上诉的诉讼文书，也是第二审人民法院适用《行政诉讼法》中规定的第二审程序对行政案件进行审理的依据。

上诉对象必须符合法律的规定。根据法律的规定，只有第一审人民法院作出的尚未发生法律效力的判决、裁定才能成为上诉人的对象。上诉的时间必须符合法律的规定。根据法律的规定，对判决不服的上诉期限为15日，对裁定不服的上诉期限为10日，从判决书、裁定书送达当事人之日起计算。超过期限，上诉无效。上诉的方式原则上采取书面的方式。行政上诉状的格式和书写内容、要求与民事上诉状相同。

（三）行政复议申请书

1. 行政复议申请书的规范格式

行政复议申请书

申请人：（公民，应写明姓名、性别、年龄、民族、籍贯、职业或者工作单位和职务、住址；法人或其他组织，应写明单位名称、法定代表人、住所、联系地址和邮政编码等；如果是行政机关作为被上诉人的，则应写明行政机关的名称、法定代表人和住所）

被申请人：（名称、地址、法定代表人姓名、职务）

申请人因不服被申请人______年___月___日作出的__________具体行政行为，向__________机关提出复议申请，要求__________。

事实及理由：____

此致

（受理复议申请的行政机关）

申请人：＿＿＿＿＿＿

＿＿＿＿年＿＿月＿＿日

附：

1. 申请书副本＿＿＿＿份。

2. 证据＿＿＿＿份。

2. 行政复议申请书写作注意事项

复议申请形式，是指公民、法人或者其他组织表达其复议意愿和要求的具体表现形式，包括书面申请和口头申请两种基本形式。书面申请的，公民、法人或者其他组织向行政复议机关递交申请文书，表达其申请对被申请人具体行政行为不服，并提请行政复议的意愿和要求。口头申请的，行政复议机关应当当场记录申请人的基本情况、行政复议请求、申请行政复议的主要事实、理由和时间。

（四）行政赔偿申请书

1. 行政赔偿申请书的规范格式

行政赔偿申请书（样本）

受害人：（公民写明姓名、性别、年龄、民族、籍贯、职业或者工作单位和职务、住址）

申请人：（同上）

被申请人：（赔偿义务机关）（名称、地址、法定代表人姓名、职务）

赔偿请求：＿＿＿＿＿＿＿＿＿＿＿＿

事实和理由：＿＿＿＿＿＿＿＿＿＿＿

此致

申请人：＿＿＿＿＿＿

＿＿＿＿年＿＿月＿＿日

2. 行政赔偿申请书写作注意事项

要求赔偿应当递交申请书，申请书应载明下列事项：（1）受害人的姓名、性别、年龄、工作单位和住所，法人或者其他组织的名称、住所和法定代表人或者主要负责人的姓名、职务；（2）具体的要求、事实根据和理由；（3）申请的年、月、日。

如果要求金钱赔偿，应写明具体的赔偿数额；如果要求恢复原状，应写明恢复原状的内容和程度。此外，如果造成名誉权的损害，还可以要求在侵权行为影响的范围内，为受害人消除影响、恢复名誉、赔礼道歉。事实根据主要是指有关损害事实客观存在的根据，包括所证明损害的程度和范围的根据，有关损害事实系致害机关及其工作人员职权行为造成的根据等。这里的理由主要是请求赔偿机关应当承担赔偿责任的各种法律上和事实上的理由。

赔偿请求人书写申请书确有困难的，可以委托他人代写；对于那些书写申请书确有困难，又难以找到代书人拟写申请书的，可以口头申请，由赔偿义务机关的接待人员记录其口头申请的内容。赔偿义务机关在做笔录时，应当准确反映申请人的意见和要求，主动问清有关事实和理由，笔录内容应当向申请人宣读，如有错误，申请人有权要求修改，如有不足可以补充。然后由申请人签字。

三、刑事法律文书

（一）刑事自诉状

1. 刑事自诉状的规范格式

刑事自诉状

自诉人：（公民，应写明姓名、性别、出生年月日、民族、籍贯、职业、工作单位和职务、住址等；法人或其他组织，应写明单位名称、法定代表人或代表人姓名及职务、单位地址）

被告人：（同上）

案由：（被告人被控告的罪名）

诉讼请求：（具体的诉讼请求）

事实与理由：（被告人犯罪的时间、地点、侵害的客体、动机、目的、情节、手段及造成的后果，理由应阐明被告人构成犯罪的罪名和法律依据）

证据和证据来源，证人姓名和住址：（主要证据及其来源，证人姓名和住址。如证据、证人在事实部分已经写明，此处只需点明证据名称、证人详细住址）

此致

____人民法院

自诉人：__________

代书人：__________

________年____月____日

附：本诉状副本__份。

2. 刑事自诉状写作注意事项

刑事自诉状是刑事自诉案件的受害人及其法定代理人为追究被告人的刑事责任，根据事实和法律，直接向人民法院控告被告人时所提交的文书。

《刑事诉讼法》第二百一十条规定，自诉案件包括下列案件：（1）告诉才处理的案件；（2）被害人有证据证明的轻微刑事案件；（3）被害人有证据证明对被告人侵犯自己人身、财产权利的行为应当依法追究刑事责任，而公安机关或者人民检察院不予追究被告人刑事责任的案件。刑事自诉状可以用来保障自诉人的合法权益，是法院审理刑事自诉案件的依据之一。

（二）刑事申诉状

1. 刑事申诉状的规范格式

刑事申诉状

申诉人：（刑事案件的当事人及其法定代理人、近亲属，写明姓名、性别、出生年月日、民族、籍贯、职业或工作单位和职务、住址等基本情况；律师只需写明姓名及其所在律师事务所名称）

申诉人对________人民法院________年____月____日（　　）字第________号刑事判决（或裁定），提出申诉。

请求事项：________________________

事实与理由：______________________

此致

____________人民法院

申诉人：____________

________年____月____日

2. 刑事申诉状写作注意事项

刑事申诉状是申诉人因对已经发生法律效力的刑事判决或裁定不服，依法向人民法院和人民检察院提交的请求按审判监督程序对刑事案件重新审理的法律文书。

我国《刑事诉讼法》规定，当事人及其法定代理人、近亲属，对已经发生法律效力的判决、裁定，可以向人民法院或者人民检察院提出申诉。申诉是法律赋予当事人、法定代理人及其近亲属的一项诉讼权利和民主权利，其目的在于根据实事求是、有错必纠的原则，保护当事人的合法权益。但申诉不是必经的诉讼程序，必须按审判监督程序的有关规定进行。

（三）刑事附带民事起诉状

1. 刑事附带民事起诉状的规范格式

刑事附带民事起诉状

刑事附带民事诉讼原告人：×××（系死者×××之父），男，生于××××年×月×日，民族____，文化程度____，住××省×××市（县）×××村。

刑事附带民事诉讼原告人：×××（系死者×××之母），女，生于××××年×月×日，民族____，文化程度____，住址同上。

刑事附带民事诉讼被告：×××有限责任公司。法定代表人：××，该公司经理。

刑事附带民事诉讼被告人：×××，男，生于××××年×月×日，住××区××村×组，系A×××××卡车驾驶员，因涉嫌交通肇事罪现被羁押在×××看守所。

第三人：中国××保险股份有限公司××分公司。法定代表人：××，该公司经理。

案由：道路交通事故损害赔偿

诉讼请求：________________________

事实及理由：______________________

此致

××区人民法院

原告人：____________

________年___月___日

2. 刑事附带民事起诉状写作注意事项

被害人由于被告人的犯罪行为而遭受物质损失的，在刑事诉讼过程中，有权提起附带民事诉讼。刑事附带民事起诉状书写应注意：起诉要符合起诉条件，即原告人是有权提起附带民事诉讼的当事人；有明确的被告人（以全部或部分刑事被告人作为附带民事诉讼的被告人），有请求赔偿的具体要求和事实根据；被害人的损失是由被告人的犯罪行为造成的；属于人民法院受理附带民事诉讼的范围和受诉人民法院管辖。除被害人在侦查、预审、审查起诉阶段已经提出赔偿要求并被公安机关、人民检察院记录在案的外，提起附带民事诉讼一般应当提交附带民事起诉状。书写起诉状确有困难的，可以口头起诉。审判人员应当对原告人的口头诉讼请求详细询问，并制作笔录，向原告人宣读。原告人确认无误后，应当签名或者盖章。

（四）不服不起诉决定申诉书

1. 不服不起诉决定申诉书的规范格式

不服不起诉决定申诉书

申诉人：（姓名、性别、出生年月日、民族、籍贯、职业、工作单位和职务、住址等）

申诉人因被××故意伤害一案，不服××检察院作出的×××不诉（2017）4号不起诉决定书，现依法提出申诉。

请求事项：请求×××市检察院查明案情，撤销×××不诉（2017）4号不起诉决定书，依法对×××提起公诉，追究其刑事责任。

事实与理由：____________________________________

根据《刑事诉讼法》第一百七十七条的规定，申诉人认为应当对被申诉人提起公诉，特向贵院提出申诉。

此致

××人民检察院

申诉人：______________

_______年____月____日

附：

1. 不起诉决定书。

2. 相关证据材料清单。

2. 不服不起诉决定申诉书写作注意事项

被害人对人民检察院作出的不起诉决定不服的，可以自收到决定书后7日以内向作出不起诉决定的人民检察院的上一级人民检察院申诉，上一级人民检察院控告申诉部门应当立案复查。被害人向作出不起诉决定的人民检察院提出申诉的，作出决定的人民检察院应当将申诉材料连同案卷一并报送上一级人民检察院受理。申诉书的事实与理由部分应陈述事实经过，着重叙述不服的原因，针对人民检察院的不起诉决定，说明不当之处。最后写明申诉的法律依据，并重申具体的请求。

（五）刑事抗诉申请书

1. 刑事抗诉申请书的规范格式

刑事抗诉申请书

申请人：（姓名、性别、出生年月日、民族、籍贯、职业、工作单位和职务、住址等）

申请事项：申请人因________故意杀人一案不服________级人民法院（________）________刑________字第________号刑事附带民事判决书，依据《刑事诉讼法》第________条之规定，申请贵院依法提起抗诉。

事实与理由：____

此致

________人民检察院________分院

申请人：____________

________年____月____日

2. 刑事抗诉请求书写作注意事项

刑事抗诉书是人民检察院对人民法院确有错误的刑事判决或裁定依法提出抗诉时所制作的文书。制作刑事抗诉书，是引起人民法院第二审或再审的法定程序之一。控诉提出后，人民法院就要根据抗诉书，对全案进行审查，依法作出判决或裁定。因此，抗诉书是检察机关行使审判监督职权的重要工具，对于纠正人民法院确有错误的判决和裁定，保证法律的正确实施，起着十分重要的作用。

实践活动建议

实践项目一：课堂讨论案例

★ 参考案例

南京市玄武区人民法院

民事判决书

（20××）苏01××民特××号

申请人：陈×，男，1992年8月7日生，汉族，住南京市玄武区。

被申请人：孟××，女，1968年11月30日生，汉族，住南京市玄武区。

代理人：孟×珍（系孟××姐姐），女，1957年10月29日生，汉族，住南京市鼓楼区。

申请人陈×申请认定孟××限制民事行为能力一案，本院于20××年1月4日立案后，依法适用特别程序进行了审理。现已审理终结。

陈×称，其母孟××智力残疾，虽经长期训练，生活能够自理，但许多事项仍需他人照料，且孟××对周围环境辨别能力差，适应行为差，与人交往能力差，故申请认定孟××无民事行为能力。

孟××称，其小时候曾患××，记忆力很差，之前在单位工作时都是由其姐姐孟×珍代其干活，其感觉自己的智力好像比别人差，同意由其子陈×向法院申请认定其为限制民事行为能力人。

孟×珍称，陈×所述属实。

经审理查明：陈×系孟××之子，孟×珍系孟××姐姐。本院依法委托南京脑科医院司法鉴定所对孟××的民事行为能力进行鉴定。经鉴定，孟××系边缘智力，目前评为限制民事行为能力。

本院认为，陈×的申请有事实和法律依据。

依照《民事诉讼法》第一百八十九条之规定，判决如下：

孟××为限制民事行为能力人。

本判决为终审判决。

审判员：郑××

书记员：秦××

××××年××月××日

★ 思考

1. 你能找出这个文书的首部、正文、尾部吗？你能说出文书名称、文书编号的组成吗？

2. 该文书的案件事实、理由、结论，你能找到吗？

实践项目二：文书制作

★ 案情介绍

刘某因超载被公路管理机关执法人员李某拦截，李某口头作出罚款 200 元的处罚决定，并要求当场缴纳。刘某要求出具书面处罚决定和罚款收据，李某认为其要求属于强词夺理，拒绝听取其申辩。

★ 实训任务

1. 若刘某来信向你咨询本案，请以律师身份写一份书面答复，帮助刘某简要分析可以获得权利救济的各种途径、成本及利弊（优缺点）。

2. 现刘某想聘请你为其诉讼的代理律师，请你制作一份《行政起诉状》。

★ 要求

1. 答复格式无固定要求，内容要求简单概要，通俗易懂。

2.《行政起诉状》应做到格式规范，内容准确，事实、证据材料和法律相结合。

3. 请每位同学独立完成，并统一用 A4 纸打印。

4. 在作业封面上注明姓名、学号、班级。